임동석중국사상100

육도
六韜

姜太公(呂望) 撰 / 林東錫 譯註

강태공

"상아, 물소 뿔, 진주, 옥. 진괴한 이런 물건들은 사람의 이목은 즐겁게 하지만 쓰임에는 적절하지 않다. 그런가 하면 금석이나 초목, 실, 삼베, 오곡, 육재는 쓰임에는 적절하나 이를 사용하면 닳아지고 취하면 고갈된다. 그렇다면 사람의 이목을 즐겁게 하면서 이를 사용하기에도 적절하며, 써도 닳지 아니하고 취하여도 고갈되지 않고, 똑똑한 자나 불초한 자라도 그를 통해 얻는 바가 각기 그 자신의 재능에 따라주고, 어진 사람이나 지혜로운 사람이나 그를 통해 보는 바가 각기 그 자신의 분수에 따라주되 무엇이든지 구하여 얻지 못할 것이 없는 것은 오직 책뿐이로다!"

《소동파전집》(34) 〈이씨산방장서기〉에서 구당(丘堂) 여원구(呂元九) 선생의 글씨

책머리에

　중국 목록학의 개조인 유씨부자(劉向, 劉歆)에 의해 한나라 때 이루어진 《칠략七略》은 지금 전하지 않지만 반고班固의 《한서漢書》 예문지藝文志에 의해 그 개략은 알 수 있다. 당시 천하 서적을 분류하면서 7가지로 나누었는데 바로 경학經學에 해당하는 육예략六藝略, 철학의 제자략諸子略, 문학의 시부략詩賦略 다음에 군사학의 병서략兵書略을 넣고 있으며, 뒤를 이어 음양과 형법의 술수략術數略과 지금의 기술과 방술에 해당하는 방기략方技略으로 나누었다. 이로 보아 당시 병법서는 도서의 수로 보나 그 위상으로 보아 상당히 중시되었음을 알 수 있다. 이에 따라 병서를 다시 권모류權謀類, 형세류形勢類, 음양류陰陽類, 기교류技巧類 등 넷으로 나누었으며 모두 53가 790편, 도圖 43권을 싣고 있다. 그리고 장량張良과 한신韓信이 병법서를 정리하기 시작하였고, 무제武帝 때 양복楊僕이 일서를 모았으며, 효제孝帝 때 임굉任宏에게 명하여 병서를 다시 정리하도록 하였다고 설명하고 있다.(이상 《한서》 예문지 참조)

　그 뒤 송대에 이르러 정식으로 병법서를 경으로 격상하여 '무경武經'이라 하였으며 당시 가장 중요하다고 여기는 7종의 병서를 정리하여 드디어 '무경칠서'를 교정 출간하게 되었다. 무경칠서武經七書의 하나인 이 《육도六韜》는 그렇게 하여 오늘날까지 널리 읽히고 중시를 받게 된 것이다.
　특히 우리나라에서도 이 책은 널리 읽혀 현토무경懸吐武經 《육도六韜·삼략三略·손무자직해孫武子直解》가 원문 현토의 합본으로 1928년에 이미 출간된 적이 있고, 그밖에 '비서삼종秘書三種'이라 하여 《소서素書》(黃石公), 《심서心書》(諸葛亮), 《음부경陰符經》(黃帝)도 원문 현토본이 나와 있으며 국내 각 도서관에 소장되어 있는 고판본의 목록만 보아도 우리도 전대는 물론 현대 사람들도 익히 들어 보고 읽어 온 책이다.

역자는 이 무경칠서武經七書:《손자孫子》,《오자吳子》,《사마법司馬法》,《울료자尉繚子》,《육도六韜》,《삼략三略》,《이위공문대李衛公問對》를 현대적 의미에 맞게 전체를 역주해 보고자 그동안 자료를 모으고 책을 찾아 보았으며, 틈틈이 입력을 하고 원고를 써내려 갔다. 그리하여 여기에《삼십륙계三十六計》를 더하여 모두 8종 중에 이《육도》를 끝으로 역주를 마치기는 했으나 실제 군사학에 문외한이며 전략, 전술에 대하여도 모르는 천루淺陋한 실력으로 다만 한문 문장을 조금 이해한다는 '무지의 용맹'만으로 덤비지 않았나 하고 적이 걱정이 앞서고 있다.

따라서 해박한 지식을 가진 강호제현과 이 방면의 전문가에게 우선 양해를 구하면서 오히려 무경에 대한 토론거리를 던져 주었다는 화두로 질책을 내려줄 것을 바란다.

임동석林東錫 부곽재負郭齋에서 적음.

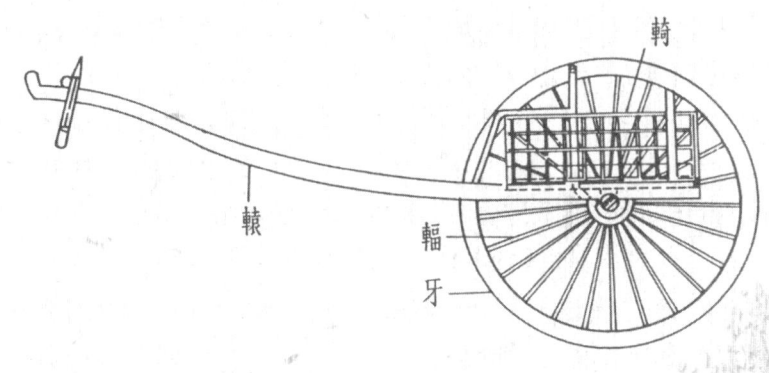

일러두기

1. 이 책은 사고전서四庫全書 문연각본文淵閣本《육도六韜》와〈중국전통병법대전中國傳統兵法大全〉의《육도六韜》, 그리고〈백자전서百子全書〉본《육도六韜》 등의 원문을 중심으로 하여 전문을 역주한 것이다.
2. 특히 우리나라에서 출간된 '현토무경懸吐武經'(武經七書)《육도六韜·삼략三略·손무자직해孫武子直解》(世昌書館, 1970. 25판)는 아주 유용한 자료로 활용하였다.
3. 한편 현대 백화본 자료《신역육도독본新譯六韜讀本》(鄔錫非, 三民書局, 2003. 臺北)과《태공육도금주금역太公六韜今註今譯》(徐培根, 臺灣商務印書館, 2000. 臺北)을 충분히 이용하였으며 많은 도움을 받았음을 밝힌다.
4. 원문에 따라 여섯 가지로 구분된 육도六韜와 그 안의 60가지 제목에 따라 편장의 일련 번호와 괄호 안에 다시 제목에 맞추어 번호를 제시하였다.
5. 원문은 현대 중국의 표점부호를 사용하였다.
6. 해석은 직역을 위주로 하되 일부 의역을 가한 부분도 있다.
7. 매 단락의 제목은 주제에 맞추어 임의로 부여한 것이다.
8. 부록으로《육도직해六韜直解》서序와《육도六韜》일문逸文을 수록하여 연구에 도움이 되도록 하였다.
9. 이 책의 역주에 참고한 초보적인 자료는 다음과 같다.

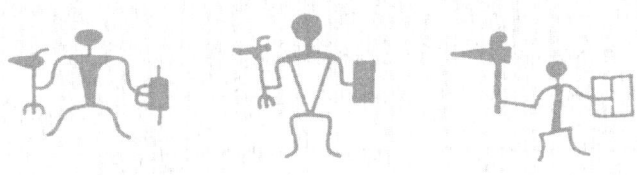

● 참고문헌

① 《六韜》周 呂望(撰), 文淵閣, 〈四庫全書〉 兵家類 臺灣商務印書館 印本.
② 《六韜》〈中國傳統兵法大全〉 啓南(主編), 1992. 湖南 長沙.
③ 《六韜》周 呂望(撰) 〈百子全書〉 兵家類, 1994. 湖南 長沙.
④ 懸吐武經(武經七書) 《六韜直解》 世昌書館, 1970. 서울.
⑤ 《新譯六韜讀本》 鄔錫非, 三民書局, 2003. 臺北.
⑥ 《太公六韜今註今譯》 徐培根, 臺灣商務印書館, 2000. 臺北.
⑦ 《三略》〈中國傳統兵法大全〉 啓南(主編), 1992. 湖南 長沙.
⑧ 《黃石公三略》 秦 黃石公(撰), 〈四庫全書〉 兵家類.
⑨ 《三略直解》 明 劉寅(撰), 〈四庫全書〉 兵家類.
⑩ 《黃石公素書》 秦 黃石公(撰), 宋 張商英(註), 〈四庫全書〉 兵家類.
⑪ 《黃石公素書》 秦 黃石公(撰), 宋 張商英(註), 〈百子全書〉 兵家類.
⑫ 懸吐武經(武經七書) 《三略直解》 劉寅(解), 世昌書館, 1970. 서울.
⑬ 懸吐武經(武經七書) 《孫武子直解》 世昌書館, 1970. 서울.
⑭ 秘書三種 《素書》(黃石公) 世昌書館, 1970. 서울.
⑮ 秘書三種 《陰符經》(黃帝) 世昌書館, 1970. 서울.
⑯ 秘書三種 《心書》(諸葛亮) 世昌書館, 1970. 서울.
⑰ 《新譯三略讀本》 傅傑, 三民書局, 2002. 臺北.
⑱ 《黃石公三略今註今譯》 魏汝霖, 臺灣商務印書館, 1993. 臺北.
⑲ 《新譯孫子讀本》 吳仁傑, 三民書局, 2004. 臺北.
⑳ 《孫子今註今譯》 魏汝霖, 臺灣商務印書館, 1981. 臺北.
㉑ 《孫子全譯》 周亨祥, 貴州人民出版社, 1992. 貴州 貴陽.
㉒ 《新譯吳子讀本》 王雲路, 三民書局, 1966. 臺北.

㉓《吳子今註今譯》傅紹傑, 臺灣商務印書館, 1981. 臺北.
㉔《新譯司馬法》王雲路, 三民書局, 1996. 臺北.
㉕《司馬法今註今譯》劉仲平, 臺灣商務印書館, 1977. 臺北.
㉖《新譯尉繚子》張金泉, 三民書局, 1996. 臺北.
㉗《尉繚子今註今譯》劉仲平, 臺灣商務印書館, 1977. 臺北.
㉘《尉繚子全譯》劉春生, 貴州人民出版社, 1993. 貴州 貴陽.
㉙《新譯李衛公問對》鄔錫非, 三民書局, 1996. 臺北.
㉚《唐太宗李衛公問對今註今譯》曾振, 臺灣商務印書館, 1996. 臺北.
㉛《武經總要》宋, 曾公亮·丁度(敕撰), 四庫全書 子部 兵家類.
㉜《三才圖會》明, 王圻·王思義(編集), 上海古籍出版社 印本, 2005. 上海.
㉝ 기타 工具書 및 〈二十五史〉,〈十三經〉 등은 생략함.

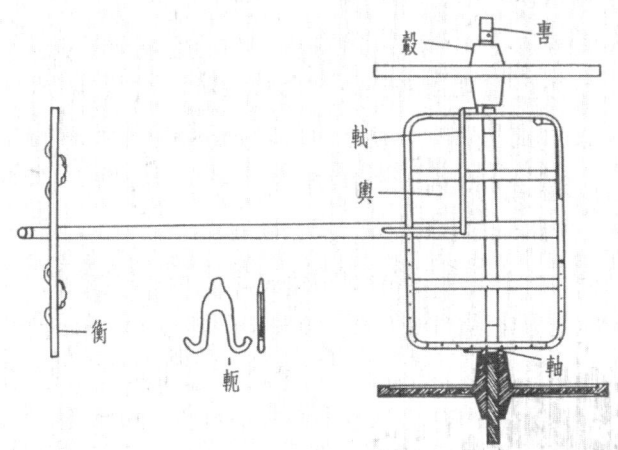

해 제

《육도六韜》는 '무경칠서武經七書'의 하나이며 중국 고대 병법으로 널리 알려진 책이다. 내용을 여섯 개의 도韜, 즉 문도文韜・무도武韜・용도龍韜・호도虎韜・표도豹韜・견도犬韜 등으로 나뉘어 이름을 《육도》라 한 것이다. 그러나 문무文武 외에 용龍・호虎・표豹・견犬 등 동물 이름을 써서 편명을 삼았으나, 이것이 의미하는 내용은 구체적이지 못하며 상징적으로 부여한 것으로 보인다.

한편 《육도六韜》는 《육도六弢》로도 표기하며 '도韜'는 '도弢'와 같다. 모두가 '감추다. 활집, 칼집. 깃발이나 활을 갈무리하는 주머니나 자루'이며 원래는 가죽으로 만든 것이다. 이 뜻이 넓어져 어떤 일을 드러내지 않고 비밀리에 숨겨 스스로 수양하며 힘을 기르고 자신만의 실력을 키워 간다는 의미로 추상적이며 고차원적인 함의를 갖게 되었다.

형식는 주周나라 초기 강태공姜太公(呂尙, 子牙)과 문왕文王, 그리고 무왕武王이 천하天下 치리治理의 대도大道와 정벌・군비・공수 등에 관한 것으로 완전히 대화체로 되어 있다. 그리하여 역대로 이 책을 태공이 편찬, 저술한 것으로 알려졌으나, 실제 내용과 문자・문체・구문의 결구結構 등으로 볼 때 은주殷周 교체기의 것으로 볼 수 없으며, 전국戰國 시기쯤의 뒷사람이 태공의 이름을 빌어 가탁假託한 것으로 보고 있다.

이미 여가석余嘉錫은 《사고제요변증四庫提要辨證》에서 전국 시대 이전에 이미 '그 단서가 있었으며(遠有端緖) 한나라 때 가탁되어 보태진 것(有所附益)'이라 하였으며 그 이유로 원래 '선진 시대 제자諸子란 한 사람의 손에 의해 쓰여진 것이 아니듯이 이 책도 그러한 통례의 하나'(周秦諸子, 類非一人之手筆, 此乃古書之通例)라 하였다. 특히 춘추전국시대에는 《한서漢書》 예문지藝文志에 '自春秋至於戰國, 出奇設伏, 變詐之兵並作'이라 하여 병법서의 제작과 저술이 활발하였으며 《육도》도 이러한 분위기 속에서 나온 것으로 볼 수 있다.

그러나 이 책은 태공太公과 깊은 관련이 있을 것으로 보고 있다. 역대 이래《태공병법太公兵法》으로 알려진 책은 이《육도》와《삼략三略》,《음부경陰符經》등 세 가지이다.《한서》예문지에는《태공모太公謀》81편,《언言》71편,《병병兵》85편 등 모두 237편이 저록되어 있고, 같은 책 유가류儒家類에는 또 달리 주사周史《육도六弢》6편이 있으며 이에 대하여 주에 '주사周史는 춘추시대 주 혜왕·양왕 때 인물이다. 혹은 전국시대 주 현왕 때의 인물이라고도 한다. 혹 공자가 질문을 했던 인물이라고도 한다(惠·襄之間, 或曰顯王時, 或曰公子問焉)'라 하였고, 당唐 안사고顔師古는 '《육도六弢》는 지금의《육도六韜》이다. 대체로 천하의 군려에 관한 일을 모은 것으로 도弢자는 도韜자와 같다(卽今之六韜也, 蓋言取天下及軍旅之事. 弢字與韜同也)'라 하였다. 뒤이어《수서隋書》경적지經籍志 병가류兵家類에는 다만《태공육도太公六韜》5권과《태공음모太公陰謀》1권,《태공음부경太公陰符經》1권,《태공병법太公兵法》6권,《황석공태공삼략黃石公太公三略》3권만 기록되어 있으며,《구당서舊唐書》경적지經籍志 병가류兵家類와《신당서新唐書》예문지藝文志에는《태공음모太公陰謀》3권,《태공육도太公六韜》6권,《황석공삼략黃石公三略》3권이 저록되어 있고,《송사宋史》예문지藝文志에는《육도六韜》6권, 주복朱服(校訂)의《태공육도太公六韜》6권,《삼략三略》3권,《음부이십사기陰符二十四機》1권과 오장吳章(註)의《음부陰符》3권이 들어 있다. 그러나《명사明史》예문지藝文志에는 유인劉寅의《칠서직해七書直解》안에《태공육도삼략太公六韜三略》이 병가류兵家類에 들어있으며《음부경陰符經》은 도가道家로 소속을 바꾸어 놓았다.

그러다가 1972년 산동성山東省 임기臨沂 은작산銀雀山의 서한西漢 초기 묘에 발견된《육도六韜》잔간殘簡에 의해 한초漢初에도 이미 널리 알려져 있었음이 증명되었다. 이 은작산銀雀山 출토의 한간은 중국 고적 연구에 상당한 영향을 미친 대사건으로 1974년 7월 19일 중국 보도에 의하면, 은작산 한묘漢墓는 서한西漢 무제武帝(劉徹: B.C.140~87 재위) 초의 무덤으로 그곳에서 모두 4,900여 매의 죽간 잔편이 발견되었으며, 그 가운데 바로《육도》,《손자병법》,《울료자》, 《묵자》,《안자》 등 대량의 진한秦漢 이전의 고대 서적이었는데 특히 바로 병법서가 많았음이 특이하였다.

《육도》는 모두 6편 60절로 이루어져 있으며 그 6편과 60절이 모두 제목이 있으며 2만여 자에 가까운 분량이다. 주로 국가의 국력와 전쟁 준비, 책략과 군사상의 지휘 계통 문제, 그리고 보병·전차·기병의 배치와 전투·무기·군사 조련·기정奇正의 문제 등을 다루고 있으며, 실제 구체적인 상황을 가상하여 놓고 그러한 경우 작전을 거쳐 승리를 도출하는 방법을 설명하고 있다. 전체적으로 군사에 있어서는 '기구필승期求必勝', 용병에 있어서는 '엄수기밀嚴守機密', 행동에 있어서는 '책동불의策動不意', 모략에 있어서는 '현기막측玄機莫測'을 중시하고 있다.

이 책은 한漢나라 때부터 이미 아주 널리 읽히고 인용되었으며 중시되었다. 즉 한漢 고조高祖 유방劉邦을 도와 천하를 제패한 장량張良은 이《육도》의 내용을 익혔다고 하였으며, 삼국시대 오吳나라 손권孫權 역시 여몽呂蒙과 장흠蔣欽에게 이《육도》를 정독할 것을 권한 기록이 있다. 그런가 하면 유비 劉備도《육도》는 사람의 지혜를 늘려주는 훌륭한 필독서라 하였으며, 지모에 뛰어난 제갈량諸葛亮(孔明)의 경우, 이《육도》를 지극히 소중히 여겼다고 한다.

그러다가 송대에 이르러 인종仁宗은 무학武學을 건립하고 무과武科를 설치 하였으며 신종神宗 때에는 무과시법武科試法을 제정하여 고시考試에서 3종의 무서武書(兵書)로써 문답 시험을 치르도록 하였는데 그 중 하나가 바로 이 《육도》였다. 신종은 드디어 원풍元豐 3년(1080)에 국자감國子監에 조직을 내려 병서 7종을 교정 출판하도록 하였다. 그리하여 3년 뒤에 이를 완성하여 유명한 '무경칠서武經七書', 즉 《손자孫子》, 《오자吳子》, 《울료자尉繚子》, 《사마법司馬法》, 《삼략三略》, 《육도六韜》, 《이위공문대李衛公問對》 등의 완성을 보게 된 것이다. 그리고 이 책은 다시 명대 유인劉寅이 《무경칠서직해武經七書直解》를 내면서 오늘날 연구에 큰 도움을 주고 있다. 그리고 청대에는 《육도》에 대한 일문佚文의 집일輯佚 작업이 활발하였는데 그 중 가경嘉慶 10년(1805)에 판각된 〈평진관총서平津館叢書〉 중의 손동원孫同元이 집일한 《육도일문六韜佚文》이 널리 알려져 본서에는 이를 부록으로 실었다.(부록 참조)

현재 이 책의 판본은 20여 종이 있으며, 그 중 민국民國 24년(1935) 상해上海 함분루涵芬樓의 〈고일총서古逸叢書〉는 중화학예사中華學藝社에서 일본 암기씨岩崎氏의 정가당장본靜嘉堂藏本의 남송南宋 효종孝宗·광종光宗연간 절각浙刻 무경칠서武經七書 백문본白文本을 영인하여 실은 것이며 현존 최고본으로 알려져 있다. 한편 우리나라에서는 인조仁祖 이전에 이미 《육도직해六韜直解》(劉寅)를 판각하였고 기영箕營(平壤)에서 간행된 것, 중국 판본의 《육도六韜》(千頃堂書局, 1900년대) 등이 정신문화연구원, 국립도서관 그리고 각 대학 도서관 등에 아주 많이 소장되어 있으며, 특히 세창서관世昌書館에서 출간한 현토무경懸吐武經(武經七書)《육도직해六韜直解》(1928)도 쉽게 접할 수 있다.

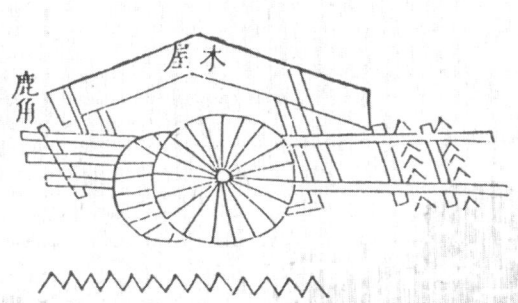

차 례

* 책머리에
* 일러두기
* 해제

第一 문도文韜

001(1-1) 문사文師 ·· 30
002(1-2) 영허盈虛 ·· 38
003(1-3) 국무國務 ·· 42
004(1-4) 대례大禮 ·· 46
005(1-5) 명전明傳 ·· 50
006(1-6) 육수六守 ·· 52
007(1-7) 수토守土 ·· 56
008(1-8) 수국守國 ·· 60
009(1-9) 상현上賢 ·· 64
010(1-10) 거현擧賢 ··· 70
011(1-11) 상벌賞罰 ··· 74
012(1-12) 병도兵道 ··· 76

第二 무도武韜

013(2-1) 발계發啓 ·· 82
014(2-2) 문계文啓 ·· 88
015(2-3) 문벌文伐 ·· 92
016(2-4) 순계順啓 ·· 98
017(2-5) 삼의三疑 ··· 100

第三 용도龍韜

018(3-1) 왕익王翼 106
019(3-2) 논장論將 112
020(3-3) 선장選將 116
021(3-4) 입장立將 120
022(3-5) 장위將威 124
023(3-6) 여군勵軍 126
024(3-7) 음부陰符 130
025(3-8) 음서陰書 134
026(3-9) 군세軍勢 136
027(3-10) 기병奇兵 142
028(3-11) 오음五音 146
029(3-12) 병징兵徵 150
030(3-13) 농기農器 154

第四 호도虎韜

031(4-1) 군용軍用 160
032(4-2) 삼진三陳 170
033(4-3) 질전疾戰 172
034(4-4) 필출必出 174
035(4-5) 군략軍略 178
036(4-6) 임경臨境 182

037(4-7) 동정動靜 …………………………………… 186

038(4-8) 금고金鼓 …………………………………… 190

039(4-9) 절도絶道 …………………………………… 194

040(4-10) 약지略地 ………………………………… 198

041(4-11) 화전火戰 ………………………………… 202

042(4-12) 누허壘虛 ………………………………… 204

第五 표도豹韜

043(5-1) 임전林戰 …………………………………… 208

044(5-2) 돌전突戰 …………………………………… 210

045(5-3) 적강敵强 …………………………………… 214

046(5-4) 적무敵武 …………………………………… 218

047(5-5) 조운산병鳥雲山兵 ………………………… 222

048(5-6) 조운택병鳥雲澤兵 ………………………… 226

049(5-7) 소중少衆 …………………………………… 230

050(5-8) 분험分險 …………………………………… 234

第六 견도犬韜

051(6-1) 분합分合 …………………………………… 238

052(6-2) 무봉武鋒 …………………………………… 240

053(6-3) 연사練士 …………………………………… 242

054(6-4) 교전教戰 …………………………………… 246

055(6-5) 균병均兵 …………………………………………… 248
056(6-6) 무거사武車士 ……………………………………… 252
057(6-7) 무기사武騎士 ……………………………………… 254
058(6-8) 전차戰車 …………………………………………… 256
059(6-9) 전기戰騎 …………………………………………… 260
060(6-10) 전보戰步 ………………………………………… 266

🦋 부록

I. 《六韜直解》序 ……………………………………… 270
II. 《六韜》逸文 ………………………………………… 271

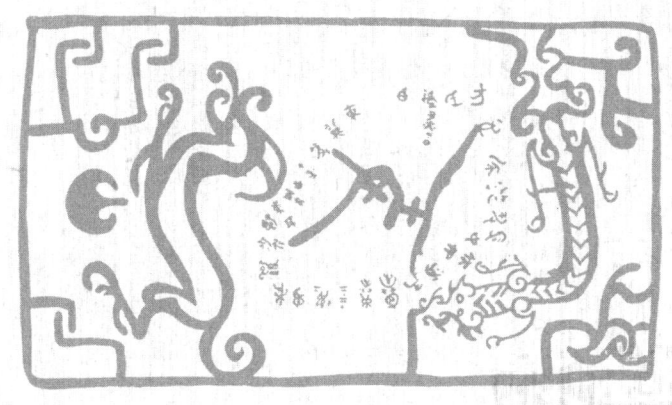

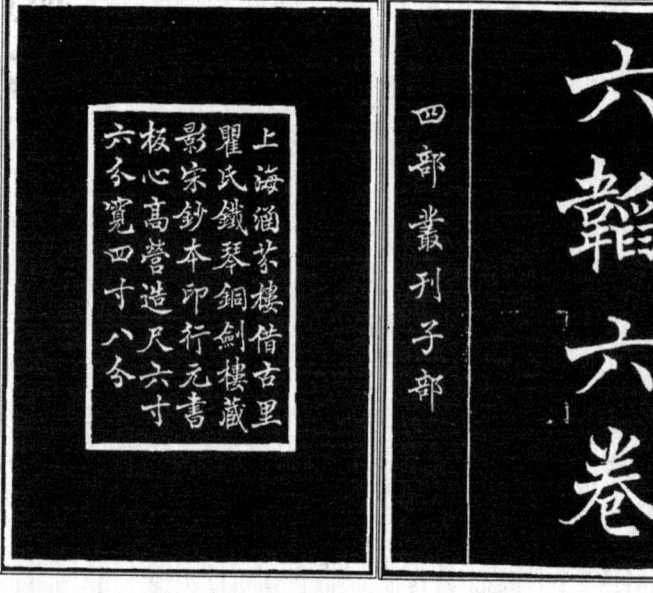

上海涵芬樓借古里
瞿氏鐵琴銅劍樓藏
影宋鈔本印行元書
板心高營造尺六寸
六分寬四寸八分

四部叢刊子部

六韜六卷

六韜卷第一

文韜

文師

文王將田史編布卜曰田於渭陽將大得焉非龍非彲非
虎非羆兆得公侯天遺汝師以之佐昌施及三王文王曰
兆致是乎史編曰編之太祖史疇為禹占得皋陶兆比於
此文王乃齋三日乘田車駕田馬田於渭陽卒見太公坐
茅以漁文王勞而問之曰子樂漁甚有似也太公曰臣聞君子樂
得其志小人樂得其事今吾漁甚有似也殆非樂之也文
王曰何謂其有似也太公曰釣有三權祿等以權死等以
權官等以權夫釣以求得也其情深可以觀大矣文王曰
願聞其情太公曰源深而水流水流而魚生之情也根深
而木長木長而實生之情也君子情同而親合親合而事
生之情也言語應對者情之飾也言至情者事之極也
今臣言至情不諱君其惡之乎太公曰唯仁人能受至
諫不惡至情何為其然太公曰緡微餌明小魚食之緡
調餌香中魚食之緡隆餌豐大魚食之夫魚食其餌乃
牽於緡人食其祿乃服於君故以餌取魚魚可殺以祿
取人人可竭以家取國國可拔以國取天下天下可畢
嗚呼曼曼緜緜其聚必散嘿嘿昧昧其光必遠微哉聖

欽定四庫全書

六韜卷一

文韜

文師第一

文王將田史編布卜曰田於渭陽將大得焉非龍非彲非虎非羆兆得公侯天遺汝師以之佐昌施及三王文王曰兆致是乎史編曰編之太祖史疇為舜占得皋陶兆比於此文王乃齋三日乘田車駕田馬田於渭陽卒見太公坐茅以漁文王勞而問之曰子樂漁與太公曰君子樂得其志小人樂得其事今吾漁甚有似也文王曰何謂其有似也太公曰夫釣有三權祿等以權官等以權夫釣以求得也其情深可以觀大矣文王曰願聞其情太公曰源深而水流水流而魚生之情也根深而木長木長而實生之情也君子情同而親合親合而事生之情也言語應對者情之飾也言至情

仁人能受正諫不惡至情何為其然太公曰緡微餌明小魚食之緡綢餌香中魚食之緡隆餌豊大魚食之夫魚食其餌乃牽於緡人食其祿乃服于君故以餌取魚魚可殺以祿取人人可竭以家取國國可拔以國取天下天下可畢鳴呼曼曼緜緜其聚必散嘿嘿昧昧其光必遠微哉聖人之德誘乎獨見樂哉聖人之慮各歸其次而立斂焉文王曰立斂若何而天下歸之太公曰天下非一人之天下乃天下之天下也同天下之利者則得天下擅天下之利者則失天下天有時地有財能與人共之者仁也仁之所在天下歸之免人之死解人之難救人之患濟人之急者德也德之所在天下歸之與人同憂同樂同好同惡者義也義之所在天下赴之凡人惡死而樂生好德而歸利能生利者道也道之所在天下歸之文王再拜曰允哉敢不受天之詔命乎乃載與俱歸立為

周 文王(姬昌)

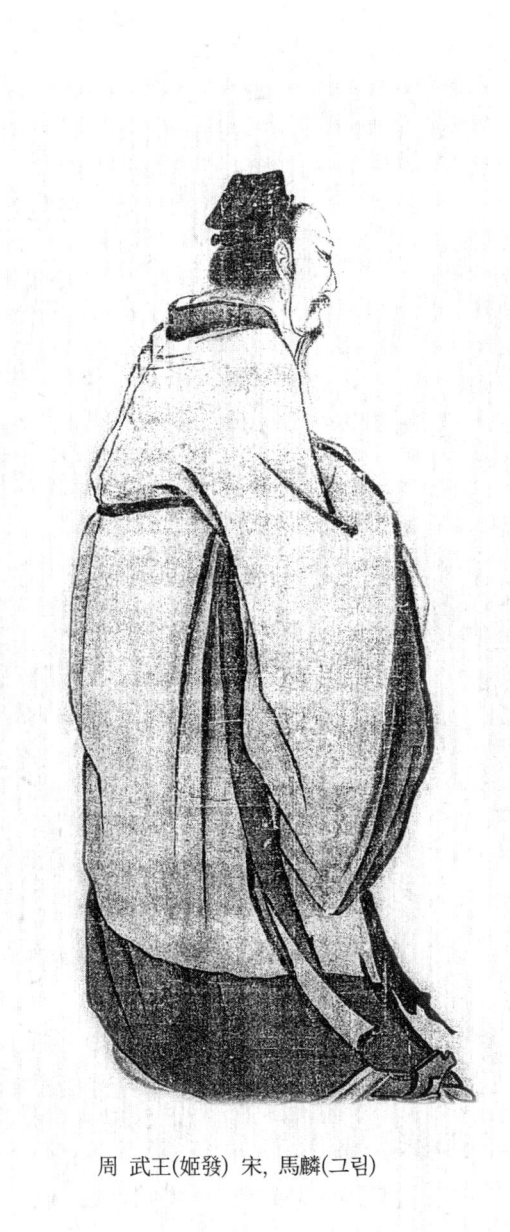

周 武王(姬發) 宋, 馬麟(그림)

〈姜太公出關隱磻溪圖〉 明《封神演義》 삽화

《六韜直解》世昌書館 1928 서울

周 文王(姬昌)과 武王(姬發)《三才圖會》

姜太公(呂尙, 呂望, 子牙) 《삼재도회》

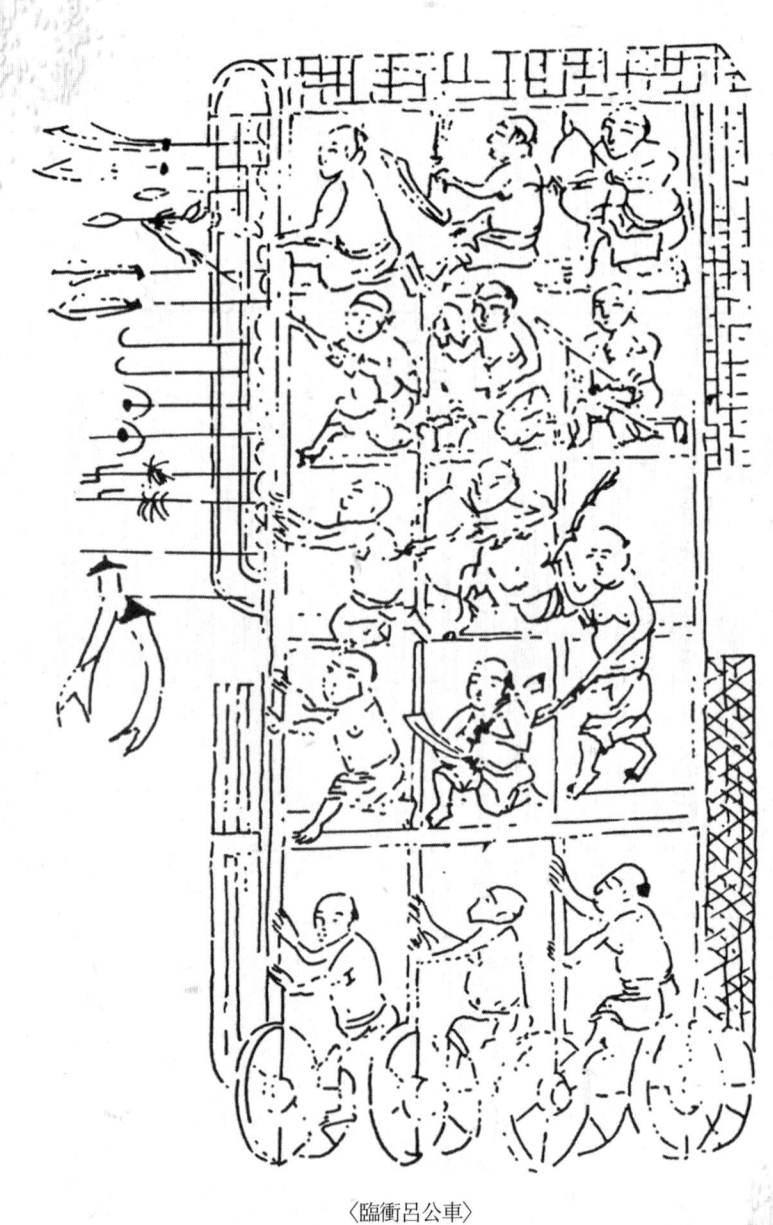

〈臨衝呂公車〉

〈黃帝蚩尤戰鬥圖〉

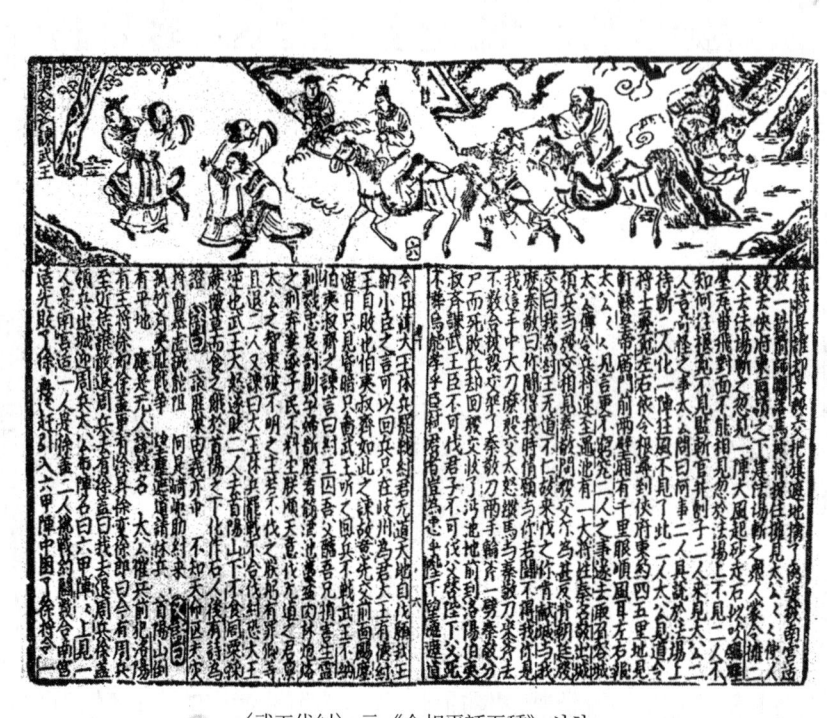

〈武王伐紂〉元《全相平話五種》삽화

〈交戰圖〉山東 沂南 畫像石墓 門額 그림

양반

1. 문도 文韜

劉寅의 《直解》에 '文韜, 藏也. 謂文事先於武備也'라 하였다.

001 (1-1) 문사文師

文師는 '문왕의 군사'라는 뜻으로 周나라 文王이 사냥을 나가기 전의 점괘와 실제 姜太公 여상을 만나 천하 성쇠의 이치와 은나라 토벌의 대략을 토론한 내용이다. 劉寅의 《直解》에 '文師者, 文王田於渭南, 遇呂尙, 與語悅之, 乃載與俱歸, 立而爲師也'라 하였다.

문왕文王이 장차 사냥을 나가려 하자, 사편史編이 점을 쳐서 말하였다.
"위양渭陽으로 사냥을 나가시면 장차 큰 것을 얻을 것입니다. 용도 아니고, 이무기도 아니며, 그렇다고 호랑이도 아니고, 큰곰도 아니며, 점의 징조에 의하면 공후公侯의 능력을 가진 자를 얻을 것입니다. 하늘이 그대의 스승을 보내 주어 이 나라의 번창함을 도울 것이며, 그 복은 삼왕三王에게까지 이어질 것입니다."
문왕이 말하였다.
"점에 나타난 징조와 이와는 같습니까?"
사편이 말하였다.
"저의 태조 사주史疇께서 우禹임금을 위하여 점을 쳐 고요皐陶를 얻으셨는데 이번의 점괘는 이에 비할 만합니다."
문왕은 이에 사흘을 재계하고 나서 사냥 수레에 올라 사냥용 말을 몰아 위양으로 사냥을 나섰다. 그리고 마침내 띠풀에 앉아 낚시를 하고 있던 태공太公을 만나게 되었다.
문왕이 이를 위로하며 물었다.
"그대는 낚시로 즐거움을 삼습니까?"

태공이 말하였다.

"제가 듣기로 군자는 자신의 뜻을 펴기에 즐거움을 느끼고 소인은 자신이 하는 일에 즐거움을 느낀다고 하더이다. 지금 나는 낚시를 하면서 이와 아주 비슷합니다. 결코 이 낚시만을 즐기는 것은 아닙니다."

문왕이 말하였다.

"무엇이 이와 닮았다는 것입니까?"

태공이 말하였다.

"낚시에는 세 가지 권변權變이 있으니 그것이 닮은 점입니다. 봉록으로 인재를 낚는 것이 이와 같고, 죽을 줄 모르고 미끼를 무는 것이 이와 같으며, 관직을 주어 공을 인정함이 마치 크고 작은 고기에 따라 그 결과가 다른 점이 같지요. 무릇 낚시는 고기를 낚기 위한 것이지만 그 나름대로의 사정에 오묘함이 있어 이로써 대도大道를 볼 수 있는 것입니다."

문왕이 말하였다.

"그 오묘한 사정을 듣고 싶습니다."

태공이 말하였다.

"못이 깊으면 물이 흐르지요. 물이 흘러야 고기가 살 수 있습니다. 이것이 자연의 도리입니다. 나무 뿌리가 깊으면 나무가 잘 자라지요. 나무가 잘 자라야 열매가 맺힙니다. 이것이 자연의 도리입니다. 그리고 군자는 사정이 같아야 서로 친하게 됩니다. 서로 친하게 되면 일을 함께 하지요. 이것이 자연의 도리입니다. 말로써 서로 응하고 대답하는 것은 그러한 도리를 수식하는 것입니다. 지극한 도리를 말로 할 수 있어야 그러한 일을 극치에 이르게 합니다. 지금 저는 하고 싶은 말을 다 하면서 어떤 거리낌도 없습니다. 군께서는 이에 대하여 반감을 가지십니까?"

문왕이 말하였다.

"오직 어진 이 만이 능히 지극한 간언을 수용할 수 있으며 지극한 도리에 대하여 싫어하지 않습니다. 그렇게 되는 것은 무슨 이치입니까?"

태공이 말하였다.

"낚시 줄은 아주 가늘어 보이지 않고 미끼는 환하게 보이면 작은 물고기가 이를 뭅니다. 낚싯줄을 잘 조정하여 향기로운 미끼를 달아야 중간쯤의 고기가 이를 물지요. 그리고 낚싯줄을 크게 하고 미끼가 아주 커야 큰 물고기가 이를 뭅니다. 그래야 그 줄에 맞게 그 물고기를 끌어당길 수 있겠지요. 사람은 임금의 봉록을 먹으며 임금에게 복종합니다. 그러므로 미끼로 물고기를 잡으면 고기를 죽일 수 있고, 봉록으로 사람을 낚으면 좋은 인재를 다 끌어모을 수 있습니다. 그리고 제후 자리를 미끼로 그 땅을 취하면 그 나라를 가질 수 있으며, 나라를 미끼로 삼아 천하를 취하면 천하를 모두 가질 수 있습니다. 아! 왕통이 끝없이 이어지는 듯하지만 모인 것은 반드시 흩어지게 마련이며, 천하 사람들이 아무 말 없이 우매한 것 같지만 그 빛과 역량은 아주 멀리 비추게 마련입니다. 오묘하도다! 성인의 덕이란 독특한 견해로 사람을 유인함이여. 즐겁도다! 성인聖人의 염려는 각각 그 차례에 맞게 돌아가도록 세울 것은 세워 주고 거둘 것은 거두도다."

문왕이 말하였다.

"세우고 거두는 것이 무엇과 같아야 천하가 그곳으로 돌아갑니까?"

태공이 말하였다.

"천하는 한 사람의 천하가 아니라 바로 천하의 천하입니다. 천하의 이익을 같이 하는 자라면 천하를 얻을 수 있지만, 천하의 이익을 혼자 차지하는 자라면 천하를 잃게 됩니다. 하늘에는 때가 있고 땅에는 재물이 있으니 능히 남과 이를 공유하는 자는 인仁이며, 이러한 인이 있는 곳에 천하가 그곳으로 돌아갑니다. 사람의 죽음을 면하게 해 주고, 사람의 어려움을 해결해 주며, 사람의 환난을 구제해 주며, 사람의 위급함을 구원해주는 것은 덕德입니다. 덕이 있는 곳이라면 천하가 그곳으로 돌아갑니다. 남의 근심과 즐거움을 함께 하며, 남의 좋아함과 싫어함을 함께 하는 것은 의義입니다. 이러한 의가 있는 곳이라면 천하가 그곳으로 달려갑니다. 무릇 사람이란 죽음을 싫어 하고 삶을 즐거워하게 마련이며, 덕을 좋아하고 이익이 있는 곳으로 몰리게 마련이니, 능히 살도록 하고 이익을 가질 수 있도록 하는 것은 도道입니다. 이러한 도가 있는 곳이라면 천하가 그곳으로 돌아갑니다."

문왕이 재배하며 말하였다.

"훌륭합니다! 감히 하늘의 조명詔命을 받아들이지 않을 수 있으리오!" 그리고 수레에 태워 함께 돌아와 태공을 사師로 세웠다.

文王將田, 史編布卜曰:「田於渭陽, 將大得焉. 非龍非彲, 非虎非羆, 兆得公侯, 天遺汝師, 以之佐昌, 施及三王.」

文王曰:「兆致是乎?」

史編曰:「編之太祖史疇, 爲禹(舜)占, 得皋陶, 兆比於此.」

文王乃齋三日, 乘田車, 駕田馬, 田於渭陽, 卒見太公, 坐茅以漁.

文王勞而問之, 曰:「子樂漁邪?」

太公曰:「臣聞君子樂得其志, 小人樂得其事. 今吾漁, 甚有似也. 殆非樂之也.」

文王曰:「何謂其有似也?」

太公曰:「釣有三權: 祿等以權, 死等以權, 官等以權. 夫釣以求得也, 其情深, 可以觀大矣.」

文王曰:「願聞其情.」

太公曰:「淵深而水流, 水流而魚生之, 情也; 根深而木長, 木長而實生之, 情也; 君子情同而親合, 親合而事生之, 情也; 言語應對者, 情之飾也; 言至情者, 事之極也. 今臣言之情不諱, 君其惡之乎?」

文王曰:「唯仁人能受至諫, 不惡至情. 何爲其然?」

太公曰:「緡微餌明, 小魚食之; 緡調餌香, 中魚食之; 緡隆餌豐, 大魚食之. 夫魚食其餌, 乃牽於緡; 人食其祿, 乃服於君. 故以餌取魚, 魚可殺; 以祿取人, 人可竭; 以家取國, 國可拔; 以國取天下, 天下可畢. 嗚呼! 曼曼綿綿, 其聚必散; 嘿嘿昧昧, 其光必遠. 微哉! 聖人之德, 誘乎獨見. 樂哉! 聖人之慮, 各歸其次, 而樹斂焉.」

文王曰:「樹斂何若, 而天下歸之?」

太公曰:「天下非一人之天下, 乃天下之天下也. 同天下之利者, 則得天下; 擅天下之利者, 則失天下. 天有時, 地有財, 能與人共之者, 仁也; 仁之所在, 天下歸之. 免人之死, 解人之難, 救人之患, 濟人之急者, 德也; 德之所在, 天下歸之. 與人同憂同樂·同好同惡者; 義也;

義之所在, 天下赴之. 凡人惡死而樂生, 好德而歸利, 能生利者, 道也; 道之所在, 天下歸之.」

　文王再拜曰:「允哉! 敢不受天之詔命乎!」

　乃載與俱歸, 立爲師.

【文王】중국 고대 商(殷)나라 말기 周민족의 영수이며 성은 姬氏, 이름은 昌. 季歷의 아들이며 周나라를 일으켜 당시 서쪽의 패자로 西伯이라 부름. 그의 아들 姬發(武王)이 殷을 멸하고 존칭하여 文王이라 시호를 올림. 재위 52년이었으며 중국 儒家의 성인으로 높이 추앙함. 《史記》 周本紀 참조.

【田】畋과 같으며 수렵, 사냥.

【史編】周나라의 太史. 史는 史官이라는 관명으로 점과 축복·제사·길흉 등을 담당하며 編은 이름. 그의 조상 史疇도 역시 순임금의 占卜官이 되어 그를 도왔음.

【渭陽】渭水의 북쪽으로 위수는 黃河의 최대 支流로 지금의 山西省 중부 지역을 가리킴.

【彲】'螭'로도 표기하며 고대 전설상의 용과 비슷하다고 여긴 동물. 황색으로 뿔이 없다 함.

【羆】곰의 일종으로 《爾雅》 釋獸에 '羆. 如熊, 黃白文'이라 함.

【三王】여기서는 文王의 후대 자손을 가리킴.

【舜】有虞氏. 姚성이며 이름은 重華. 虞나라를 건국하여 흔히 虞舜이라 칭함. 고대 전설상의 五帝의 하나이며 儒家의 성인으로 추앙함. 그가 皐陶를 얻어 천하에 덕정을 베풀고 형법을 정비하였음. 본문의 '禹'는 '舜'의 오기임.

【皐陶】'고요'로 읽으며 '咎繇'로도 표기함. 성은 偃, 전설상 고대 東夷族의 영수였으며 舜에게 발탁되어 형법을 관장하는 직책을 맡았음. 《尙書》에 皐陶謨篇이 있음.

【太公】姜太公. 呂尙. 성은 姜氏, 呂氏. 자는 子牙. 西周 초기 武王의 太師가 되어 '尙父(師尙父)'로도 불림. 주 武王을 도와 은을 멸한 뒤 分封 때 齊나라를 받아 제나라 시조가 되었으며, 춘추시대까지 齊나라는 이의 후손임. 太公(古公亶甫)가 주나라를 위해 기다리던 사람이라 하여 '太公望', 속칭 姜太公이라 불리며 渭水에서 낚시를 하다가 문왕을 만난 것으로 널리 알려져 있음. 그의

병법서 《六韜》는 전국시대 그의 이름을 의탁하여 지어진 것으로 보고 있음. 《史記》 齊太公世家 참조.
【權】 낚시에 빗대어 군주로써 인재를 낚는 방법을 비유한 것임. 권은 권변, 저울질, 미세한 균형을 통한 전환 등을 뜻함.
【等】 '같다(如)'는 뜻.
【緡】 낚싯줄을 뜻함.
【畢】 원래 고대의 새나 짐승을 잡던 기구로 자루가 달려 있는 그물. 여기서는 '정복하여 모두 가지다'의 의미로 쓰였음.
【曼曼緜緜】 첩어의 중첩으로 '曼曼'은 '漫漫'과 같으며 길고 아득함을 뜻함. '緜緜(綿綿)'은 '계속 끊임없이 이어지다'의 뜻. 여기서는 왕통이 넓게 계속 이어짐을 말함.
【各歸其次】 각각 자신에게 맞는 처소로 돌아감. '次'는 '處所'와 같음.
【詔命】 하늘이 내린 조칙과 사명. 天命과 같음.

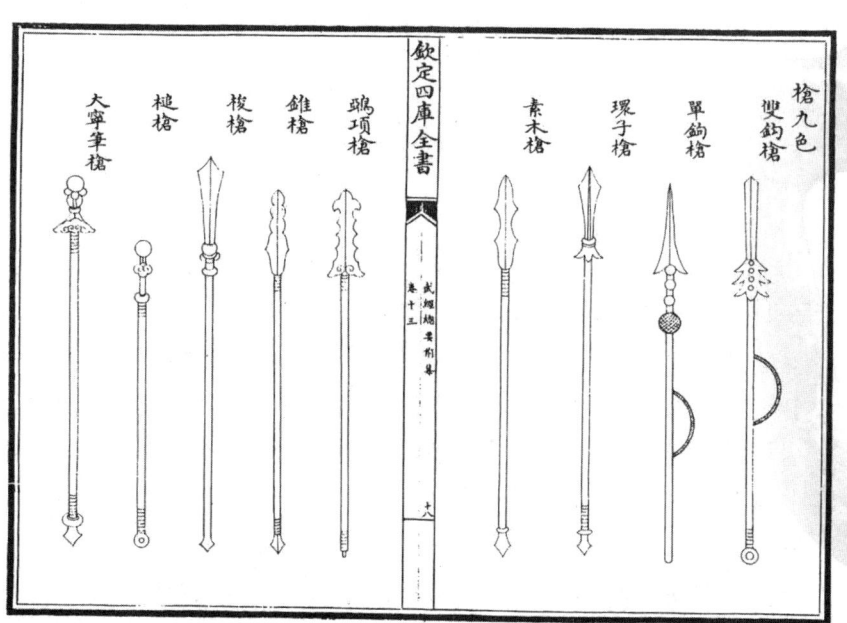

《武經總要》에 실려 있는 고대 각종 전투 장비

1. 문도 37

002 (1-2) 영허 盈虛

盈虛는 '성쇠. 영쇠. 치란'의 뜻으로 천하의 치란은 인사人事의 득실에 있을 뿐임을 강조하고 있으며 이는 바로 군주의 현명함의 여부에 달려 있다고 논하고 있다. 이에 따라 역대 제왕의 천하 경략의 원칙을 제시하였다. 劉寅의 《直解》에 '盈虛者, 氣化盛衰, 人事得失之所到也. 氣化盛人事治爲盈; 氣化衰人事失爲虛'라 하였다.

문왕이 태공에게 물었다.
"천하가 희희熙熙하여 찼다가 허물어지며 다스려졌다가도 혼란이 일어나는 등 이러한 일이 반복됩니다. 그렇게 되는 까닭은 무엇입니까? 그 임금의 어짊과 불초不肖함이 같지 않아서 그런 것입니까? 아니면 천시天時 변화의 자연 때문입니까?"
태공이 말하였다.
"임금이 불초하면 나라는 위험해지고 백성은 난을 일으키지요. 화복禍福이란 임금에게 있는 것이지 천시에 있는 것이 아닙니다."
문왕이 말하였다.
"옛날의 어진 군주에 대하여 들려 주실 수 있겠습니까?"
태공이 말하였다.
"옛날 제요帝堯가 천하에 왕 노릇 하였는데 이가 바로 상고시대의 현군입니다."
문왕이 말하였다.
"그 다스림은 어떠하였습니까?"

태공이 말하였다.

"요임금이 천하에 왕 노릇 할 때에는 금은주보金銀珠寶로 장식하지 아니하였고, 금수문기錦繡文綺의 좋은 옷감으로 옷을 해 입지 않았으며, 기괴진이奇怪珍異한 것을 볼 거리로 여기지 아니하였으며, 완호玩好의 그릇을 보물로 여기지 아니하였으며, 음일淫佚한 음악을 들을 거리로 여기지 아니하였으며, 궁원옥실宮垣屋室에 백토를 칠하여 꾸미는 것에 비용을 들이지 않았으며, 맹각연영甍桷椽楹을 잘라 다듬지 않고 그대로 썼으며, 띠풀이 마당에 두루 퍼졌어도 자르지 않았으며, 그저 사슴가죽옷으로 추위를 막았을 뿐이었고, 베옷으로 자신의 몸을 가리면 되었으며, 거친 현미로 밥을 짓고 명아주와 콩잎으로 국을 끓였으며, 임금이 역사役事를 일으키느라 백성의 농사짓고 길쌈하는 때를 빼앗는 경우란 없었으며, 자신의 욕심을 깎아 줄이고, 자신의 원하는 일을 줄여 무위無爲의 이치에 따라 일에 종사하였습니다. 관리로서 충정忠正하게 법을 잘 받드는 자는 그 직위를 높여 주었고, 염결廉潔하여 남을 사랑하는 자에게는 그 봉록을 후하게 해 주었습니다. 그리고 백성으로서 효성과 자애를 다하는 자에게는 사랑과 공경으로 보답하고, 농사와 잠상에 힘을 다하는 자에게는 위로하며 면려해 주었습니다. 선과 악을 구별하고 잘 하는 집안과 동네에는 그 선행을 표창하였고, 공평한 마음과 정당한 절의를 지키게 하되 법도로써 사악함과 위선을 금지하였습니다. 아무리 미운 자라 해도 공을 세웠으면 반드시 상을 내렸고, 아무리 사랑하는 자라 해도 죄지었으면 틀림없이 벌을 내렸습니다. 천하의 환과고독鰥寡孤獨은 보살펴 배려해 주었으며, 재앙을 입어 망한 집안은 물질로라도 구휼해 주었습니다. 그리하여 자신을 위한 일이라면 박하게 하면서도 남에게 부역을 시키는 일은 줄여 주었습니다. 그 때문에 만민이 부유함과 안락함을 느끼며, 얼굴에 배고픔과 추위에 시달리는 기색이 없었던 것입니다. 백성은 그 임금을 해나 달처럼 우러러 추대하였고, 그 임금을 친히 여기기를 자신을 부모처럼 여겼던 것입니다."

문왕이 말하였다.

"크도다! 어진 임금의 덕이여."

文王問太公曰:「天下熙熙, 一盈一虛, 一治一亂. 所以然者, 何也? 其君賢不肖不等乎? 其天時變化自然乎?」

太公曰:「君不肖, 則國危而民亂; 君賢聖, 則國安而民治. 禍福在君, 不在天時.」

文王曰:「古之賢君, 可得聞乎?」

太公曰:「昔者帝堯之王天下也, 上世所謂賢君也.」

文王曰:「其治如何?」

太公曰:「帝堯王天下之時, 金銀珠玉不飾, 錦繡文綺不衣, 奇怪珍異不視, 玩好之器不寶, 淫佚之樂不聽, 宮垣屋室不堊, 甍桷椽楹不斲, 茅茨徧庭不剪, 鹿裘御寒, 布衣掩形, 糲梁之飯, 黎藿之羹, 不以役作之故, 害民耕織之時, 削心約志, 從事於無爲. 吏忠正奉法者, 尊其位; 廉潔愛人者, 厚其祿. 民有孝慈者, 愛敬之; 盡力農桑者, 慰勉之. 旌別淑德, 表其門閭, 平心正節, 以法度禁邪僞. 所憎者, 有功必賞; 所愛者, 有罪必罰. 存養天下鰥寡孤獨, 賑贍禍亡之家. 其自奉也甚薄, 其賦役也甚寡, 故萬民富樂而無饑寒之色, 百姓戴其君如日月, 親其君如父母.」

文王曰:「大哉! 賢君之德也!」

【熙熙】여기서는 紛紜하고 複雜함을 뜻하는 疊語로 쓰였음.
【盈虛】국가의 성쇠와 흥망을 뜻함.
【帝堯】陶唐氏. 이름은 放勳. 흔히 唐堯라고도 부르며 고대 전설상 五帝 중의 하나. 역시 유가의 聖人으로 추앙함.
【堊】白堊土. 生石灰의 백토.
【甍桷椽楹】甍은 용마루. 제일 높은 추녀 앞에 세우는 기와. 桷과 椽은 모두 서까래의 일종. 楹은 기둥.

【斲】 음은 '작(착)'으로 '자르다, 베다'의 뜻. '斫'과 같음. 여기서는 잘 잘라 아름답게 꾸밈을 뜻함.
【藜藿】 가난한 사람이 먹는 나물. 명아주 잎이나 콩잎 따위. 가난함을 대신하여 쓰는 말.
【淑德】 淑은 善과 같으며 德은 慝과 같고 그 뜻은 惡으로 풀이함. 따라서 '淑德'은 '善惡'과 같음.
【鰥寡孤獨】 사회적으로 배려해야 할 대상들. 鰥은 홀아비, 寡는 과부, 孤는 어려서 부모를 잃은 아이, 獨은 늙어 자식이 없는 사람. 《孟子》梁惠王(下)에 "老而無妻曰鰥, 老而無夫曰寡, 老而無子曰獨, 幼而無父曰孤"라 함.
【振】 '賑'과 같음. 救恤, 救濟함.

003 (1-3) 국무國務

國務는 '나라를 다스림에 있어서 가장 중요한 임무'라는 뜻으로 이는 바로 애민愛民 사상에 있으며 군주는 부모가 자식에게 대하듯이 관심을 가지고 이익을 도모해 주어 생업에 즐거움을 느끼도록 해야 한다고 강조하고 있다. 劉寅의 《直解》에 '國務者, 治國之大務. 如篇內所云愛民之道, 是也'라 하였다.

문왕이 태공에게 물었다.
"나라를 다스리는 가장 큰 임무가 무엇인지 듣고 싶습니다. 임금은 존경받고 백성은 편안하게 하려면 어떻게 해야 합니까?"
태공이 말하였다.
"백성을 사랑하기만 하면 됩니다."
문왕이 말하였다.
"백성을 사랑한다는 것은 어떻게 하는 것입니까?"
태공이 말하였다.
"이롭게 해 주며 해는 끼치지 말 것, 성취시켜 주어 실패함이 없도록 해 줄 것, 살려 주어 죽이지 말 것, 그에게 주되 빼앗지 말 것, 그들을 즐겁게 해 주어 고통을 주지 말 것, 그들을 기쁘게 해 주어 노하게 하지 말 것 등입니다."
문왕이 말하였다.
"감히 그렇게 해 줄 수 있는 풀이를 청합니다."

태공이 말하였다.

"백성들이 힘써 할 일을 잃지 않도록 하면 그들에게 이익을 주는 것이요, 농사에 그 때를 놓치지 않도록 하면 농사를 이룰 것이며, 형벌을 줄여 주면 그들이 살 수 있을 것이요, 부역과 세금을 과중하게 하지 않으면 그들에게 주는 것이 되며, 임금의 궁실이나 대사臺榭를 검소하게 하면 백성을 즐겁게 해 주는 것이 되며, 관리가 가혹하게 흔들지 않으면 백성이 기뻐할 것입니다.

그러나 백성이 그 할 일을 잃으면 이는 백성에게 해를 끼치는 것이요, 백성으로 하여금 농사지을 때를 잃게 하면 이는 그들의 일을 실패하도록 하는 것이며, 죄가 없는데도 벌을 내리면 이는 그들을 죽이는 것이며, 부역과 세금을 과중하게 하면 백성의 것을 빼앗는 것이 되며, 궁실과 대사臺榭를 짓느라 일을 자꾸 벌여 백성의 힘을 피폐하게 하면 이는 그들을 괴롭히는 것이 되며, 관리가 탁하여 백성을 가혹하게 흔들면 백성을 노하게 하는 것입니다.

그러므로 나라를 잘 다스리는 자는 그 백성을 조종하되 마치 부모가 자식을 사랑하는 것과 같고, 형이 그 아우를 사랑하는 것과 같아, 그들이 배고픔과 추위에 고통을 당하는 것을 보면 이를 근심하고, 그들의 노고로움을 보면 대신 슬퍼하며 상벌은 마치 임금 자신에게 가해지는 것으로 여기며 부역과 세금은 임금 자신의 물건을 빼앗아 가는 것으로 여깁니다. 이것이 백성을 사랑하는 도道입니다."

文王問太公曰:「願聞爲國之大務, 欲使主尊人安, 爲之奈何?」

太公曰:「愛民而已.」

文王曰:「愛民奈何?」

太公曰:「利而勿害, 成而勿敗, 生而勿殺, 與而勿奪, 樂而勿苦, 喜而勿怒.」

文王曰:「敢請釋其故.」
　太公曰:「民不失時務, 則利制之; 農不失時, 則成之; 省刑罰, 則生之; 薄賦斂, 則與之; 儉宮室臺榭, 則樂之; 吏淸不苛撓, 則喜之. 民失其務, 則害之, 農失其時, 敗之; 無罪而罰, 則殺之; 重賦斂則, 奪之; 多營宮事臺榭以疲民力, 則苦之; 吏濁苛擾, 則怒之. 故善爲國者, 馭民如父母之愛子・如兄之愛弟, 見其饑寒則爲之憂, 見其勞苦則爲之悲, 賞罰如加於身, 賦斂如取己物. 此愛民之道也.」

【臺榭】높은 누대. 조망과 놀이를 위하여 지은 건축물.
【賦斂】부역과 세금. 백성이 의무적으로 부담해야 하는 노동과 물자.

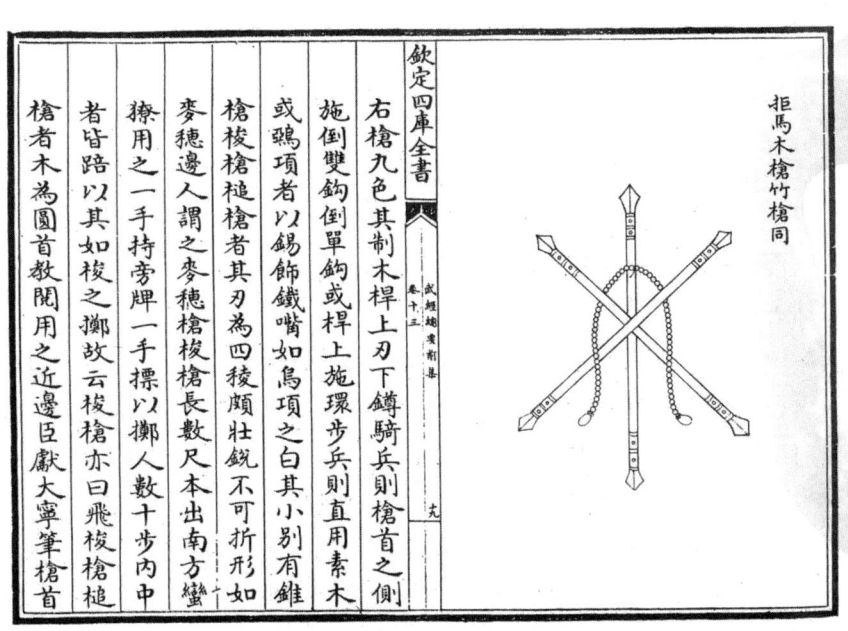

《武經總要》에 실려 있는 고대 각종 전투 장비

004 (1-4) 대례大禮

大禮는 '임금과 신하 사이의 예'를 뜻하며 특히 군주로서의 기질과 신하로부터 의견에 대한 청취 태도, 그리고 명석한 분석력을 가지고 있어야 한다는 등 4가지를 제시하고 있다. 劉寅의 《直解》에 '大禮者, 論君臣之大禮也'라 하였다.

문왕이 태공에게 물었다.
"임금과 신하 사이의 예禮는 어떠해야 합니까?"
태공이 말하였다.
"위에 있는 사람은 오직 그 자리에 맞게 임해야 하고, 아래에 있는 사람은 오직 복종해야 합니다. 그 자리에 임하되 멀어지지 말아야 하며, 복종하되 숨김이 없어야 합니다. 윗자리에 있으면 오직 두루 살필 수 있어야 하고, 아랫자리에 있으면 오직 안정되게 해 주어야 합니다. 두루 살피는 것은 하늘이요, 안정되게 하는 것은 땅입니다. 하나는 하늘이 되고 하나는 땅이 된다면, 큰 예의는 이에 이루어지는 것입니다."

문왕이 말하였다.
"임금의 지위는 어떠해야 합니까?"
태공이 말하였다.
"안정되고 느리게 하되 조용히 할 수 있어야 하며, 부드럽고 절도가 있어 먼저 결정을 할 수 있어야 하며, 잘 베풀되 다툼이 없도록 해야 하며 마음을 비우고 뜻을 공평히 하며 만물을 공정하게 대두하여야 합니다."

문왕이 말하였다.

"임금으로서 남의 의견을 들을 때는 어떻게 해야 합니까?"

태공이 말하였다.

"마구 허락함이 없어야 하며, 남의 의견을 거역함이 없어야 합니다. 잘못 허락했다가는 지켜야 할 것을 잃게 되고, 마구 거부했다가는 모든 것이 막히게 됩니다. 임금의 권위는 높은 산과 같아 우러러 볼 수 있을 뿐 그 끝을 다 알 수 있도록 해서는 안 되며, 임금의 권위는 깊은 물과 같아 헤아릴 뿐 그 깊이를 다 재어 볼 수 있게 해서는 안 됩니다. 신명神明한 덕은 그 지극함을 바르고 고요히 지키고 있어야 하는 것입니다."

문왕이 말하였다.

"임금으로서 가져야 할 밝음(明)이란 어떤 것입니까?"

태공이 말하였다.

"눈은 명확히 보는 것을 귀히 여기고, 귀는 바르게 듣는 것을 귀히 여기며, 마음은 지혜롭게 판단하는 것을 귀히 여깁니다. 천하 모든 사람의 눈으로 본다면 드러나 보이지 않는 것이 없을 것이며, 천하 모든 사람의 귀로 듣는다면 들리지 않는 것이 없을 것이며, 천하 모든 사람의 마음으로 염려한다면 알지 못할 것이 없을 것입니다. 그렇게 폭주輻輳하여 함께 몰려든다면 그 밝음이 가려질 수 없을 것입니다."

文王問太公曰:「君臣之禮如何?」

太公曰:「爲上唯臨, 爲下唯沈. 臨而無遠, 沈而無隱. 爲上唯周, 爲下唯定; 周則天也, 定則地也. 或天或地, 大禮乃成.」

文王曰:「主位如何?」

太公曰:「安徐而靜, 務節先定, 善與而不爭, 虛心平志, 待物以正.」

文王曰:「主聽如何?」

太公曰:「勿妄而許, 勿逆而拒. 許之則失守, 拒之則閉塞. 高山仰止, 不可極也. 深淵度之, 不可測也. 神明之德, 正靜其極.」

文王曰:「主明如何?」

太公曰:「目貴明, 耳貴聰, 心貴智. 以天下之目視, 則無不見也; 以天下之耳聽, 則天不聞也; 以天下之心慮, 則無不知也. 輻輳幷進, 則明不蔽矣.」

【沉】沈과 같음. 여기서는 겸손히 따름을 뜻함.
【大禮】웅성하고 장엄한 예와 儀式.
【平志】사사로움이 없음을 말함.《武經七書直解》에 "平志, 不私曲也"라 함.
【神明】《武經七書彙解》에 "應酬萬變者神也, 辨別衆理者明也"라 함.
【輻湊】'輻輳'와 같음. 수레의 바퀴살이 모이는 軸心. 모든 일이 하나로 몰려듦을 뜻함.

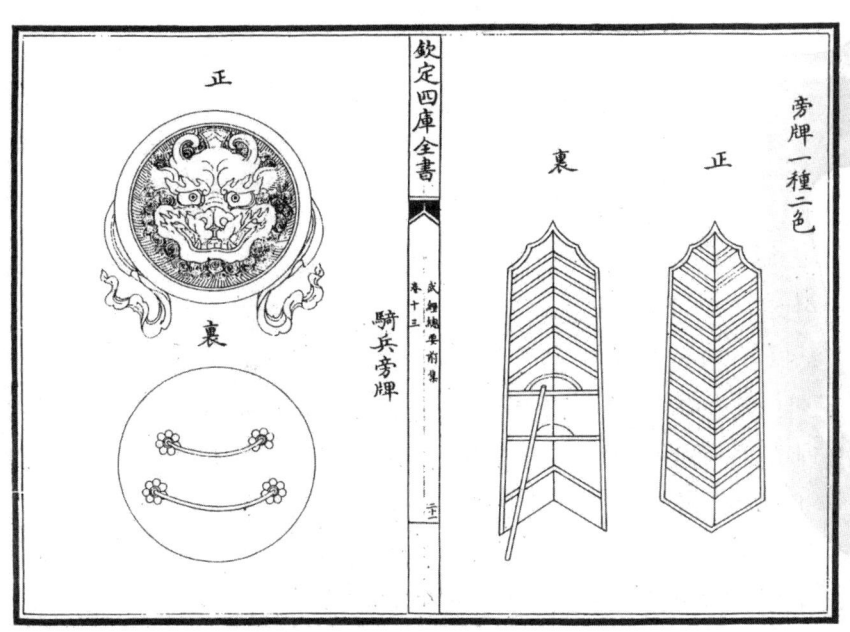

《武經總要》에 실려 있는 고대 각종 전투 장비

005 (1-5) 명전明傳

明傳은 '분명한 전수'라는 뜻으로 周 文王이 병으로 생을 마치면서 아들 姬發(武王)에게 왕위를 전수하면서 선왕의 도를 실행할 것과 국가 흥망의 관계 등을 일러주며 부탁하고 토론한 내용이다. 劉寅의 《直解》에 '明傳者, 以至道之言, 明傳之子孫也'라 하였다.

문왕이 병들어 눕게 되자, 태공망太公望을 불렀으며 태자 발發이 곁에 있었다.

문왕이 말하였다.

"아! 하늘이 장차 나를 버리려 한다. 우리 주周나라 사직을 장차 너에게 부탁하려 한다. 이제 나는 지극한 도에 대한 말을 스승으로 삼아 이를 자손에게 밝혀 전하리라."

태공이 말하였다.

"왕께서 물어 보실 말은 무엇입니까?"

문왕이 말하였다.

"선성先聖의 도로서 그쳐야 할 바가 무엇이며, 실천에 옮겨야 할 바가 무엇인지 들려 줄 수 있겠소?"

태공이 말하였다.

"착한 것을 보고도 게을리하는 것, 때가 이르렀는데도 의심을 하는 것, 그른 줄 알면서도 이를 처리하고자 하는 것, 이 세 가지는 도로 보아 그쳐야 할 일입니다. 그러나 부드러우면서 조용히 하고, 공손히 하면서 공경을 다하고, 강하면서 약한 듯이 하고, 참으면서도 굳세게 하는 것, 이 네 가지는 도로 보아 반드시 실천으로 옮겨야 할 일입니다. 그러므로 정의가 욕심을 앞서면 창성하고, 욕심이 정의를 앞서면 망하는 것이며, 공경함이 태만함을 앞서면 길하고, 태만함이 공경을 이기면 멸망하는 것입니다."

    文王寢疾, 召太公望, 太子發在側.
    曰:「嗚呼! 天將棄予, 周之社稷, 將以屬汝. 今予欲師至道之言, 以明傳之子孫.」
    太公曰:「王何所問?」
    文王曰:「先聖之道, 其所起, 可得聞乎?」
    太公曰:「見善而怠, 時至而疑, 知非而處, 此三者, 道之所止也. 柔而靜, 恭而敬, 强而弱, 忍而剛, 此四者, 道之所起也. 故義勝欲則昌, 欲勝義則亡; 敬勝怠則吉, 怠勝敬則滅.」

【寢疾】臥病과 같음. 병이 들어 누워 있음.
【太子發】문왕의 아들 姬發. 周公(姬旦)과 召公(姬奭)의 형이며, 文王을 이어 왕위에 올라 殷나라를 멸함. 儒家의 성인. 그 아들은 姬誦(成王)이었음.
【社稷】나라를 세우고 토지신(社)과 곡식신(稷)을 세워 제사를 올림. 따라서 社稷은 국가를 상징하는 말로 쓰임.

006 (1-6) 육수六守

六守는 '반드시 지켜야 할 여섯 가지 덕목'을 말한다. 바로 仁, 義, 忠, 信, 勇, 謀이다. 그리고 군주는 국가의 안정된 경제 기초를 다지기 위하여 세 가지, 즉 大農, 大工, 大商에 대하여 주의를 기울이고 이를 통해 부국강병을 이룰 것을 토론한 내용이다. 劉寅의《直解》에 '六守者, 以仁義忠信勇謀六者, 守之而不失也'라 하였다.

문왕이 태공에게 물었다.
"나라를 다스리고 백성의 주인이 된 임금으로서 실패하는 경우가 있으니 그 까닭은 무엇입니까?"
태공이 말하였다.
"남에게 무엇을 해 줄 때 신중히 하지 않아서 그렇습니다. 임금으로서 여섯 가지 지킬 것과 세 가지 보물이 있습니다."
문왕이 말하였다.
"지켜야 할 여섯 가지란 무엇입니까?"
태공이 말하였다.
"첫째 인仁, 둘째 의義, 셋째 충忠, 넷째 신信, 다섯째 용勇, 여섯째 모謀인 이것이 지켜야 할 여섯 가지입니다."
문왕이 말하였다.
"이 여섯 가지를 신중히 선택한다는 것은 어떻게 하는 것입니까?"
태공이 말하였다.

"그를 부유하게 해 주고자 하면 그가 무엇을 범하지 아니하는 가를 볼 것이며, 그를 귀하게 해 주고자 하면 그가 교만함이 없는가를 살펴야 하며, 그에게 세력을 붙여 주고자 하면 그가 일을 변전시키지 않음이 있는지를 보아야 하며, 그를 부릴 때는 그가 숨기는 것이 있지 않은가를 보아야 하며, 그에게 위험한 일을 시키고자 하면 그에게 두려워하는 바가 있지나 않은지를 보아야 하며, 그에게 일을 시키고자 할 때라면 그가 막힘이 있지나 않은지를 보아야 합니다. 그를 부유하게 해 주어도 범하는 것이 없는 자라면 이는 인仁한 자요, 그를 귀하게 해 주어도 교만을 부리지 않는 자라면 이는 의義로운 자이며, 세력을 붙여 주어도 마구 변절하지 않는 자라면 이는 충성스러운 자이며, 부려도 숨기는 것이 없는 자라면 이는 믿음을 가진 자이며, 그에게 위험한 일을 부탁했을 때 두려워하지 않는 자라면 이는 용기를 가진 자이며, 일을 맡겼을 때 막힘이 없는 자라면 이는 모책을 가진 자입니다. 임금으로서 세 가지 보물은 남에게 빌려 주는 것이 아니라 하였습니다.

그리고 남에게 빌려 주면 임금이 그 권위를 잃고 맙니다."

문왕이 말하였다.

"세 가지 보물에 대하여 삼가 묻습니다."

태공이 말하였다.

"농사를 크게 여기는 것, 공업을 크게 여기는 것, 상업을 크게 여기는 것, 이를 일러 세 가지 보물이라 합니다. 농사가 한결같이 그 고을에서 잘 되면 곡식이 풍족하게 될 것이요, 공업이 그 고을에서 한결같이 잘 이루어지면 쓸 기구가 충분하게 될 것이며, 상업이 그 고을에서 잘 이루어지면 물자가 풍족해질 것입니다. 세 가지 보물이 각기 그 있을 곳에서 잘 처리되면 백성은 아무런 염려를 하지 않게 되어 그 고을에 혼란이 일어나지 않고 그 족속에게 혼란이 일어나지 않게 됩니다. 그렇게 되면 신하로서 임금보다 부유하게 되어 토벌을 당하는 경우가 없으며, 도시가 나라보다 커져 정벌을 당하는 일이 없게 됩니다.

이처럼 이 여섯 가지를 잘 키워주면 임금은 창성하게 되고, 세 가지 보물을 완전하게 관리하면 나라가 안정되는 것입니다."

文王問太公曰:「君國主民者, 其所失之者何也?」

太公曰:「不愼所與也. 人君有六守・三寶.」

文王曰:「六守者何也?」

太公曰:「一曰仁, 二曰義, 三曰忠, 四曰信, 五曰勇, 六曰謀. 是謂六守.」

文王曰:「愼擇六守者何?」

太公曰:「富之而觀其無犯, 貴之而觀其無驕, 付之而觀其無轉, 使之而觀其無隱, 危之而觀其無恐, 事之而觀其無窮. 富之而不犯者, 仁也; 貴之而不驕者, 義也; 付之而不轉者, 忠也; 使之而不隱者, 信也; 危之而不恐者, 勇也; 事之而不窮者, 謀也. 人君無三寶借人, 借人則君失其威.」

文王曰:「敢問三寶?」

太公曰:「大農・大工・大商, 謂之三寶. 農一其鄕則穀足, 工一其鄕則器足, 商一其鄕則貨足. 三寶各安其處, 民乃不慮. 無亂其鄕, 無亂其族. 臣無富於君, 都無大於國. 六守長, 則君昌; 三寶完, 則國安.」

【君國主民】나라의 임금이 되어 백성의 군주가 됨. 군왕을 뜻함.
【無轉】자신의 의무와 뜻을 남에게 전가하지 아니하고 굳건히 지켜 냄.
【鄕】고대 주나라 때의 행정구역. 흔히 1만 2천 5백가를 1향으로 구획하였음.
【都無大於國】도는 고대 성읍. 도읍을 뜻하는 말로 그 중 임금이 거하는 곳을 都邑이라 하였음.《管子》에 "國小而都大者弑"라 하여 신하가 임금보다 부유하면 세력이 커져 결국 토벌을 당하게 되며, 어떤 도시가 지나치게 부나 권세의 균형을 이루지 못하여 임금보다 더 강하게 되면 정벌의 대상이 됨을 말함.

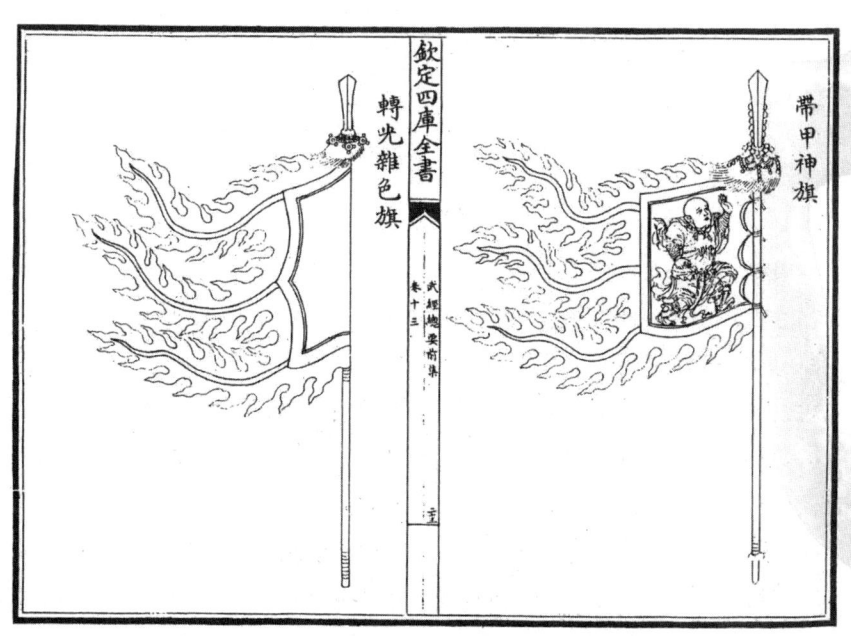

《武經總要》에 실려 있는 고대 각종 전투 장비

수토守土

守土는 '국토를 지켜냄'을 뜻하며 첫구절의 질문을 제목으로 삼은 것이다. 내용은 덕으로 좌우를 살피고 태만히 하지 말 것이며 이를 통해 사방을 지켜내어야 한다고 강조하고 있다. 특히 군주의 권위를 남에게 빌려 줄 수 없음을 말하여 국가 수비의 원칙을 군주의 권세로 설명하고 있다. 劉寅의 《直解》에 '守土者, 保守吾國之土疆也'라 하였다.

문왕이 태공에게 말하였다.
"국토를 지킴에는 어떻게 해야 합니까?"
태공이 말하였다.
"그 친족을 소홀히 대하지 말 것이며, 그 무리를 게으르게 하지 말아야 합니다. 그리고 좌우를 잘 위무慰撫하여야 하고, 사방 곁을 잘 통제하여야 합니다. 나라의 손잡이를 남에게 빌려 주어서는 안 됩니다. 나라의 중요한 자루를 남에게 빌려 주면 그 권위를 잃게 됩니다. 구덩이를 더 깊이 파거나 언덕을 더 높여 주는 일이 없도록 해야 하며, 근본을 버리고 말末을 다스리는 일이 없도록 하여야 합니다. 해가 떴을 때 말려야 하며, 칼을 잡았으면 베어야 하며, 도끼를 잡았으면 잘라야 합니다. 날이 떴는데도 바짝 말리지 않는 것을 일러 때를 놓쳤다 하고, 칼을 잡았는데도 베지 않는 것은 그 기회를 놓치는 것이며, 도끼를 잡고도 자르지 않는다면 적賊이 달려들고 맙니다. 잔잔히 흘러 막히지 않으면 장차 강하江河가 될 것이요, 반짝반짝하는 작은 불꽃이라 하여 이를 없애지 않았다가 활활 타오르는 큰불로 변하면 어찌하겠습니까? 양쪽 떡잎을 제거하지 않았다가는 장차 도끼자루만큼 커질 것입니다. 이 까닭으로 임금이라면 반드시 부富를 갖추기에 힘써야 합니다. 부를 갖추지 않으면 인仁을 실행할 수 없고, 베풀지 않으면 친척을 모을 수 없습니다. 그 친척을 모으지 못하면 해를 입을 것이요, 무리를 잃으면 패하고 맙니다. 남에게 나라의 권위인 이기利器를 빌려 주어서는 안 됩니다. 남에게 이 권위를 빌려 주었다가는 그로부터 해를 입을 뿐만 아니라 그 정의를 끝까지 실행할 수가 없게 됩니다."

문왕이 말하였다.

"무엇이 인의仁義입니까?"

태공이 말하였다.

"그 무리를 공경하고 그 친척을 모으는 것입니다. 그 무리를 공경하면 화합을 이룰 수 있으며, 그 친척을 모으면 즐거움을 누릴 수 있습니다. 이를 일러 인의의 벼리라 합니다. 남으로 하여금 그대의 권위를 빼앗지 못하도록 하십시오. 명철함을 근거로 하고 떳떳함을 순리로 여기십시오. 순리에 따르는 자에게는 덕으로써 임무를 주며, 역逆으로 하는 자는 힘으로 이를 잘라 버리십시오. 공경했다 하면 이를 의심하지 않아야 천하가 화목으로써 복종하게 됩니다."

文王謂太公曰:「守土奈何?」

太公曰:「無疏其親, 無怠其衆, 撫其左右, 御其四旁. 無借人國柄, 借人國柄則失權. 無掘壑而附丘, 無捨本而治末. 日中必彗, 操刀必割, 執斧必伐. 日中不彗, 是謂失時; 操刀不割, 失利之期; 執斧必伐, 賊人將來. 涓涓不塞, 將爲江河; 熒熒不救, 炎炎奈何? 兩葉不去, 將用斧柯. 是故人君必從事於富, 不富無以爲仁, 不施無以合親. 疏其親則害, 失其衆則敗. 無借人利器, 借人器而爲所害, 而不終其正也.」

文王曰:「何謂仁義?」

太公曰:「敬其衆, 合其親. 敬其衆則和; 合其親則喜, 是謂仁義之紀. 無使人奪汝威, 因其明, 順其常. 順者任之以德, 逆者絶之以力. 敬之勿疑, 天下和服.」

【國柄】 나라의 권세. 나라를 다스리는 자루. 國權, 利器의 다른 말. 《노자》 36장에 "魚不可脫於淵, 國之利器不可以示人"이라 한 말과 같음.
【無掘壑而附丘】 학은 구렁텅이. 구는 언덕, 구릉. 《武經七書直解》에 "壑已深矣而又掘之, 丘已高矣而又附之, 如有權寵者而又以權寵與之, 後則不可制也"라 함.
【彗】 '볕에 말리다'의 뜻으로 봄.
【涓涓】 물이 잔잔히 흐르는 모습을 뜻하는 첩어.
【熒熒】 작은 불꽃이 차분히 타고 있는 모습을 나타내는 첩어.
【兩葉】 싹이 날 때 양옆으로 나는 두 개의 떡잎.
【利器】 국가의 권력. '國柄'과 같음. 《老子》 36장의 구절.
【紀】 국가의 기강.
【因其明, 順其常】 《武經七書集解》에 "因其人心之明, 順其天道之常"이라 함.

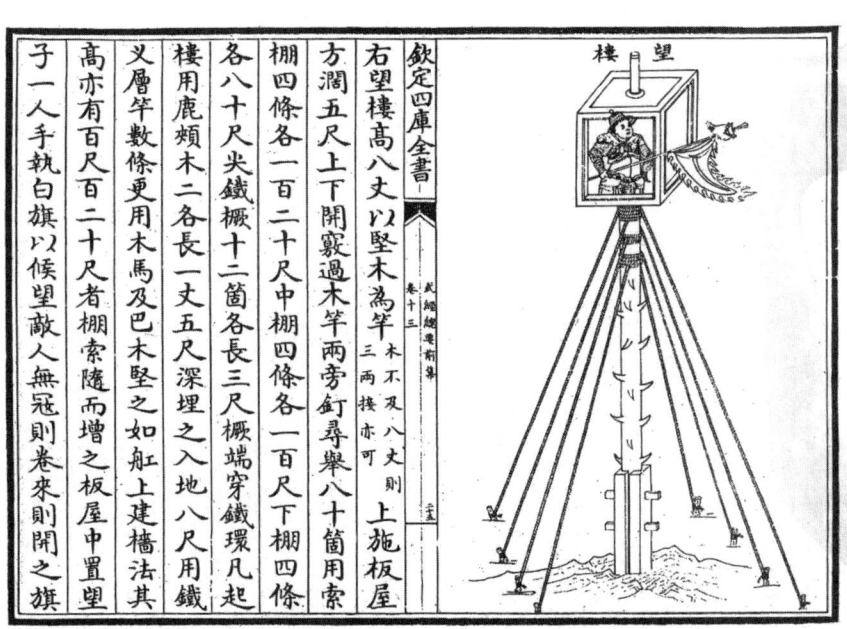

《武經總要》에 실려 있는 고대 각종 전투 장비

008 (1-8) 수국守國

守國은 '나라를 지켜내고 보위함'을 뜻하며 역시 첫 구절을 제목으로 삼은 것이다. 앞장 『수토』편과 표리를 이루고 있으며 군주는 천리와 자연의 도리를 준수하고 반역을 토벌하며 자신의 지켜내어야 함을 강조한 것이다. 劉寅의 《直解》에 '守國者, 保守國家之道也'라 하였다.

문왕이 태공에게 물었다.
"나라를 지키는 일은 어떻게 해야 합니까?"
태공이 말하였다.
"재계齋戒로 하십시오. 그런 다음에 제가 그대에게 천지의 경經과 사시四時가 생겨나는 바와 인성仁聖의 도리, 백성이 살아가는 기틀에 대한 사정을 고해드리겠습니다."
문왕은 즉시 이레동안 재계를 하고 북면北面하여 재배하고 다시 물었다.
이에 태공이 말하였다.
"하늘이 사시를 낳고 땅은 만물을 낳습니다. 천하에 백성이 있으며, 어진 이와 성스러운 이가 이들을 길러 줍니다. 그러므로 봄의 원리란 태어나게 하여 만물이 영광을 누리게 하며, 여름의 원리란 자라게 하여 만물이 성장하며, 가을의 원리란 거두어들여 만물이 가득 차게 되며, 겨울의 도란 갈무리하여 만물이 조용히 감추고 있도록 합니다. 가득 차면 감추고 있다가는 다시 소생하니 그 끝이 어디인지 알 수 없으며, 그 시작이 어디인지 알 수 없으나 성인은 이에 짝을 이루어 천지를 경기로經紀 삼습니다. 그러므로 천하가 다스려질 때는 인성이 그 속에 감추어져 있으며, 천하가 어지러울 때는 인성이 드러나는 것이니 지극한 도리가 그렇게 하는 것입니다.

성인이 천지의 중간에 있으니, 그 보배로움은 진실로 위대한 것입니다. 따라서 그 상규常規를 바탕으로 하여 이를 법으로 여기면 백성이 편안한 것입니다. 무릇 민심이 동요하며 변란이 생기는 계기가 되며, 이러한 계기가 요동치면 얻는 자와 잃는 자가 다투게 됩니다. 그러므로 이를 펴 보이되 음陰으로써 하고, 모으되 이를 양陽으로써 합니다. 이렇게 앞서서 노래부르면 천하가 화답합니다. 형세가 극점에 달하면 정상으로 되돌아오게 마련이니 나아가되 다투지 말 것이며 물러서되 양보하지 마십시오. 나라를 지키기를 이와 같이 하면 천지와 함께 그 빛이 빛날 것입니다."

文王問太公曰:「守國奈何?」

太公曰:「齋. 將語君天地之經·四時所生·仁聖之道·民機之情.」

王卽齋七日, 北面再拜而問之.

太公曰:「天生四時, 地生萬物. 天下有民, 聖人牧之. 故春道生, 萬物榮; 夏道長, 萬物成; 秋道斂, 萬物盈; 冬道藏, 萬物靜. 盈則藏. 藏則復起, 莫之所終, 莫之所始. 聖人配之, 以爲天地經紀. 故天下治, 仁聖藏; 天下亂. 仁聖昌. 至道皆然也. 聖人之在天地間也, 其寶固大矣. 因其常而視之則民安. 夫民動而爲機, 機動而得失爭矣. 故發之以其陰, 會之以其陽. 爲之先唱, 而天下和之. 極反其常, 莫進而爭, 莫退而遜. 守國如此, 與大地同光.」

【經】經常. 常道. 기본적인 규율.
【北面】신하나 아랫사람의 위치나 자리. 왕의 자리를 南面이라 함.
【以其陰·以其陽】《武經七書直解》에 "陰, 兵刑也; 陽, 德澤也. ……謂刑以伐之, 德以合之也"라 함. 陰은 무력으로 정벌함을 뜻하며 陽이란 덕으로 이들을 보살핌을 뜻함.

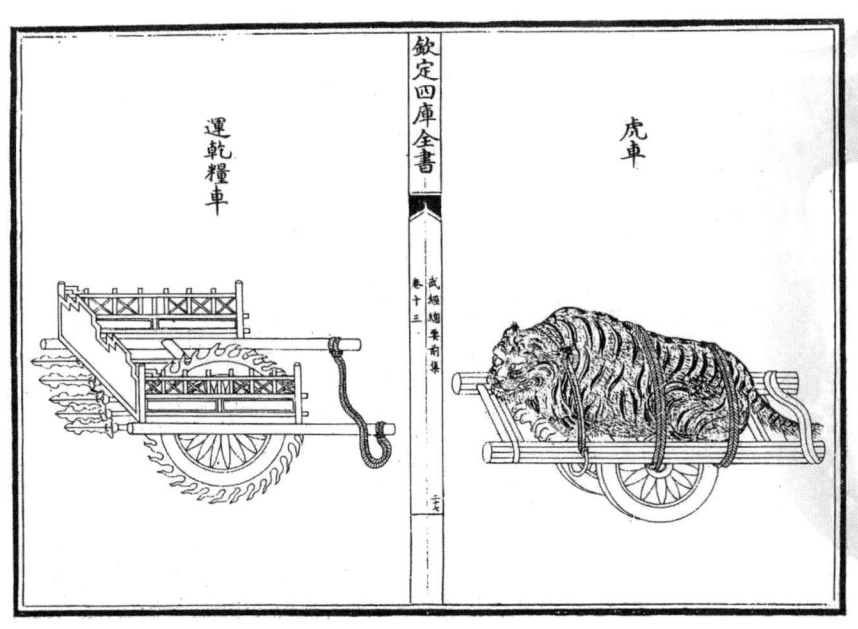

《武經總要》에 실려 있는 고대 각종 전투 장비

009 (1-9) 상현上賢

上賢은 '어질고 똑똑한 자를 높임'이라는 뜻으로 군주라면 '上賢·下不肖·取誠信·去詐僞·禁暴亂·止奢侈'를 통치의 원칙으로 삼아야 하며, 특히 '六賊'과 '七害'에 대하여 경계하고 올바른 판단으로 대처해야 함을 토론하고 있다. 劉寅의 《直解》에 '上賢, 以賢者爲上, 以不肖者爲下也'라 하였다.

문왕이 태공에게 물었다.
"왕이 된 자는 무엇을 위로 여기고 무엇을 아래로 여깁니까? 그리고 무엇을 취하고 무엇을 버려야 합니까? 그리고 무엇을 금하고 무엇을 그치게 해야 합니까?"
태공이 말하였다.
"왕이 된 자는 어진 이를 위로 여기며, 불초한 자를 아래로 여겨야 합니다. 그리고 성신誠信을 취하고 사위詐僞를 제거해야 하며, 포란暴亂을 금지하고 사치奢侈를 버려야 합니다. 그러므로 왕 된 자에게는 육적六賊과 칠해七害가 있습니다."
문왕이 말하였다.
"그 도리를 듣고 싶습니다!"
태공이 말하였다.
"무릇 육적이란 첫째, 신하로서 큰 궁실이나 못, 누대를 지어 이로써 왕과 함께 놀고 구경하며 연극과 음악으로 즐기는 자가 있다면, 이는 왕의 덕을 손상하는 것입니다.

둘째, 백성으로서 농사와 잠업에 열심을 다하지 아니하고 자신의 기분대로 하고 유협遊俠에 뛰어들어 법이나 금지된 규정에 차례를 뛰어넘어 관리의 가르침을 따르지 않는 자가 있다면, 이는 왕의 교화에 손상을 주는 것입니다.

셋째, 신하로서 붕당朋黨을 결성하여 어질고 지혜로운 자를 가리며 임금의 총명함에 장애가 되는 짓을 하는 자가 있다면, 이는 왕의 권위에 손상을 주는 것입니다.

넷째, 선비로서 자신의 뜻을 굽히지 아니하며 고고한 적의를 곧 기세氣勢로 여겨 밖으로 다른 나라 제후들과 교분을 맺어 자신의 임금은 중시하지 아니하는 자가 있다면, 이는 왕의 위엄을 손상시키는 것입니다.

다섯째, 신사로서 작위를 가벼이 보고 유사有司를 천히 여겨 위로 임금을 위해 어려운 일에 감히 간언을 하는 것을 부끄러운 일이라 여기는 자가 있다면, 이는 공신功臣의 노고에 손상을 끼치는 것입니다.

여섯째, 힘을 가진 강한 종실이라 하여 가난하고 약한 자를 능멸하며 업신여기는 자가 있다면, 이는 서인의 생업에 손상을 주는 것입니다.

다음으로 칠해란 첫째, 지략이나 권모도 없으면서 높은 상이나 높은 작위 때문에 억지로 용감한 척하고 전투를 가벼이 보며 밖에서 요행이나 굴러 들어오기를 바라는 자라면, 왕으로서는 삼가 이런 자는 장수로 삼아서는 안 됩니다.

둘째, 유명무실하여 드나들면서 말이 서로 다르고 어진 이를 덮어 버리고 악한 것은 들춰 내며 진퇴에 교묘한 술수나 부리는 자라면, 왕으로서는 이런 자는 삼가 그와 더불어 모책 짜는 일을 해서는 안 됩니다.

셋째, 자신을 위해서는 소박하게 한다면서 그 의복도 열악한 것을 입은 채 아무런 말을 하지 않는 것이 명예를 구하는 것이라 하며 입으로는 어떤 욕심도 바라지 않는 것이 곧 이익을 구하는 것이라 여기는 자라면, 이는 위선자입니다. 왕으로서는 이런 자는 삼가 가까이하지 말아야 합니다.

넷째, 그 관대冠帶를 기이하게 꾸며 입고 그 의복은 화려하게 직위를 자랑하며 널리 들어 말은 잘하되 헛된 논의에 높은 담론을 아름다운 것인 양 여기며 궁한 곳에 조용히 처하며 시속을 비방하는 자라면, 이는 간인姦人입니다. 왕으로서는 이런 자는 삼가 총애해서는 안 됩니다.

다섯째, 참언과 예쁜 짓으로 구차스럽게 자신의 욕구를 채워 관직을 얻거나, 과감하여 죽음도 가볍게 보아 봉록과 벼슬을 탐하거나 큰 일을 꿈도 꾸지 못하면서 이익을 얻으면 움직이며 고담허론高談虛論으로 임금을 기쁘게 하는 자라면, 이러한 자는 임금으로서 삼가 임무를 맡기지 말아야 합니다.

여섯째, 모든 일에 아름답게 꾸미고 장식하여 무엇이든지 기교로써 화려하게 장식하느라 농사일을 손상시키는 자라면, 임금으로서 이러한 자는 반드시 금지시켜야 합니다.

일곱째, 거짓과 기이한 방술方術 또는 무고巫蠱와 좌도左道로 상서롭지 못한 말을 만들어 어진 백성을 환혹幻惑하게 하는 자라면, 왕으로서는 이러한 자는 반드시 저지시켜야 합니다.

그러므로 백성으로서 자신의 힘을 다 쏟지 아니한다면 이는 우리 백성이 아니며, 선비로서 성신誠信하지 못하다면 이는 우리 선비가 아니며, 신하로서 충간忠諫하지 못하다면 이는 우리 신하가 아니며, 관리로서 공평하고 깨끗하여 사람을 사랑해야 함에도 그렇게 하지 못한다면 이는 우리 관리가 아닙니다. 그리고 재상으로서 임금을 도우면서 부국강병을 이루어 내지 못하거나, 음양을 조화시키지 못하거나, 만승의 군주를 편안히 해 주지 못하거나, 여러 신하를 바르게 인도하지 못하거나, 명분과 실질을 제대로 결정해 내지 못하거나, 상벌을 분명하게 구분하지 못하거나, 만민을 즐겁게 해 주지 못하는 경우라면, 이는 우리의 재상이 아닙니다.

무릇 왕이 된 자의 도는 마치 용의 머리와 같은 것이니, 높은 곳에 처하여 멀리 보고 깊이 내려다보아 세밀하게 들어 그 형태는 드러내어 보여도 그 속마음은 감추어야 합니다. 이는 마치 하늘이 높아 가히 그 끝을 알 수 없으며, 못이 깊어 가히 그 깊이를 잴 수 없는 것과 같아야 하는 것입니다. 그러므로 가히 화를 내어야 할 때에 화를 내지 아니하면 간악한 신하가 생기게 마련이며, 가히 죽여 없애야 할 때 죽이지 아니하면 큰 난적亂賊이 발흥하게 되며, 무력으로 그 위세를 펼쳐야 할 때 그렇게 하지 아니하면 적국敵國이 강해지게 됩니다."
　문왕이 말하였다.
　"훌륭합니다!"

文王問太公曰:「王人者. 何上何下? 何取何去? 何禁何止?」

太公曰:「王人者, 上賢, 下不肖, 取誠信, 去詐僞, 禁暴亂, 止奢侈. 故王人者有六賊・七害.」

文王曰:「願聞其道.」

太公曰:「夫六賊者, 一曰: 臣有大作宮室池榭, 遊觀倡樂者, 傷王之德. 二曰: 民有不事農桑, 任氣遊俠, 犯歷法禁, 不從吏敎者, 傷王之化. 三曰: 臣有結朋黨, 蔽賢智, 障王明者, 傷王之權. 四曰: 士有抗志高節, 以爲氣勢, 外交諸侯, 不重其主者, 傷王之威. 五曰: 臣有輕爵位, 賤有司, 羞爲上犯難者, 傷功臣之勞. 六曰: 強宗侵奪, 陵侮貧弱者, 傷庶人之業.

七害者, 一曰: 無智略權謀, 而以重賞尊爵之, 故強勇輕戰, 僥幸於外, 王者愼勿使爲將. 二曰: 有名無實, 出入異言, 掩善揚惡, 進退爲巧, 王者愼勿與謀. 三曰: 朴其身躬, 惡其衣服, 語無爲以求名, 言無欲以求利, 此僞人也, 王者愼勿近. 四曰: 奇其冠帶, 偉其衣服, 博聞辯詞, 虛論高議, 以爲容美, 窮居靜處, 而誹時俗, 此姦人也, 王者愼勿寵. 五曰: 讒佞苟得, 以求官爵, 果敢輕死, 以貪祿秩, 不圖大事, 得利而動, 以高談虛論, 說於人主, 王者愼勿失. 六曰: 爲雕文刻鏤, 技巧華飾, 而傷農事, 王者必禁之. 七曰: 僞方異伎, 巫蠱左道, 不祥之言, 幻惑良民, 王者必止之.

故民不盡力, 非吾民也; 士不誠信, 非吾士也; 臣不忠諫, 非吾臣也; 吏不平潔愛人, 非吾吏也; 相不能富國強兵, 調和陰陽, 以安萬乘之主, 正群臣, 定名實, 明賞罰, 樂萬民, 非吾相也. 夫王者之道如龍首, 高居而遠望, 深視而審聽, 示其形, 隱其情, 若天之高不可極也, 若淵之深不可測也. 故可怒而不怒, 姦臣乃作; 可殺而不殺, 大賊乃發; 兵勢不行, 敵國乃強.」

文王曰:「善哉!」

【王人】 군주를 뜻함.
【犯歷】 어떤 일을 범하고 위반함.
【朋黨】 자신과 다른 사람을 배척하여 자신들끼리 뭉쳐 집단을 이룸.
【抗志】 자신의 평소 뜻을 굽히지 않음.
【有司】 어떤 일을 맡은 관직.
【祿秩】 관리의 봉록과 등급.
【僞方異伎】 거짓되고 괴이한 方技(方伎). 방기는 醫·卜·星·相 등을 다루는 술책.
【巫蠱左道】 巫蠱는 巫醫와 蠱惑(蠱毒), 左道는 右道(정당하고 상식적인 학술)에 상대되는 말로 사람들을 현혹시키는 학술을 뜻함.

010 (1-10) 거현擧賢

擧賢은 '재덕을 겸비한 자를 추천하여 거용함'이라는 뜻으로 일부 군주의 실패는 거용의 방법을 잘못 적용한 것이며 알려진 이름과 실제 능력을 정확히 판단하여 名實相符한 실질을 숭상할 것을 강조하고 토론한 내용이다. 劉寅의《直解》에 '擧賢者, 擧用賢才也'라 하였다.

문왕이 태공에게 물었다.
"임금으로서 어진 이를 추천하기에 힘썼으나 그들의 공을 얻지 못하여 세상의 어지러움이 더욱 심해져서 결국 위망危亡에 이르기까지 한 경우가 있으니 어찌 된 것입니까?"
태공이 말하였다.
"어진 이를 추천하기만 하였지 쓰지는 않는다면, 이것은 어진 이를 추천하였다는 명분만 있지 어진 이를 썼다는 실질은 없는 것입니다."
문왕이 말하였다.
"그러한 실책은 어디에 있습니까?"
태공이 말하였다.
"그러한 실책은 임금이 세속에 이름이 난 자를 들어쓰기를 좋아하면서 진짜 어진 이를 얻지 못한 데에 있습니다"
문왕이 말하였다.
"무슨 뜻입니까?"

태공이 말하였다.

"임금께서 세속에서 칭찬 듣는 자를 어진 이로 여기고 세속에서 헐뜯음을 당하는 자를 불초한 자라 여긴다면, 자신의 무리를 많이 가진 자가 벼슬길로 들어올 것이요 자신의 당이 적은 자는 물러나게 될 것입니다. 이와 같이 한다면 사악한 무리들이 서로 작당하여 어진 이를 가려 버리고 충신은 아무런 죄도 없이 죽음을 당하며, 간신들은 거짓 명예를 가지고 작위를 취할 것입니다. 이렇게 하여 세상이 더욱 혼란스러워진다면 나라는 위망을 면할 길이 없게 됩니다."

문왕이 말하였다.

"어진 이를 추천함은 어떠해야 합니까?"

태공이 말하였다.

"장수와 재상은 자신의 일을 나누어 각기 그 관직의 이름으로 사람을 추천하며, 그 이름을 따져 보고 그 실질을 감독하며, 그 재능에 맞게 선발하며, 그 능력에 맞게 고과를 거쳐 실질은 그 이름에 걸맞고 그 이름은 실질에 마땅하여야 합니다. 그렇게 되면 어진 이를 추천한다는 방법에 맞게 되는 것입니다."

文王問太公曰:「君務擧賢而不能獲其功, 世亂愈甚, 以至危亡者, 何也?」

太公曰:「擧賢而不用, 是有擧賢之名而無用賢之實也.」

文王曰:「其失安在?」

太公曰:「其失在君好用世俗之所譽, 而不得其眞賢也.」

文王曰:「何如?」

太公曰:「君以世俗之所譽者爲賢, 以世俗之所毁者爲不肖, 則多黨者進, 少黨者退. 若是, 則群邪比周而蔽賢, 忠臣死於無罪, 姦臣以虛譽取爵位, 是以世亂愈甚, 則國不免於危亡.」

文王曰:「擧賢奈何?」
　太公曰:「將相分職, 而各以官名擧人, 按名督實, 選才考能, 令實當其名, 名當其實, 則得擧賢之道也.」

【比周】당을 지어 사사로운 이익을 구함. 《論語》爲政篇에 "子曰:「君子周而不比, 小人比而不周.」"라 함.
【督】감독하고 자세히 따져봄.

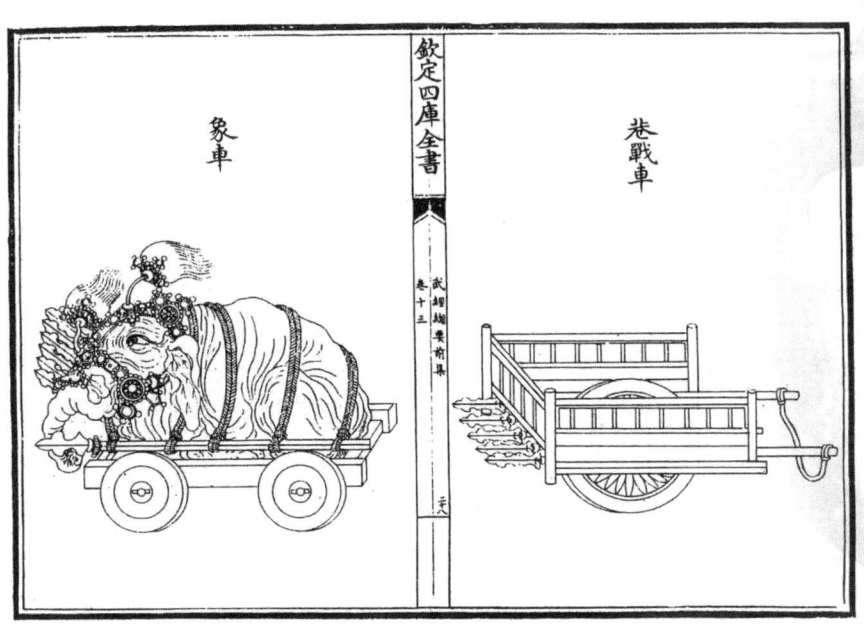

《武經總要》에 실려 있는 고대 각종 전투 장비

011 (1-11) 상벌賞罰

賞罰은 '상과 벌을 통한 장려와 징벌'이라는 뜻으로 신상필벌에 대한 내용이다. 특히 존권存勸과 시징示懲의 목적을 달성하기 위해 기준을 명확히 할 것을 토론한 내용이다. 劉寅의 《直解》에 '賞罰者, 賞有功而罰有罪也'라 하였다.

문왕이 태공에게 물었다.

"상이란 권하여 그 길로 나가게 함이요, 벌이란 징벌을 펴 보이는 것입니다. 나는 하나의 상으로써 백 가지 힘쓸 일을 권장하고, 하나의 벌로써 무리의 잘못을 징벌하고자 합니다. 이렇게 하려면 어찌해야 합니까?"

태공이 말하였다.

"무릇 상이라는 방법을 쓸 때는 믿음을 중시해야 하며, 벌을 쓸 때는 반드시 그렇게 해야 할 때 그렇게 함을 귀히 여겨야 합니다. 상이 미덥고 벌이 반드시 따른다는 것이 누구나 그 귀와 눈에 들려오고 보여진다면 이를 듣지도 보지도 못한 자에게라도 몰래 저절로 교화가 되지 않음이 없게 될 것입니다. 무릇 진실함이란 천지에 널리 드러나고 신명에게 통하는 것인데 하물며 사람에게 있어서이겠습니까?"

文王問太公曰:「賞所以存勸, 罰所以示懲. 吾欲賞一以勸百, 罰一以懲衆, 爲之奈何?」

　太公曰:「凡用賞者貴信, 用罰者貴必. 賞信罰必於耳目之所聞見, 則所不聞見者, 莫不陰化矣. 夫誠, 暢於天地, 通於神明, 而況於人乎!」

【存勸】 어떤 일을 잘 하도록 勉勵하고 慰勞함.

012 (1-12) 병도兵道

兵道는 '용병의 도리와 방법'이라는 뜻으로 周나라 武王과 토론을 벌인 내용으로 군사의 지휘 계통을 명확히 하고 적을 유인하는 방법과 수비와 공격의 적절한 배합, 그리고 기정奇正의 문제까지 거론하고 있다. 劉寅의 《直解》에 '兵道者, 用兵之要道也'라 하였다.

무왕武王이 태공에게 물었다.
"병법의 도란 어떤 것입니까?"
태공이 말하였다.
"모든 병법의 도란 오직 하나를 넘어서지 못합니다. 하나란 능히 제 홀로 갔다가 제 홀로 올 수 있습니다. 황제黃帝는 '하나는 도의 계단으로 거의 신神에 가깝다'라 하였습니다. 이를 쓸 때는 기변(機)에 있으며 이것이 드러남에는 세勢에 있으며 이것을 이루기는 임금에게 있습니다. 그러므로 성왕聖王께서 무기는 흉기凶器라 하였으니 부득이할 때만 이를 사용하는 것입니다. 지금 상왕商王은 자신이 영원히 존속하리라고만 알았지 망할 것은 모르고 있으며, 즐거움만 알았지 재앙이 닥칠 것은 모르고 있습니다. 무릇 존속함이 존속함이 아니며 이는 망할 것을 염려할 때만 존속하는 것입니다. 마찬가지로 즐거움이란 즐거움이 아니며 오직 재앙이 있을 것을 염려할 때만 즐거움이 있는 것입니다. 지금 왕께서 이미 그 근원을 염려하고 계시는데 그것이 어디로 흘러갈 것인가를 걱정하십니까!"

무왕이 말하였다.

"두 군대가 서로 마주쳐 저들이 다가오지도 아니하고 우리는 다가갈 수도 없으며 각기 견고한 수비만 하고 있어 누구도 감히 먼저 나서지 못하고 있습니다. 이 때 내가 저들을 치려 하나 그 승리를 자신할 수도 없다면 어떻게 해야 합니까?"

태공이 말하였다.

"밖으로 혼란을 조성하고 안으로 자신을 정비하여 기근이 든 것처럼 보이되 실제로는 배부르며 안으로 정밀하되 밖으로는 둔한 듯이 하십시오. 그리고 한 번 합했다가 한 번 떠나버리며 한 번 모았다가 한 번 흩어지십시오. 그리고 다시 몰래 그 모책을 세우되 그 기밀을 감추며 그 보루를 높이 쌓고 그 정예 병사를 매복시켜 전혀 소리도 나지 않게 조용히 하여 적으로 하여금 우리가 어떤 방비를 세우고 있는지를 알지 못하도록 하십시오. 그리고 서쪽을 치는 듯이 하면서 동쪽을 치면 됩니다."

무왕이 말하였다.

"적이 우리의 사정을 알아차리고 우리의 모책을 훤히 들여다보고 있다면 어찌합니까?"

태공이 말하였다.

"병법에서 승리의 기술이란 적의 기밀을 몰래 살펴 신속히 그 승리의 기세를 놓치지 않되 다시 그들이 생각하지도 못한 쪽을 신속히 습격하는 것입니다."

武王問太公曰:「兵道何如?」

太公曰:「凡兵之道, 莫過乎一. 一者, 能獨往獨來. 黃帝曰:'一者階於道, 幾於神.'用之在於機, 顯之在於勢, 成之在於君. 故聖王號兵爲凶器, 不得已而用之. 今商王知存而不知亡, 知樂而不知殃. 夫存者非存, 在於慮亡; 樂者非樂, 在於慮殃. 今王已慮其源, 曷憂其流乎!」

1. 문도 77

武王曰:「兩軍相遇, 彼不可來, 此不可往, 各設固備, 未敢先發, 我欲襲之, 不得其利, 爲之奈何?」

　太公曰:「外亂而內整, 示饑而實飽, 內精而外鈍. 一合一離, 一聚一散. 陰其謀, 密其機, 高其壘, 伏其銳士, 寂若無聲, 敵不知我所備; 欲其西, 襲其東.」

　武王曰:「敵知我情, 通我謀, 爲之奈何?」

　太公曰:「兵勝之術, 密察敵人之機而速乘其利, 復疾擊其不意.」

【武王】姬發. 문왕의 아들로 아버지의 뜻을 받들어 殷(紂)을 멸하고 周나라를 건국함. 周公(姬旦)과 召公(姬奭)의 형이며 儒家에서 성인으로 추앙함. 그의 아들은 成王(姬誦)으로 어린 나이에 왕위에 올라 주공이 섭정하였음.《史記》周本紀 참조.

【獨往獨來】전혀 거리낄 것이 없음을 뜻함. 천하무적을 가리킴.

【黃帝】중국 中原 여러 부족의 공동 수령. 土德으로 왕이 되었으며 중화민족의 시조로 널리 추앙됨. 姬姓으로 軒轅氏, 有熊氏. 少典의 아들로 炎帝 神農氏를 물리치고 蚩尤를 죽여 부락 연맹의 수장으로 추대되었으며 五帝 중의 하나.

【凶器】《老子》31장에 "夫佳兵者不祥之器, 物或惡之, 故有道者不處. 君子居則貴左, 用兵則貴右. 兵者不祥之器, 非君子之器, 不得已而用之, 恬淡爲上. 勝而不美, 而美之者, 是樂殺人"라 함.

【商王】商은 殷이라고도 하며 湯이 세운 나라로, 박(亳)에 도읍을 정하였다가 뒤에 盤庚이 殷墟로 수도를 옮겼으며 마지막 왕인 紂가 폭정을 일삼자, 周 武王이 姜太公의 도움으로 이를 牧野에서 싸워 멸망시킴. 紂는 이름은 帝辛. 혹은 受.

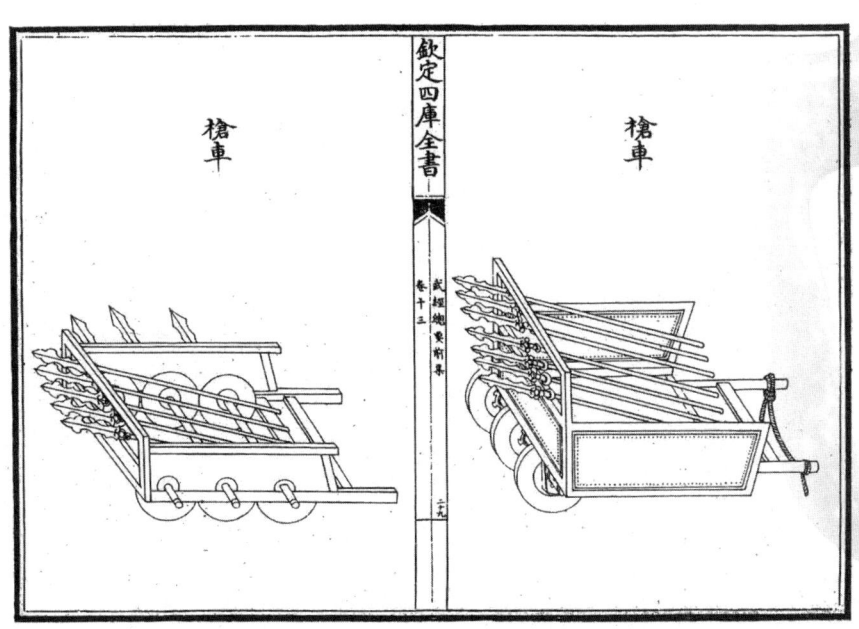

《武經總要》에 실려 있는 고대 각종 전투 장비

양녀

2. 무도武韜

劉寅의 《直解》에 '內言修德惠民, 以安民生, 但用在征伐. 故曰武韜'라 하였다.

013 (2-1) 발계發啓

發啓는 백성을 사랑하는 도를 펴서 밝혀야 한다는 뜻이다. 태공이 문왕에게 고통 받는 백성을 구제하며 천하를 취할 원칙과 책략을 일러 준 것으로, 민심을 모으고 천리에 순응하여 상을 멸하고 천하를 취할 것을 토론한 것이다. 劉寅의 《直解》에 '發啓者, 開發啓迪 其憂民之道也'라 하였다.

문왕이 풍鄷에서 태공을 불러 말하였다.
"아! 상왕商王의 학정이 극에 달하여 무고한 자를 죽이니, 그대는 나를 도와 백성을 걱정해 주기를 바라오. 어떻습니까?"
태공이 말하였다.
"왕께서 덕을 쌓아 어진 이에게 겸손을 다하시면 백성에게 은혜를 베풀어 천도天道를 살피십시오. 천도는 재앙을 내리지 않을 때 먼저 나서서 부르짖어서는 안 되며, 인도人道가 재앙을 내리고 있지 않을 때 먼저 모책을 세워서는 안 됩니다. 반드시 하늘이 내리는 재앙을 보고, 다시 사람이 짓는 재앙을 본 다음에야 가히 모책을 세울 수 있습니다. 그리고 반드시 그 양陽을 보고 다시 그 음陰을 보고 나서야 그 마음을 알 수 있는 것이며, 그 밖을 보고 다시 그 안을 보고 나서야 그 뜻을 알 수 있으며, 반드시 그들이 소홀히 하는 것을 보고 다시 그들이 친히 여기는 것을 보고 나서야 그들의 사정을 알 수 있는 것입니다. 도道에 맞게 행동하면 도가 이르는 것이며, 그 문을 따라 들어가야 그 안으로 들어갈 수 있으며, 그 예禮를 세우면 예가 성취되는 것입니다.

완전한 승리는 싸우지 않는 것이며, 진짜 전쟁은 아무런 상처를 주지 않는 것으로, 그렇게 되려면 귀신과 통해야 하는 것입니다. 미묘하도다! 미묘하도다! 남과 함께 같은 병을 앓게 되면 서로 구제해 주고, 같은 정을 가진 자는 서로 이루어지며, 똑같이 미워하는 자는 서로 도와주어 헤어 나오도록 하며, 똑같이 좋아하는 것은 서로 차례로 그 즐거움을 느끼도록 합니다. 그러므로 전쟁을 벌이지 아니하고도 이기는 것이며, 충거衝車나 노기弩機를 쓰지 아니하고도 공격하는 것이며, 구덩이나 참호를 파지 아니하고도 수비하는 것입니다.

진짜 큰 지혜는 지혜로 보이지 아니하며, 진짜 큰 모책은 모책인 줄 모르며, 진짜 큰 용기는 용기로 보이지 아니하며, 진짜 큰 이익은 남들이 이익인 줄 모릅니다. 천하를 이롭게 하는 자는 천하가 이를 열어 주며, 천하를 해롭게 하는 자는 천하가 이를 닫아 버립니다. 천하란 한 사람의 천하가 아니며 바로 천하의 천하인 것입니다. 천하를 취하는 자는 마치 들짐승을 쫓을 때 천하가 모두 그 고기를 나누어 얻어먹고 싶어하는 마음과 같습니다. 그리고 같은 배를 타고 물을 건널 때 아무런 탈 없이 다 건넌다면 그 이익을 함께 하는 것이요, 중간에 실패하면 그 손해를 함께 맛보아야 하는 것과 같습니다. 그렇다면 누구나 이를 열어 주지 닫고자 하지는 않을 것입니다.

백성으로부터 취하지 아니하는 것은 바로 백성을 취하는 것이며, 나라로부터 취하지 아니하는 것은 바로 나라를 취하는 것이며, 천하로부터 취함이 없는 것은 바로 천하를 취하는 것입니다. 백성을 취하지 아니하면 백성이 이익을 보는 것이요, 나라를 취하지 아니하면 나라가 이익을 얻는 것이며, 천하를 취하지 아니하면 천하가 이익을 보는 것입니다. 그러므로 도란 보이지 아니하는 곳에 있으며, 일이란 들리지 아니하는 곳에 있으며, 승리란 알지 못하는 곳에 있는 것입니다. 미묘하도다! 미묘하도다!

새매가 장차 먹이를 덮치려 할 때 낮게 날아 날개를 접으며, 맹수가 먹이를 낚아채려 할 때 귀를 앞으로 붙이고 엎드립니다. 마찬가지로 성인이 장차 행동하려 할 때는 반드시 어리석은 표정을 합니다.

지금 저 은(殷, 商)나라는 모든 백성이 서로 미혹하여 갈 바를 모른 채 뒤얽혀 혼란스러우며, 색을 좋아하기를 끝간 데 없이 하고 있으니 이는 나라가 망할 징조입니다. 제가 그들을 살펴보았더니 갈풀이 곡식보다 무성하고, 내가 그들 무리를 살펴보았더니 사악함과 왜곡됨이 정직보다 앞서며, 내가 그들 관리를 보았더니 포악하고 못된 짓만 하고 있어, 법은 어그러지고 형벌은 제멋대로 집행하고 있더이다. 이는 바로 나라가 망할 시기입니다.

태양이 떠오르면 만물을 모두 비추고, 대의大義가 밝혀지면 만물이 모두 이익을 누리며, 대병大兵이 발동하면 만물이 모두 복종하게 마련입니다. 크도다, 성인의 덕이여! 그 혼자만이 들을 수 있고 그 혼자만이 볼 수 있으니 즐겁도다!"

文王在酆，召太公，曰：「嗚呼！商王虐極，罪殺不辜，公尚助予憂民如何？」

太公曰：「王其修德以下賢，惠民以觀天道．天道無殃，不可先倡．人道無災，不可先謀．必見天殃，又見人災，乃可以謀．必見其陽，又見其陰，乃知其心；必見其外，又見其內，乃知其意；必見其疏，又見其親，乃知其情．

行其道，道可致也；從其門，門可入也；立其禮，禮可成也；爭其強，強可勝也．全勝不鬥，大兵無創，與鬼神通．微哉！微哉！

與人同病相救，同情相成，同惡相助，同好相趨．故無甲兵而勝，無衝機而攻，無溝壍而守．

大智不智，大謀不謀，大勇不勇，大利不利．利天下者，天下啟之；害天下者，天下閉之．天下者，非一人之天下，乃天下之天下也．取天下者，若逐野獸，而天下皆有分肉之心．若同舟而濟，濟則皆同其利，敗則皆同其害．然則皆有以啟之，無有以閉之也．

無取於民者，取民者也；無取於國者，取國者也；無取於天下者，取天下者也．無取民者，民利之；無取國者，國利之；無取天下者，天下利之．故道在不可見，事在不可聞，勝在不可知．微哉！微哉！

鷙鳥將擊，卑飛斂翼；猛獸將搏，弭耳俯伏；聖人將動，必有愚色．

今彼殷商，眾口相惑，紛紛渺渺，好色無極，此亡國之徵也．吾觀其野，草菅勝穀；吾觀其眾，邪曲勝直；吾觀其吏，暴虐殘賊，敗法亂刑．上下不覺，此亡國之時也．

大明發而萬物皆照，大義發而萬物皆利，大兵發而萬物皆服．大哉！聖人之德，獨聞獨見，樂哉！」

【酆】豐이라고도 쓰며 옛 도시 이름. 鎬京과 함께 周나라의 도읍이었으며, 지금의 陝西省 長安 서남쪽 酆河 근처. 周 文王이 崇侯(虎)를 벌한 후 岐에서 이곳으로 도읍을 옮겼음.
【不辜】죄가 없음. 無辜함.
【甲兵】갑옷과 병기. 전쟁을 뜻함.
【衝機】衝은 衝車. 성을 공격할 때 쓰는 전차. 《淮南子》注에 "大鐵著其轅端, 馬披甲, 車被兵, 所以衝於敵城也"라 함. 機는 弩機. 큰 활을 발사하는 장치.
【塹】참호. 적의 공격을 막기 위한 방어시설. 壕溝라고도 함.
【道在不可見】백성에게 이익을 빼앗지 않는 방법으로, 백성을 보호할 때 백성은 이에 대하여 알지 못함.
【鷙鳥】매나 수리 따위의 맹금류.
【弭耳】귀를 막음. 귀마개. '帖耳'라고도 함.
【紛紛渺渺】매우 어지럽고 혼란한 모습.
【菅】골풀. 菅茅, 苞子草라고도 함.
【大明】태양을 뜻함.

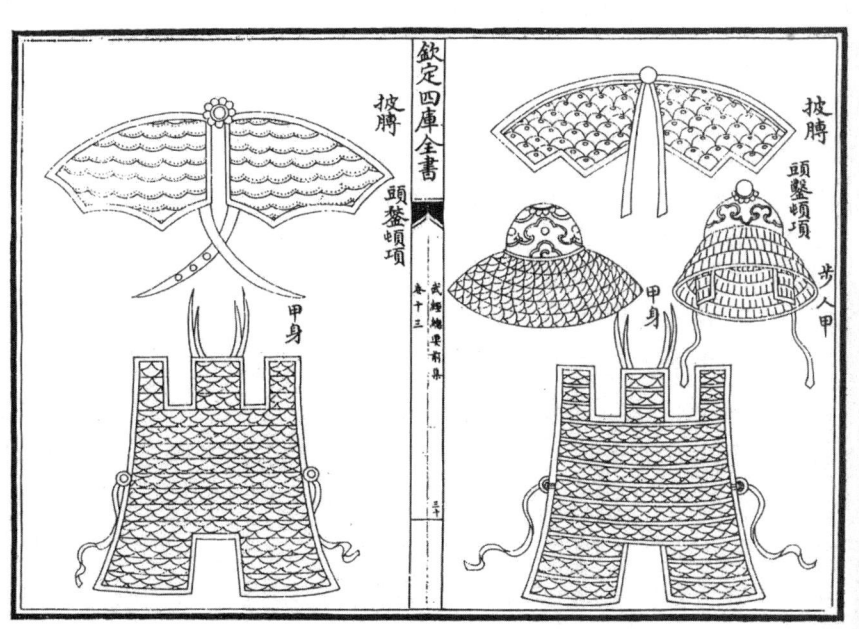

《武經總要》에 실려 있는 고대 각종 전투 장비

014 (2-2) 문계文啓

文啓는 '문치로써 다스릴 책략을 열어 보인다'는 뜻으로 태공이 문왕에게 천하 다스리는 원칙을 일러 주면서 그 천하태평과 만물 자화自化의 논리를 설명하고 토론한 내용이다. 劉寅의 《直解》에 '文啓者, 以文德 啓迪其民也'라 하였다.

문왕이 태공에게 물었다.
"성인은 무엇을 지킵니까?"
태공이 말하였다.
"무엇을 근심하고 무엇을 막으리오? 만물이 모두 자신의 위치를 지키고 있는데. 무엇을 막고 무엇을 근심하리오? 만물이 모두 질기게 살아남는데. 정치를 통해 베풀어지는 바에 그 교화를 알 수 없고, 때가 맞추어 오는 곳에 그 옮김을 알 수 없는 것. 성인은 이를 지키고 있을 뿐인데도 만물은 저절로 교화되니 어찌 그 끝이 있겠습니까? 끝나면 다시 시작되고 있습니다.
그저 편안히 흘러가고 빙글빙글 돌아 이를 구하면 되는 것이며, 이를 구하면 얻을 수 있는 것이니, 이를 깊이 갈무리하지 아니할 수 없습니다. 그리고 이미 이를 갈무리하였다면 행하지 아니할 수 없고, 이미 행동하였다면 다시 이를 밝히고자 할 필요도 없습니다. 무릇 천지는 스스로 밝히지 아니하는 것이니 그 때문에 능히 길이 영원할 수 있는 것이며, 성인은 스스로 하는 일을 밝히지 아니하는 것이니 그 때문에 능히 그 이름이 드러나는 것입니다.

옛날의 성인은 사람을 모아 가정을 이루었고, 가정을 모아 나라를 이루었으며, 나라를 모아 천하를 만들었으며, 그 나라를 나누어 어진 이가 만 개의 나라를 나누어 다스리도록 하여 그 명령을 대기大紀라 하였습니다. 그리고 그 정치와 교화를 펴도록 하였으며, 그들 백성의 풍속을 따르게 하되 굽은 것은 바르게 펴도록 하여 그들의 삶의 형태를 바꾸어 주었습니다. 그러나 만 개의 나라가 서로 통하지 못하지만 각기 자신들의 삶을 즐기며 백성들은 자신들의 임금을 사랑하며 이를 명하여 대정大定이라 하였습니다. 아! 성인은 세상을 소리 없이 조용히 하기를 힘쓰고, 어진 이는 바르게 하기에 힘쓰고, 어리석은 사람은 능히 바르게 하지 못하나니 그러므로 남과 다투는 것입니다. 윗사람이 노고로우면 형벌이 번잡해지고, 형벌이 번잡해지면 백성이 근심을 하며, 백성이 근심을 하면 흩어져 도망 다니게 됩니다. 상하가 자신의 삶을 안정되게 누리지 못하여 몇 세대를 두고 그치지 않는 것을 바로 대실大失이라 합니다.

  천하의 백성이란 마치 흐르는 물과 같아서, 막히면 멈추고 열어 주면 다시 흐르며 고요히 두면 맑아집니다. 아! 신기하도다! 성인은 그 시작되는 바를 보면 그 끝나는 바를 압니다.”

  문왕이 말하였다.

  “고요히 한다는 것은 어떻게 하는 것입니까?”

  태공이 말하였다.

  “하늘은 언제나 같은 형상을 가지고 있으며, 백성은 언제나 일상의 삶을 가지고 있어 천하가 함께 그 삶을 공유하고 있으되 천하는 말없이 조용합니다. 태상太上이 이를 바탕으로 하여 그 다음에야 교화를 폅니다. 무릇 백성은 교화되고 나면 정치를 따르나니, 이 까닭으로 하늘은 아무것도 작위를 하지 않지만, 일을 이루고 백성은 이에 참여하지 아니하지만 스스로 부유함을 가지게 됩니다. 이것이 바로 성인의 덕입니다.”

  문왕이 말하였다.

  “그대의 말은 내가 평소 품고 있던 뜻과 어울립니다. 이른 아침부터 늦은 저녁까지 이를 생각하여 잊지 않을 것이며, 이를 사용하는 것으로써 떳떳한 천하의 상법常法을 삼겠소이다.”

文王問太公曰:「聖人何守?」

太公曰:「何憂何嗇? 萬物皆得; 何嗇何憂: 萬物皆道. 政之所施, 莫知其化; 時之所在, 莫知其移. 聖人守此而萬物化, 何窮之有? 終而復始.

憂而游之, 展轉求之; 求而得之, 不可不藏; 旣以藏之, 不可不行; 旣以行之, 勿復明之. 夫天地不自明, 故能長生; 聖人不自明, 故能名彰.

古之聖人, 聚人而爲家, 聚家而爲國, 聚國而爲天下, 分封賢人以爲萬國, 命之曰'大紀'. 陳其政敎, 順其民俗, 群曲化直, 變於形容; 萬國不通, 各樂其所, 人愛其上, 命之曰'大定'. 嗚呼! 聖人務靜之, 賢人務正之. 愚人不能正, 故與人爭. 上勞則刑繁, 刑繁則民憂, 民憂則流亡. 上下不安其生, 累世不休, 命之曰'大失'.

天下之人如流水, 障之則止, 啓之則行, 靜之則淸. 嗚呼, 神哉! 聖人見其所始, 則知其所終.

文王曰:「靜之奈何?」

太公曰:「天有常形, 民有常生, 與天下共其生而天下靜矣. 太上因之, 其次化之. 夫民化而從政, 是以天無爲而成事, 民無與而自富, 此聖人之德也.」

文王曰:「公言乃協予懷, 夙夜念之不忘, 以用爲常.」

【嗇】막음. 杜塞과 같음.
【遒】강인하고 질김. 끈질기게 살아남.
【優之游之】유유자적함.
【分封】고대 혈연의 친인척이나 공신에게 토지를 나누어 주어 諸侯가 되어 다스리며, 중앙의 천자 보좌하여 조공·군사·부역 등의 직무를 수행토록 하는 정책. 봉건제도와 같음.
【常形】언제나 변함 없는 자연의 순환. 춘하추동이나 일출, 월출 등.
【常生】자연의 순환에 맞추어 일상생활을 영위하며 살아가는 것.
【夙夜】이른 아침과 늦은 밤. 일에 열심을 다함을 표현하는 말.

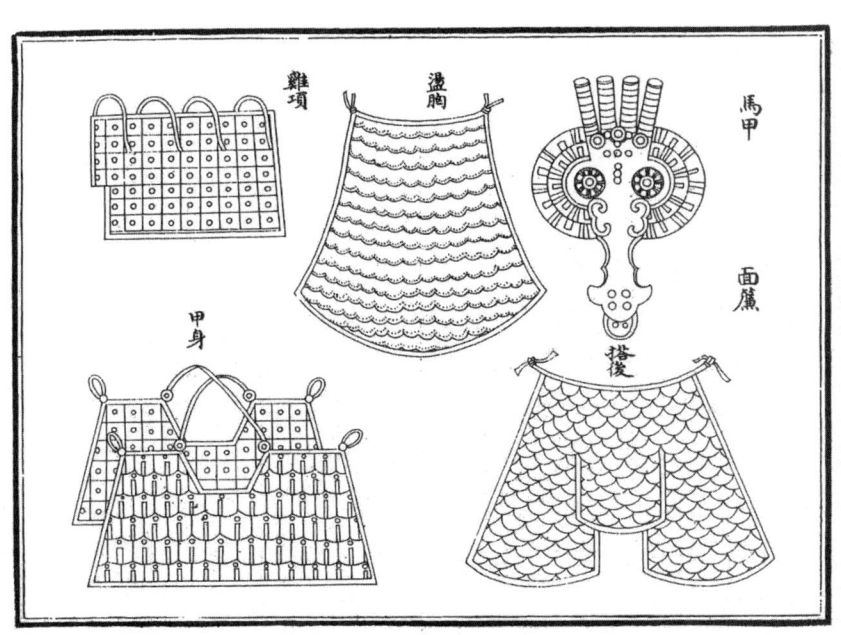

《武經總要》에 실려 있는 고대 각종 전투 장비

015 (2-3) 문벌文伐

文伐은 '武伐'에 상대되는 뜻으로 쓰였다. 즉 文事로써 사람을 정벌하여야 한다는 것으로 내용은 구체적으로 12가지를 들어 설명하고 있다. 劉寅의 《直解》에 '文伐者, 以文事伐人, 不用交兵接刃而伐之也'라 하였다.

문왕이 태공에게 물었다.
"문文으로써 치는 것은 어떤 것입니까?"
태공이 말하였다.
"무릇 문벌文伐이란 모두 열두 가지 경우가 있습니다.
첫째, 그들이 좋아하는 바를 근거로 하여 그들의 뜻대로 들어 주는 것입니다. 저들이 장차 교만한 마음이 생기면 틀림없이 호기심을 지나치게 부릴 것이며, 진실로 능히 이를 바탕으로 하면 틀림없이 제거할 수 있습니다.
둘째, 그들이 아끼는 바를 친하여 그 위세가 분산되도록 합니다. 한 사람이 두 가지 마음을 갖게 되면 그 충성심은 틀림없이 쇠락하게 될 것입니다. 궁정에 충신이 없으면 사직은 반드시 위험해지게 마련입니다.
셋째, 몰래 상대의 좌우에게 뇌물을 주어 그들의 사정을 속속들이 알아내는 것입니다. 몸은 나라 안에 있으면서 뜻 둔 바는 외국에 있다면 그런 나라에는 장차 손해가 발생하고 말 것입니다.

넷째, 상대가 음란함의 즐거움을 누리도록 조장하여 그 범위를 자꾸 넓히도록 하십시오. 그리고 주옥珠玉의 후한 뇌물을 주고 미인을 보내어 즐기도록 하며, 겸손한 말솜씨로 그들의 말을 들어 주는 척하며 그들의 명령을 따라 영합하십시오. 저들은 장차 싸우려 들지 않을 것이며, 간사한 꾸밈은 그들을 묶어 둘 것입니다.

다섯째, 그들의 충신을 존경하되 그들에게는 뇌물을 아주 적게 주십시오. 그곳 사신이 오면 이것저것 핑계를 대어 시간을 끌고 그들의 일을 허락하지 마십시오. 그리고 적으로 하여금 할 수 없이 사신을 바꾸게 하십시오. 그러면 새로 온 사신에게 성실한 태도로 대하며 친히 여기며 이들에게 믿음을 사 두는 것입니다. 그렇게 되면 그 나라 임금은 다음의 사신도 그들을 보내게 될 것입니다. 만약 이러한 방법으로 상대 나라의 충신을 높여 사귀어 두면 적국은 가히 도모할 수 있을 것입니다.

여섯째, 적국 조정의 사람들을 매수하여 밖으로 간첩이 되도록 하십시오. 그 나라 재주 있는 신하가 이국을 돕고 그 세력이 적국의 안을 파고들면 이렇게 하고도 망하지 않는 나라는 거의 없습니다.

일곱째, 사람의 마음을 잡으려면 반드시 후한 뇌물로 해야 합니다. 따라서 적국 좌우 신하 중에 충성하고 사랑 받는 자를 매수하여 몰래 이익을 제시하면서 그들로 하여금 토목공사를 쉽게 벌이도록 하여 그 나라 재정을 고갈시키는 것입니다.

여덟째, 중한 보물을 뇌물로 주어 그와 뜻이 맞음을 근거로 모책을 짜되 모책은 그에게 이익이 된다고 여기도록 해야 하며, 그 이익은 반드시 미덥게 여기도록 해야 합니다. 이를 일러 중친重親이라 합니다. 중친이 쌓이면 반드시 나를 위해 쓰일 것입니다. 나라를 가졌으면서 밖의 다른 나라에 기대게 되면 그 땅은 틀림없이 크게 패하고 말게 됩니다.

아홉째, 이름을 붙여 높여 주며 그 임금 자신에게는 어려움이 없도록 해 주십시오. 큰 세력을 보여 주되 반드시 미덥게 하여 따르도록 유도하십시오. 상대를 아주 높은 자리로 추켜세우고 먼저 그에게 영광이 돌아가도록 하며, 몰래 그가 성인聖人이라고 꾸며 주면 그러한 나라는 크게 태만해질 것입니다.

열째, 공손히 하여 반드시 미덥게 하며 그 정보를 얻어 내십시오. 그들의 뜻을 받드는 척하면서 그들이 벌이는 일에 동조하여 마치 함께 살아야 하는 듯이 하십시오. 이렇게 하여 그들을 끌어들인 다음 몰래 이들을 거두어들이십시오. 이렇게 하여 때가 장차 이르면 하늘이 그들을 없애 줄 것입니다.

열한째, 여러 가지 방법으로써 그들을 막히게 해야 합니다. 백성이나 신하라면 누구나 귀함과 부유함은 중시하면서 죽음과 재앙에 대하여는 싫어하지 아니하는 경우란 없습니다. 따라서 몰래 높은 지위를 제시하고 몰래 중한 보물을 보내 주어 적국의 호걸을 매수해야 합니다. 그리고 안으로 재물을 충분히 쌓아 두고 겉으로는 가난한 척하여야 하며, 몰래 상대의 지혜로운 선비를 끌어들여 그들로 하여금 그 나라를 도모하도록 하며, 상대의 용사를 끌어들여 그들로 하여금 자신들의 높은 기개를 펴 보일 수 있도록 하여 그들이 바라는 부귀를 만족할 만큼 차지하도록 하며, 그러한 사람이 갈수록 많아지도록 해야 합니다. 이렇게 하여 그러한 무리가 이미 구비된다면 이를 일러 '막아 버린다'라 하는 것입니다. 나라를 가지고 있으면서 이렇게 막힌다면 어찌 능히 그 나라를 계속 가지고 있을 수 있겠습니까?

열두째, 적국의 난신亂臣을 길러 그 나라를 미혹하게 하며, 미녀美女를 바쳐 음란한 음악으로 미혹시키시며, 좋은 사냥개와 말을 보내어 그들이 사냥과 놀이에 지치도록 하며, 대세大勢에 맞추어 그들을 유혹하십시오. 그리고 위로 살펴 천하와 함께 그들을 칠 계책을 도모하시면 됩니다.

이상 열두 가지 경우가 구비되어야 비로소 무사武事를 이룰 수 있는 것이니, 이를 일러 소위 '위로는 하늘을 살피고 아래로는 땅을 살펴 징조가 나타나면 비로소 친다'라는 것입니다."

文王問太公曰:「文伐之法奈何?」

太公曰:「凡文伐有十二節:

一曰: 因其所喜, 以順其志, 彼將生驕, 必有好事, 苟能因之, 必能去之.

二曰: 親其所愛, 以分其威. 一人兩心, 其中必衰, 廷無忠臣, 社稷必危.

三曰: 陰賂左右, 得情甚深, 身內情外, 國將生害.

四曰: 輔其淫樂, 以廣其志, 厚賂珠玉, 娛以美人. 卑辭委聽, 順命而合. 彼將不爭, 奸節乃定.

五曰: 嚴其忠臣, 而薄其賂. 稽留其使, 勿聽其事. 亟爲置代, 遺以誠事, 親而信之, 其君將復合之. 苟能嚴之, 國乃可謀.

六曰: 收其內, 間其外, 才人外相, 敵國內侵, 國鮮不亡.

七曰: 欲錮其心, 必厚賂之, 收其左右忠愛, 陰示以利, 令之輕業, 而蓄積空虛.

八曰: 賂以重寶, 因與之謀, 謀而利之. 利之必信, 是謂重親. 重親之積, 必爲我用. 有國而外, 其地必敗.

九曰: 尊之以名, 無難其身, 示以大勢, 從之必信. 致其大尊, 先爲之榮, 微飾聖人, 國乃大偷.

十曰: 下之必信, 以得其情; 承意應事, 如與同生; 既以得之, 乃微收之; 時及將至, 若天喪之.

十一曰: 塞之以道, 人臣無不重貴與富, 惡死與咎. 陰示大尊而微輸重寶, 收其豪傑. 內積甚厚, 而外爲乏. 陰納智士, 使圖其計; 納勇士, 使高其氣, 富貴甚足而常有繁滋, 徒黨已具, 是謂塞之. 有國而塞, 安能有國?

十二曰: 養其亂臣以迷之, 進美女淫聲以惑之, 遺良犬馬以勞之, 時與大勢以誘之, 上察而與天下圖之.

十二節備, 乃成武事, 所謂『上察天, 下察地, 徵已見, 乃伐之.』」

【文伐】 '武事'에 상대되는 뜻으로 실제 무력은 쓰지 않으나 상대를 여러 가지 계책을 써서 약화시키는 방법을 말함. '文으로써 토벌하다'의 뜻.
【中】 忠, 衷과 같으며 속에 든 순수한 마음.
【委聽】 공손하게 명령을 듣고 수행함.
【奸節乃定】《武經七書講義》에 "彼惟不爭, 則彼之奸事, 可得而預知矣"라 함.
【稽留】 생각하고 따지느라 멈춤. 연체함.
【置代】 代置와 같음.
【錮】 禁錮. 행동을 제약함.
【輕業】 경솔하게 토목공사를 벌임. 전국시대 한나라가 간첩을 秦王에게 보내어 무리한 수리 공사를 하도록 유혹하여 나라의 재정을 소모시켜 이로써 동쪽으로의 진출을 지연시킴.
【重親】《武經七書彙解》에 "重結彼此之親好也"라 함.
【塞】 꽉 막아 전혀 힘을 쓰지 못하도록 함을 말함.
【淫聲】 음란한 음악. 흔히 춘추시대 鄭衛의 음악을 지칭할 때 쓰는 말.《論語》 衛靈公편에 "顏淵問爲邦. 子曰:「行夏之時, 乘殷之輅, 服周之冕, 樂則韶舞. 放鄭聲, 遠佞人. 鄭聲淫, 佞人殆.」"라 함.
【武事】 '文伐'의 상대되는 말로 직접 무력으로 쳐서 멸망시킴을 뜻함.

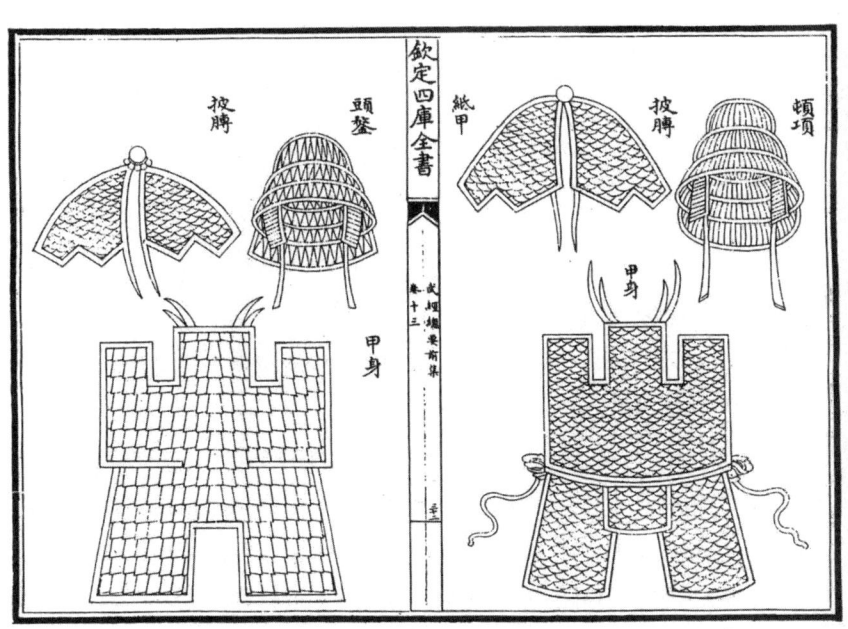

《武經總要》에 실려 있는 고대 각종 전투 장비

016 (2-4) 순계順啓

順啓는 '천하의 인심을 따라야 한다'는 뜻으로 태공이 문왕에게 여섯 가지 항목을 설명하여 '천하는 한 사람의 천하가 아니라 천하의 천하'라는 대전제를 제시하여 도를 실행함으로써 그 일을 해 낼 수 있다고 강조하였다. 劉寅의 《直解》에 '順啓者, 順天下人心而啓導之也' 라 하였다.

문왕이 태공에게 물었다.
"어떻게 하는 것이 가히 천하를 다스리는 것입니까?"
태공이 말하였다.
"큰 도량으로 천하를 덮은 다음 그런 연후에야 능히 천하를 포용할 수 있는 것이며, 믿음이 천하를 덮은 다음에야 능히 천하를 하나로 묶을 수 있으며, 어짊이 천하를 덮은 다음에야 능히 천하를 품에 안을 수 있으며, 은혜가 천하를 덮은 다음에야 능히 천하를 보위할 수 있으며, 권위가 천하를 덮은 다음에야 능히 천하를 잃지 않을 수 있습니다. 일을 벌이되 의심을 갖지 않으면 천운天運이 옮겨가지 못하고 시변時變이 달아나지 못합니다. 이 여섯 가지가 구비된 뒤에야 천하의 정치를 수행할 수 있는 것입니다.

그러므로 천하를 이롭게 하는 자는 천하가 이를 열어 주며, 천하를 해롭게 하는 자는 천하가 이를 닫아 버립니다. 마찬가지로 천하를 살리는 자는 천하가 이를 덕으로 여겨 주며, 천하를 죽이는 자는 천하가 이를 도적으로 여기며, 천하를 뚫어 주는 자는 천하가 이를 통하게 해 주며, 천하를 궁하게 하는 자는 천하가 이를 원수로 여기며, 천하를 안정되게 하는 자는 천하가 이를 믿고 의지하며, 천하를 위험하게 하는 자는 천하가 이를 재앙으로 갚습니다. 천하는 한 사람의 천하가 아니라 오직 도道 있는 자만이 이에 처할 수 있는 것입니다."

文王問太公曰:「何如而可爲天下?」

太公曰:「大蓋天下, 然後能容天下; 信蓋天下, 然後能約天下; 仁蓋天下, 然後能懷天下; 恩蓋天下, 然後能保天下; 權蓋天下, 然後能不失天下; 事而不疑, 則天運不能移, 時變不能遷. 此六者備, 然後可以爲天下政.

故利天下者, 天下亓啓之; 害天下者, 天下閉之; 生天下者, 天下德之; 殺天下者, 天下賊之; 徹天下者, 天下通之; 窮天下者, 天下仇之; 安天下者, 天下恃之; 危天下者, 天下災之. 天下者非一人之天下, 唯有道者處之.」

【大蓋天下】 기량이 커서 천하를 덮을 정도임.
【天運】 천체의 운행.

017 (2-5) 삼의三疑

三疑는 '의혹을 가지고 결단을 내리지 못하는 세 가지 경우'를 뜻하며 이를 해결하기 위한 방법을 제시하고 있다. 즉 강적을 공격할 때, 적을 이간시킬 때, 적을 와해시킬 때의 일로 이를 위해서는 형세를 이로운 쪽으로 유도할 것, 교묘한 계책을 세울 것, 돈과 재물을 이용할 것 등이다. 劉寅의 《直解》에 '三疑者, 欲攻强離親散衆, 恐力不能而疑之也'라 하였다.

무왕武王이 태공에게 물었다.

"나는 공을 세우고자 하나 세 가지 의심을 떨쳐버릴 수 없습니다. 즉 힘으로 보아 적을 공격할 수 없을 것이라는 것과 그들 친척을 이반시킬 수 없으리라는 것, 그리고 그들 무리를 흩어지도록 할 수 없으리라는 것입니다. 이를 위해 어찌하면 되겠습니까?"

태공이 말하였다.

"무릇 강한 것을 공격하려면 반드시 그들을 더욱 강하게 길러 주고, 더욱 마음놓고 펴도록 해 주어야 합니다. 너무 강한 것은 반드시 꺾이게 마련이며, 너무 펼쳐진 것은 반드시 결함이 생기게 마련입니다. 강한 것은 스스로 강한 것으로써 공격하도록 하고, 그들을 이반시키기에는 그들의 친한 바로써 하며, 그들 무리가 흩어지게 하는 데는 그들의 무리로써 하는 것입니다.

무릇 모책을 세우는 방법은 주밀周密함을 보배로 삼아야 합니다. 그리고 일을 만들어 시키고 즐거운 놀이를 만들어 이익으로 보여 주면, 다투는 마음이 틀림없이 생기게 될 것입니다.

그들 친한 사이를 멀어지게 하려면, 그들이 아끼는 물건을 그 임금이 총애하는 사람에게 주며, 그들이 하고 싶어하는 것을 주며, 그들이 이익으로 여기는 것을 제시하여 이를 바탕으로 서로 멀어지게 한 다음 그들로 하여금 뜻하는 바를 이루지 못하도록 하여야 합니다. 저들이 이익에 탐욕을 부려 심히 즐거워한다면, 어떠한 뇌물을 주어도 그에 대한 의심이 사라지고 말 것입니다.

무릇 공격의 방법이란 반드시 먼저 그들의 명철함을 막아 버린 다음에 그들의 강함을 공격하며, 그들의 강대함을 훼멸하고 그리고 나서 백성이 겪는 손해를 제거해 주어야 합니다. 색으로 그들이 음란에 빠지도록 하고, 이익을 물고 놓을 수 없도록 하며, 좋은 음식 맛에 젖도록 하며, 음악의 즐거움에서 헤어나지 못하게 해야 합니다.

이렇게 하여 이미 친한 사람 사이가 멀어지면, 틀림없이 백성으로부터 멀어질 것입니다. 그런 다음 그들로 하여금 우리의 모책을 알아차릴 수 없도록 하면서, 도리어 이들을 부추겨 용납해 주는 것입니다. 이렇게 우리의 의도를 깨닫지 못하도록 한 다음에는 우리의 뜻을 이룰 수 있습니다.

그리고 은혜를 그 나라 백성에게 베풀되 절대로 재물을 아까워해서는 안 됩니다. 백성을 마치 소나 말처럼 기를 대상으로 여겨 자주 먹이를 주어 기르면서 그들의 뜻을 따라 주며 사랑해 주어야 합니다. 마음은 지혜를 열어 주는 것이요, 지혜는 재물을 열어 주는 것이며, 재물은 민중을 열어 주는 것이며, 민중은 어진 이를 열어 주는 것이며, 어진 이가 열어 주는 것이 있어야 천하에 왕이 될 수 있는 것입니다."

武王問太公曰:「予欲立功, 有三疑: 恐力不能攻強·離親·散衆, 爲之奈何?」

太公曰:「因之·愼謀·用財. 夫攻強, 必養之使強, 益之使張, 太強必折. 攻強以強, 離親以親, 散衆以衆.

凡謀之道, 周密爲寶. 設之以事, 玩之以利, 爭心必起. 欲離其親, 因其所愛與其寵人, 與之所欲, 示之所利, 因以疏之, 无使得志. 彼貪利甚喜, 遺疑乃止.

凡攻之道, 必先塞其明, 而後攻其强, 毁其大, 除民之害. 淫之以色, 啗之以利, 養之以味, 娛之以樂.

旣離其親, 必使遠民. 勿使知謀, 扶而納之, 莫覺其意, 然後可成.

惠施於民, 必無愛財, 民如牛馬, 數餧食之, 從而愛之.

心以啓智, 智以啓財, 財以啓衆, 衆以啓賢; 賢之有啓, 以王天下.」

【武王】姬發. 문왕의 아들로 아버지의 뜻을 받들어 殷(紂)을 멸하고 周나라를 건국함. 周公(姬旦)과 召公(姬奭)의 형이며 儒家에서 성인으로 추앙함. 그의 아들은 成王(姬誦)으로 어린 나이에 왕위에 올라 주공이 섭정하였음. 《史記》 周本紀 참조.
【啗】이익으로 유혹함을 뜻함.
【餧】餧와 같음. 먹여서 길러줌. 소나 말 따위를 사육함.

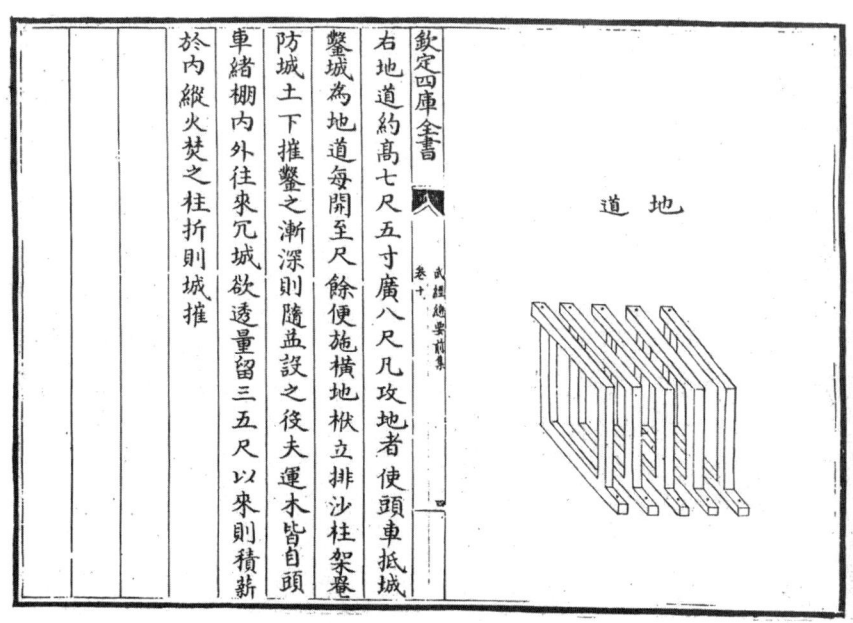

《武經總要》에 실려 있는 고대 각종 전투 장비

앞날

3. 용도 龍韜

劉寅의 《直解》에 '龍以變化不測, 言隱現無常. 此韜皆行軍事而多心計, 藏奇隱伏, 故曰龍韜'라 하였다.

018 (3-1) 왕익王翼

王翼은 '왕의 보좌이며 날개'라는 뜻으로 장수를 가리키며 장수는 權變에 통달해야 하며 사람을 쓸 줄 아는 능력이 있어야 한다고 강조하였다.

그리고 72명의 복심腹心에 해당하는 사람들의 수와 그 직능을 밝혀 다시 군대 편제와 통수 계통 및 기구의 조직을 알 수 있다. 劉寅의 《直解》에 '王翼者. 王之羽翼也. 所謂腹心以下, 凡一十八等, 共用七十二人, 所以羽翼王者. 故總以王翼名篇'이라 하였다.

무왕이 태공에게 물었다.

"왕이 된 자가 군사를 거느림에는 반드시 고굉股肱과 우익羽翼의 보필이 있어야 위엄과 신명을 이룰 수 있다 하는데 이렇게 하려면 어찌해야 합니까?"

태공이 말하였다.

"무릇 군대를 일으켜 군사를 인솔함에는 장수에게 그 사명을 맡겨야 합니다. 사명을 맡음에는 모든 일에 통달해야 하며 그저 하나의 술책만 고집해서는 안 됩니다. 따라서 그 능력에 맞게 직책을 주어 각기 그 장점을 발휘하도록 하며, 그 변화에 따라 적응함을 강기綱紀로 삼도록 해야 합니다. 그러므로 군대를 거느리는 자라면 고굉과 우익 72명이 있어 천도에 응하도록 해야 합니다. 그 숫자가 이와 같이 갖추어지면 명리命理를 살펴 이를 알아낸 다음, 서로 다른 능력과 특이한 기능을 발휘하도록 하면 모든 일이 완비되는 것입니다."

무왕이 말하였다.

"그 요목을 묻습니다."

태공이 말하였다.

"심복心腹에 해당하는 사람 하나는, 몰래 계책을 짜서 갑작스러운 일에 대응할 준비를 갖추며 형세 변화를 예측하고 전체 계획을 총괄하여 전체 백성의 안전을 지켜 주도록 하여야 합니다.

다음으로 모사謀士 다섯 사람은, 안위를 주관하여 아직 드러나지 않은 일을 미리 살피고 능히 해 낼 수 있는 일을 논의하며 상벌을 명확히 제정하고 관직을 바르게 수여하며 결정하기 어려운 일을 과감히 결정하며 가부를 정확히 판단하여 정해야 합니다.

그리고 천문天文을 담당하는 세 사람은, 별과 날짜를 주관하여 바람과 기후를 살피며 날짜를 계산하고 부험符驗을 상고하고 재이災異를 비교하여 사람들 마음의 거취의 기변機變을 알아내어야 합니다.

지리地利를 담당하는 세 사람은, 삼군三軍의 행진과 중지, 형세 그리고 이해와 소식消息을 주관하며 원근과 지세의 험이險易, 물의 학갈涸渴과 산의 막힘 등을 관찰하여 지세의 이로움을 놓치지 않도록 합니다.

병법을 담당하는 아홉 사람은, 군사 형세의 이동異同과 군사 행동의 성패를 주관하여 이를 강론하며 군사 훈련과 무기 제련, 법을 어기는 자를 검거하는 일을 전담하여야 합니다.

통량通糧을 맡은 네 사람은, 먹고 마실 것을 비축하여 수송로를 통하게 하며 오곡을 고르게 준비하는 일을 책임져 삼군으로 하여금 곤핍함이 없도록 해야 합니다.

분위奮威 네 사람은, 재능과 힘 있는 병사를 선택하고 그에 맞는 무기를 선택하며 바람이 불 듯, 번개가 치듯 진격하여 그들이 어디로 달려들지 모르는 자를 찾아내는 일을 담당하도록 합니다.

복고기伏鼓旗 세 사람은, 북과 깃발을 감추고 아군이 귀와 눈으로 정확히 판단하도록 하며 부절符節로써 상대를 속여 상대가 우리의 호령號令을 잘못 판단하도록 유도하며 몰래 적진으로 왕래하되 그 출입이 마치 귀신같도록 해야 합니다.

고굉股肱 네 사람은, 어렵고 힘든 공사의 일을 맡아 구학과 참호를 수축하며 성벽과 보루를 정비하여 수비의 책임을 집니다.

통재通材 세 사람은, 빠뜨린 것이나 놓친 일을 수습하고 보충하며, 빈객을 맞이하여 응대하며 담화를 논의하여 환난이나 맺힌 관계를 없애고 풀어 내는 일을 책임집니다.

권사權士 세 사람은, 기휼奇譎을 행사하며 특이한 모책을 세워 남이 알지 못하도록 하며 무궁한 병법의 변화를 실행하도록 합니다.

이목耳目 일곱 사람은, 두루 돌아다니며 사람들의 말을 듣고 그들 행동의 변화를 살펴 사방의 모든 사건과 군대 안의 정보를 수집합니다.

조아爪牙 다섯 사람은, 무력의 위세를 드날리며 삼군을 격동시켜 그들로 하여금 어떤 어려움이나 상대의 예리함도 겁 없이 달려들어 공격하되 전혀 의심하거나 망설임이 없도록 하는 일을 담당합니다.

우익羽翼 네 사람은, 명예를 드날려 먼 곳까지 그 위세를 떨치며 사방 국경을 요동시켜 적의 사기를 약화시키는 일을 담당합니다.

유사游士 여덟 사람은, 상대의 간사한 자와 변화를 엿보아 상대의 마음을 열었다 닫았다 하도록 하며 적의 의도를 관찰하여 간자의 역할을 수행하도록 합니다.

술사術士 두 사람은, 속임수의 계책을 써서 귀신의 뜻이라 혼란을 주어 상대 나라의 민중의 마음을 현혹시키는 임무를 맡습니다.

방사方士 두 사람은, 모든 약을 관장하여 전투 중에 입은 상처를 치료하여 그 외에 모든 병을 낫도록 하는 일을 맡습니다.

법산法算 두 사람은, 삼군의 경영과 공사工事, 양식, 재용의 출입 등의 회계를 맡습니다."

武王問太公曰:「王者帥師, 必有股肱羽翼, 以成威神. 爲之奈何?」

太公曰:「凡擧兵帥師, 以將爲命. 命在通達, 不守一術; 因能授職, 各取所長; 隨時變化, 以爲紀綱. 故將有股肱羽翼七十二人, 以應天道. 備數如法, 審知命理, 殊能異技, 萬事畢矣.」

武王曰:「請問其目.」

太公曰:「腹心一人, 主潛謀應卒, 揆天消變, 總攬計謀, 保全民命.

謀士五人, 主圖安危, 慮未萌, 論行能, 明賞罰, 授官位, 決嫌疑, 定可否.
天文三人, 主司星曆, 候風氣, 推時日, 考符驗, 校災異, 知天心去就之机.
地利三人, 主軍行止形勢, 利害消息, 遠近險易, 水涸山阻, 不失地利.
兵法九人, 主講論异同, 行事成敗, 簡練兵器, 刺擧非法.
通糧四人, 主度飲食, 備蓄積, 通糧道, 致五穀, 令三軍不困乏.
奮威四人, 主擇材力, 論兵革, 風馳電擊, 不知所由.
伏鼓旗三人, 主伏鼓旗, 明耳目, 詭符節, 謬號令, 闇忽往來, 出入若神.
股肱四人, 主任重持難, 修溝塹, 治壁壘, 以備守禦.
通材三人, 主拾遺補過, 應對賓客, 議論談語, 消患解結.
權士三人, 主行奇譎, 設殊異, 非人所知, 行无窮之變.
耳目七人, 主往來聽言視變, 覽四方之事·軍中之情.
爪牙五人, 主揚威武, 激勵三軍, 使冒難攻銳, 無所疑慮.
羽翼四人, 主揚名譽, 震遠方, 搖動四境, 以弱敵心.
游士八人, 主伺姦候變, 開闔人情, 觀敵之意, 以爲間諜.
術士二人, 主爲譎詐, 依託鬼神, 一惑衆心.
方士三人, 主百藥, 以治金瘡, 以痊萬病.
法算二人, 主會計三軍營壁·糧食·財用出入.」

【三軍】 여기서는 步兵·騎兵·戰車兵을 뜻함. 全軍을 뜻하는 말로 쓰임. 그러나 원래 삼군은 고대 군대의 편제였음. 《周禮》 夏官 司馬에 "凡制軍, 萬二千五百人爲軍. 王六軍, 大國三軍, 次國二軍, 小國一軍. 軍將皆命卿. 二千有五百人爲師, 師帥皆中大夫. 五百人爲旅, 旅帥皆下大夫. 百人爲卒, 卒長皆上士. 二十五人爲兩, 兩司馬皆中士. 五人爲伍, 伍皆有長"이라 함.

【股肱】 넓적다리와 팔. 중요한 신하를 가리키는 말.
【羽翼】 깃과 날개. 즉 몸체(근본, 장수, 군주)를 날 수 있도록 도와 주는 보필을 뜻함.
【綱紀】 紀綱과 같음. 가장 중요한 근본. 벼리.
【命理】 천명과 사리.
【揆】 관측하여 그 결과를 법으로 삼음.
【消息】 消長과 같음.
【險易】 지세의 험난함과 유리함 등의 구분.
【涸】 물길이 말라 식수나 군사용으로 쓸 수 없는 경우를 말함.
【通糧】 군량의 공급과 수송 등의 임무를 맡은 자.
【奮威】 분격하여 위세를 떨쳐 공격에 앞장서도록 하는 임무를 말함.
【論】 '掄'과 같음. 선택함.
【伏鼓旗】 북과 깃발을 감추고 다니다가 명령이나 암호를 일러 주는 역할을 하는 자를 뜻함.
【符節】 고대 죽간이나 목간, 혹 금석 등에 문자를 써서 이를 잘라 서로 가지고 있으면서 그 증거물로 삼는 것. 信標.
【通材】 통역, 외교, 의전, 빈객의 응대 등을 맡은 자. 通事와 같음.
【權士】 권모술수를 만들고 이를 실행하도록 계책을 짜는 사람.
【奇譎】 기괴한 모책과 속임수의 술책. 詭譎과 같음.
【耳目】 정보를 살펴 이를 수집하고 모책에 반영하는 임무.
【爪牙】 원래 손톱과 어금니를 말하며 여기서는 적에게 자신있게 대들어 공격을 감행함을 뜻함.
【游士】 유세가. 두 나라를 오가며 말과 설득으로 상대를 제압하도록 하는 임무를 맡은 자. 여기서는 간첩의 역할을 하는 것도 함께 포함하여 임무를 띠는 것으로 여겼음.
【開闔】 開閉와 같음.
【術士】 귀신의 뜻이라 속여 상대를 현혹시키는 임무를 맡은 자.
【方士】 지금의 의무병이나 군의관과 같음.
【金瘡】 쇠붙이에 의한 상처. 즉 전쟁이나 살육 등을 뜻함.
【法算】 수치를 계산하여 재정의 회계를 담당하는 자.

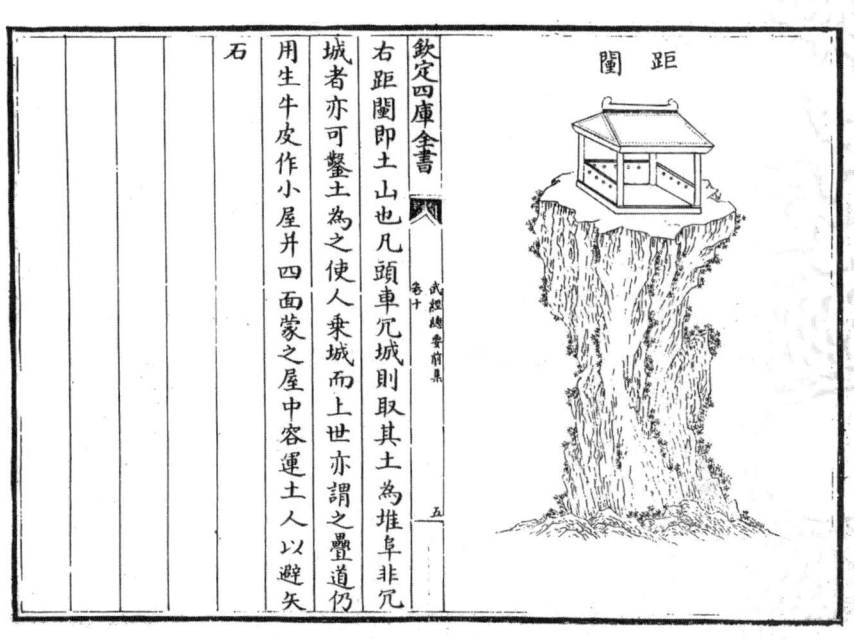

《武經總要》에 실려 있는 고대 각종 전투 장비

019 (3-2) 논장論將

論將은 장수에 대한 논평이다. 장수란 덕과 재능을 함께 갖추어야 하며 열 가지 재덕과 응당 피해야 할 열 가지 결점을 들고 있다. 劉寅의 《直解》에 '論將者, 評論將帥之賢否也. 以武王問論將, 故取以名篇'이라 하였다.

무왕이 태공에게 물었다.
"장수의 능력을 알아보는 방법은 어떠합니까?"
태공이 말하였다.
"장수에게는 다섯 가지 재능材能과 열 가지 과실過失이 있습니다."
무왕이 말하였다.
"감히 그 요목을 묻습니다."
태공이 말하였다.
"소위 다섯 가지 재능이란 용勇·지智·인仁·신信·충忠입니다. 용맹이 있으면 무슨 일을 범하는 경우가 없을 것이며, 지혜가 있으면 혼란을 일으키지 않을 것이며, 어짊이 있으면 남을 사랑할 것이요, 믿음이 있으면 남을 속이지 않을 것이며, 충성심이 있으면 두 가지 마음을 갖지 않게 될 것입니다.
다음으로 소위 열 가지 과실이란 용기는 있으나 죽음을 너무 가벼이 여기는 것, 급하게 여기면서 마음만 달려가는 것, 탐욕이 있어 이익을 좋아하는 것, 어짊이 지나쳐 차마 남에게 못하는 마음을 가진 것,

지혜는 있으나 마음에 겁이 많은 것, 믿음이 지나쳐 남 믿기를 즐겨하는 것, 청렴결백함이 지나쳐 남을 사랑하지 못하는 것, 지혜가 있으나 느려터진 것, 강의剛毅하여 자신만이 해 낼 수 있다고 여기는 것, 자신이 너무 나약하여 남에게 위임하기만을 좋아하는 것입니다.

용기만 있어 죽음을 가벼이 여기는 자라면 폭력을 휘두를 수 있고, 급하면서 마음만 달려가는 자라면 전쟁을 질질 끌고 갈 가능성이 있으며, 탐심이 있어 이익을 좋아하는 자라면 뇌물 받을 가능성이 있으며, 어짊이 지나쳐 남에게 차마 못하는 자라면 노고롭기만 할 가능성이 있으며, 지혜로우나 마음에 겁이 많은 자라면 일에 군색窘塞할 가능성이 있으며, 믿음이 지나쳐 남 믿기를 좋아하는 자라면 남을 속일 수 있으며, 청렴결백하여 남에게 인색하게 구는 자라면 모욕을 당할 수 있으며, 지혜로우나 마음이 느려터진 자라면 습격 받을 가능성이 있으며 강의剛毅하여 자신만이 해 낼 수 있다고 여기는 자라면 남을 모시는 일밖에는 할 수 없으며, 나약하여 남에게 맡기기를 좋아하는 자라면 남에게 속임당할 수 있습니다.

그 때문에 군사의 문제란 나라의 대사大事이며 존망의 기틀이며 그 운명은 장수에게 있습니다. 장수란 나라의 보좌로써 선왕先王들께서 중히 여겼던 바입니다. 그 까닭으로 장수는 잘 살펴보지 않을 수 없습니다. 그러므로 군사란 적과 내가 모두 승리하는 경우란 없으며, 역시 적과 내가 모두 패하는 경우란 없다 라고 말하였던 것입니다. 군사가 국경을 넘어설 때 열흘 안에 결판을 내지 못한다면, 나라가 망하지 않으면 틀림없이 군대는 깨어지고 장수는 죽고 마는 것입니다."

무왕이 말하였다.
"훌륭합니다!"

武王問太公曰:「論將之道奈何?」

太公曰:「將有五材・十過.」

武王曰:「敢問其目.」

太公曰:「所謂五材者, 勇, 智, 仁, 信, 忠也. 勇則不可犯, 智則不可亂, 仁則愛人, 信則不欺, 忠則無二心.

所謂十過者, 有勇而輕死者, 有急而心速者, 有貪而好利者, 有仁而不忍人者, 有智而心怯者, 有信而喜信人者, 有廉潔而不愛人者, 有智而心緩者, 有剛毅而自用者, 有懦而喜任人者.

勇而輕死者可暴也, 急而心速者可久也, 貪而好利者可賂也, 仁而不忍人者可勞也, 智而心怯者可窘也, 信而喜信人者可誑也, 廉潔而不愛人者可侮也, 智而心緩者可襲也, 剛毅而自用者可事也, 懦而喜任人者可欺也.

故兵者, 國之大事, 存亡之道, 命在於將. 將者, 國之輔, 先王之所重也, 故置將不可不察也. 故曰: 兵不兩勝, 亦不兩敗. 兵出踰境, 期不十日, 不有亡國, 必有破軍殺將.」

武王曰:「善哉!」

【不忍人】차마 남을 해치지 못하는 본심.

【誑】남을 속임.

【兵者, 國之大事】《孫子》計篇 첫머리에 "孫子曰: 兵者, 國之大事. 死生之地, 存亡之道, 不可不察也"라 하였으며, 《左傳》成公 13년에 "國之大事在祀與戎"이라 함.

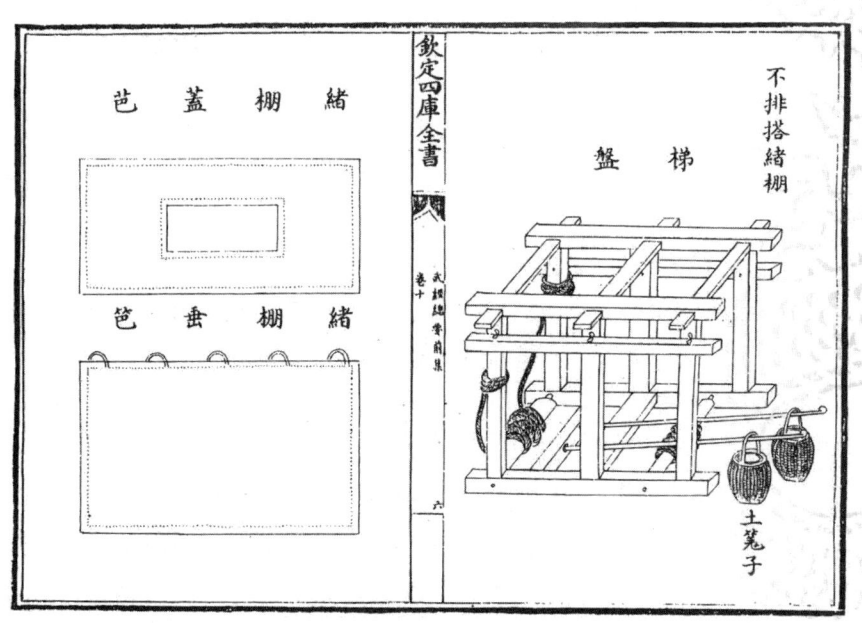

《武經總要》에 실려 있는 고대 각종 전투 장비

020 (3-3) 선장選將

選將은 능력이 뛰어난 자를 선발하여 장수로 삼아야 한다는 뜻이다. 선비나 일반인으로서 겉으로 드러난 표정과 실제와 부합하지 아니하는 경우 열다섯 가지를 들고 아울러 이들의 실질과의 부합 관계를 실험하는 여덟 가지 방법도 들고 있다. 劉寅의 《直解》에 '選將者, 簡選士之能者而任之爲將. 蓋取書中之義以名篇'이라 하였다.

무왕이 태공에게 물었다.

"왕으로서 군대를 일으키면서 영웅을 뽑아 훈련시키되, 선비의 고하高下를 알고자 한다면 어떻게 해야 합니까?"

태공이 말하였다.

"무릇 선비로서 겉으로 드러난 외모가 속에 가진 뜻에 상응하지 못하는 경우가 열다섯 가지입니다. 어진 듯 보이지만 불초한 자, 온량溫良한 듯 보이지만 도둑 심보를 가진 자, 겉으로 공경스러움을 다하지만 마음에 거만함을 가진 자, 밖으로 청렴하고 조심하는 듯하나 안으로 지성至誠이 없는 자, 정밀하고 자세한 듯하나 인정이 없는 자, 중후한 모습을 가지고 있으나 성실함이 없는 자, 모책을 좋아하나 결단력이 없는 자, 과감한 듯하나 능력이 없는 자, 간절한 모습을 가졌으나 믿음이 없는 자, 겉으로 황홀하게 꾸몄으나 충실함에 반대되는 마음을 가진 자, 궤휼과 격동을 잘 하나 공이나 효과를 바라는 자, 겉으로 용맹한 듯하나 안으로 겁이 많은 자, 엄숙한 듯하나 도리어 남을 쉽게 대하는 자, 엄격하게 구는 듯하나 도리어 조용하고 성실한 자, 위세는 부실하고 형세는 졸렬하면서 밖으로는 하지 못할 짓이 없으며 이루지 못할 것이 없는 자입니다. 천하에 천시를 받고 성인에게는 귀함을 받으나 보통 사람들은 이를 알아차리지 못하고, 고명한 식견을 말할 때가 아니면 그의 그러한 재능이 나타날 수 없는 자도 있습니다. 이것이 선비로써 외모가 그 속에 든 뜻과 상응하지 아니하는 예입니다."

무왕이 말하였다.

"어떻게 하면 이를 알아낼 수 있습니까?"

태공이 말하였다.

"이를 알아내는 데는 여덟 가지 징험이 있지요.

첫째, 말로써 물어 보아 그가 말하는 대답을 살펴보면 됩니다.

둘째, 말로써 궁하게 몰아붙여 그가 어떻게 변하는가를 살펴보면 됩니다.

셋째, 그에게 간첩을 들여보내어 그가 얼마나 성실한지를 살펴보면 됩니다.

넷째, 명백하고 분명한 질문을 하여 그의 덕을 살펴보면 됩니다.

다섯째, 재물을 주고 부려 보아 그가 얼마나 청렴한가를 살펴보면 됩니다.

여섯째, 여색으로 그를 시험하여 그가 얼마나 정조를 지키는가를 살펴보면 됩니다.

일곱째, 그에게 어려운 일을 고하여 그가 얼마나 용기 있게 이를 처리하는가를 살펴보면 됩니다.

여덟째, 그에게 술을 먹여 그의 태도가 흐트러지지 않는지를 살펴보면 됩니다.

이상 여덟 가지 징험을 다 준비하여 살펴보면, 그가 어진지 불초한지를 구별할 수 있습니다."

武王問太公曰:「王者擧兵, 欲簡練英雄, 知士之高下, 爲之奈何?」
太公曰:「夫士外貌不與中情相應者十五: 有賢而不肖者, 有溫良而爲盜者, 有貌恭敬而心慢者, 有外廉謹而內無至誠者, 有精精而無情者, 有湛湛而無誠者, 有好謀而不決者, 有如果敢而不能者, 有悾悾而不信者, 有怳怳惚惚而反忠實者, 有詭激而有功效者, 有外勇而內怯者, 有肅肅而反易人者, 有嗃嗃而反靜愨者, 有勢形行劣而出外無所不至·無使不遂者. 天下所賤, 聖人所貴, 凡人莫知, 非有大明, 不能見其際. 此士之外貌不與中情相應者也.」

武王曰;「何以知之?」
太王曰:「知之有八徵:
一曰問之以言, 以觀其詳;
二曰窮之以辭, 以觀其變;
三曰與之間諜, 以觀其誠;
四曰明白顯問, 以觀其德;
五曰使之以財, 以觀其廉;
六曰試之以色, 以觀其貞;
七曰告之以難, 以觀其勇;
八曰醉之以酒, 以觀其態.
八徵皆備, 則賢不肖別矣.」

【士】 고대 士農工商의 四民 중의 일반 백성. 혹은 무예를 익힌 武士나 선비를 뜻하는 것으로도 봄.
【悾悾】 간절하고 성실한 모습.
【詭激】 남을 속이고 常理에 어긋난 짓을 하는 것.

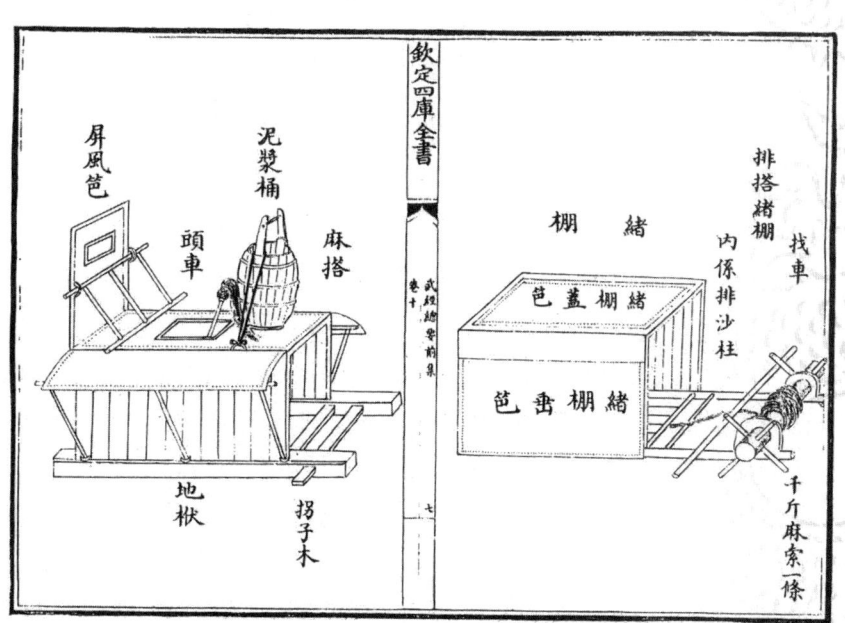

《武經總要》에 실려 있는 고대 각종 전투 장비

021 (3-4) 입장立將

     立將은 장수를 임명하여 세워 출정할 때의 의식과 고유 내용이다. 문왕의 '立將之道'의 질문에 의해 편명을 삼은 것이며, 첫째 국가의 재난에 장수가 대장을 세워 의식을 치르는 내용을 싣고 있으며, 다른 한 편으로는 장수가 병사를 이끌고 출정에 나설 때의 여러 가지 임무와 전권에 대한 내용을 설명하고 토론한 내용이다. 劉寅의《直解》에 '立將者. 建立大將也'이라 하였다.

무왕이 태공에게 물었다.
"장수를 세우는 방법은 어떠합니까?"
태공이 말하였다.
"무릇 국가에 재난이 생기면 임금은 정전正殿을 피하여 장수를 불러 이렇게 조칙을 내립니다. '사직의 안위가 그대 장군 한 몸에 달려 있소. 지금 어떤 나라가 우리에게 신복하지 않으니 장군께서 군사를 거느리고 이에 응해 주시오.' 장수는 이미 이러한 명령을 받고 나면 이에 태사太史에게 명하여 점을 치게 합니다. 그리고 사흘을 재계하고 태묘太廟에 가서 영구靈龜를 뚫어 길일吉日을 점쳐 장군에게 부월斧鉞을 내려줍니다. 임금은 태묘의 문에 들어가 서쪽을 향하여 서고 장수는 태묘의 문으로 들어와 북면北面하여 섭니다. 임금이 친히 월鉞을 잡고 그 머리부분을 쥐고 장수에게는 그 자루부분을 잡도록 건네 주면서 '지금부터 위로는 하늘에 이르기까지 모든 것을 장군이 통제하시오'라고 합니다. 그리고 다시 부斧를 잡고 그 자루를 쥐고 그 날부분을 장수에게 건네 주며 '이제부터 아래로 깊은 연못의 일까지 모든 것을 장군이 통제하시오. 상대가 허술하거든 진격해 들어가며 상대가 충실하거든 그치시오. 우리 삼군의 무리가 많다는 것을 이유로 적을 가벼이 보지 말 것이며, 나에게 받은 사명이 중하다고 하여 반드시 죽겠다고도 하지 마시오. 그리고 자신이 귀한 신분이라 하여 남을 천히 여기지도 말 것이며, 자신만이 특출한 의견을 가졌다고 하여 무리의 뜻을 위배하지도 말 것이며, 자신이 말을 잘한다는 이유로 반드시 그렇게 되리라고도 하지 말 것이며, 병사들이 앉기 전에 먼저 앉지 말고, 병사들이 먹기 전에 먼저 먹지 말 것이며, 추위와 더위를 사병들과 반드시 함께 하시오. 이와 같이 하면 사졸들은 틀림없이 죽을힘을 다할 것입니다'라고 일러 줍니다.

장수로서는 이렇게 명을 받은 다음에는 절하고 임금에게 이렇게 보고합니다. '제가 듣기로 나라 안에서는 밖에서 싸우는 장수의 일을 따지지 아니하고 군대는 나라 안의 조종을 따르지 않아도 된다라 하였습니다. 두 가지 마음으로는 임금을 섬길 수 없고 세운 뜻을 의심하면서는 적에게 대응할 수 없습니다. 저는 이미 부월의 위엄을 전임할 수 있는 명령을 받았으니 저는 살아서 돌아오지 않겠습니다. 원컨대 임금께서 역시 신에게 다시 하나의 명령을 내려주시기를 원합니다. 임금께서 저를 허락하지 아니하시면 저는 감히 장수의 임무를 다할 수 없습니다.'

임금은 이에 허락하여 말씀을 내려준 다음 떠나 보냅니다. 군중에서의 일은 임금에게 그 명령을 보고하지 아니하며 모두 장군 한 사람에게서 나옵니다. 적을 마주하여 결전을 벌일 때는 두 가지 마음을 갖지 않습니다. 이와 같이 되면 위로는 하늘이 없고 아래로는 땅이 없고 앞에는 대적할 상대가 없으며 뒤로는 임금도 없게 됩니다. 이 까닭으로 지혜로운 자는 자신의 뜻대로 모책을 세우며, 용기 있는 자는 자신의 뜻대로 전투를 벌여 그 기세가 청운을 넘지르며 그 빠르기는 달리는 오리 같아 아군이 칼날을 적과 마주하기 전에 이미 적은 항복해 옵니다. 전쟁에서의 승리는 밖에서 이루는 것이지만, 공은 조정에서 이미 세운 것이니 공 있는 관리는 승진시키고, 공 있는 병사에게는 상을 내려 백성이 환성을 지르며 즐거워하여 장수에게는 그 어떤 허물도 재앙도 없이 해 줍니다. 이 까닭으로 비와 바람이 때맞추어 내리고 오곡이 풍성하게 잘 여물며 사직은 안녕을 구가하는 것입니다."

무왕이 말하였다.

"훌륭합니다!"

武王問太公曰:「立將之道奈何?」

太公曰:「凡國有難, 君避正殿, 召將而詔之曰:'社稷安危, 在一將軍. 今某國不臣, 願將軍帥師應之.' 將旣受命, 乃命太史卜, 齋三日, 之太廟, 鑽靈龜, 卜吉日, 以受斧鉞.

君入廟門, 西面而立; 將入廟門, 北面而立. 君親操斧持首, 授將其柄, 曰:'從此上至天者, 將軍制之.' 復操鉞持柄, 授將其刃, 曰:'從此下至淵者, 將軍制之.' 見其虛則進, 見其實則止. 勿以三軍爲衆而輕敵, 勿以受命爲重而必死, 勿以身貴而賤人, 勿以獨見而違衆, 勿以辯說而必然. 士未坐而勿坐, 士未食而勿食, 寒暑必同. 如此, 士卒必盡死力.

將已受命, 拜而報君曰:'臣聞國不可從外治, 軍不可從中御, 二心不可以事君, 疑志不可以應敵. 臣旣受命專斧鉞之威. 臣不敢生還. 願君亦垂一言之命於臣. 君不許臣, 臣不敢將.'

君許之, 乃辭而行. 軍中之事, 不聞君命, 皆由將出, 臨敵決戰, 無有二心. 若此, 則無天於上, 無地於下, 無敵於前, 無君於後. 是故智者爲之謀, 勇者爲之鬪, 氣厲靑雲, 疾若馳騖, 兵不接刃, 而敵降服, 戰勝於外, 功立於內, 吏遷士賞, 百姓歡悅, 將無咎殃. 是故風雨時節, 五穀豐熟, 社稷安寧.」

武王曰:「善哉!」

【三軍】여기서는 步兵, 騎兵, 戰車兵을 뜻함. 全軍을 뜻하는 말로 쓰임.
【太廟】천자 왕통을 이은 자들의 위패를 모신 사당.
【斧鉞】고대의 병기로 차고 다닐 수 있으며 斧는 땅의 모든 것을 상징하며 鉞은 하늘의 모든 것을 상징함. 장수가 흔히 의식용으로 차고 다니며 그 권위로써 군사를 통제함.
【厲】떨치고 일어남.
【騖】급히 달아남. 급히 달림. 원래 오리가 매우 빠른 속도로 달려감을 비유한 것.

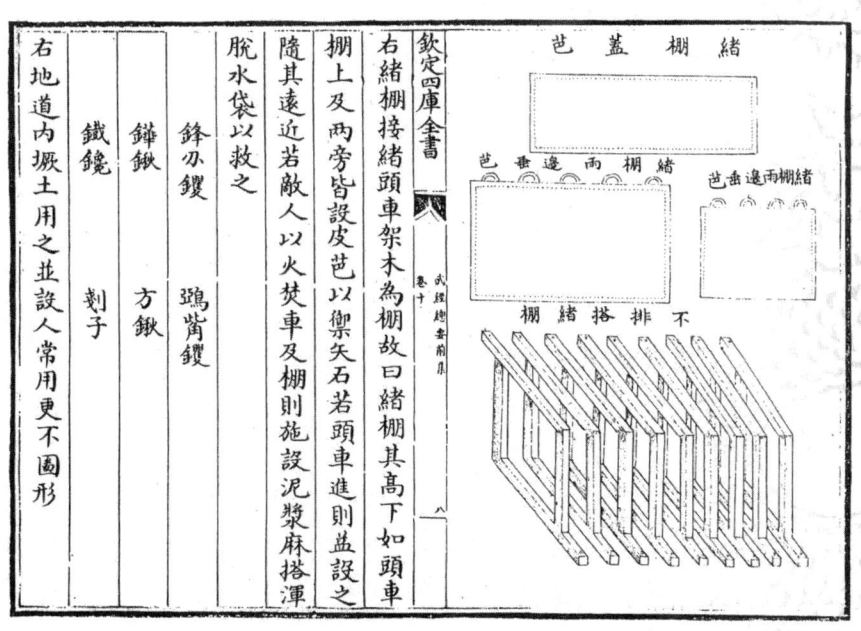

《武經總要》에 실려 있는 고대 각종 전투 장비

022 (3-5) 장위將威

將威는 '장수로서 어떻게 권위를 세울 것인가'에 대한 문제를 토론한 것으로, 형벌은 위로 끝까지 도달해야 하며 상은 아래로 낮은 지위에까지 미쳐야 한다는 주장이다. 이렇게 하여야 지휘 계통이 바르게 서며 군사들이 본연의 임무를 수행해 낸다고 본 것이다. 劉寅의《直解》에 '將威者, 論將之不可無威也. 有威而可畏, 謂之威. 畏將之威, 以守則固; 以戰則勝矣'라 하였다.

무왕이 태공에게 물었다.
"장수는 어떻게 하여 그 위엄을 세웁니까? 어떻게 그 명석함을 가집니까? 어떻게 금지할 것을 정하여 명령이 행해지도록 합니까?"
태공이 말하였다.
"장수로서는 큰 자를 주벌하는 것으로써 위엄을 세워야 하며, 아주 작은 일에도 상을 줌으로써 명확함을 삼으며, 벌 주고 따지는 것으로 금지할 것을 삼음으로써 명령이 행해지도록 해야 합니다. 그러므로 한 사람을 죽여 삼군이 모두 떨 정도라면 그 자는 죽여야 합니다. 마찬가지로 한 사람에게 상을 내림으로써 만 백성이 모두 즐겁게 여긴다면 그런 자에게는 상을 내려야 합니다. 죽이는 일은 큰 일을 귀히 여기고, 상을 내리는 일은 작은 일을 귀히 여겨야 합니다. 죽여야 할 자라면 중한 벼슬에 있어 귀중한 신하에게 내려져야 하는 것이니, 이것이 형벌은 위로 끝까지 높은 이에게 책임을 올려야 하고, 상은 소먹이는 어린 아이나 말 앞에서 인도하는 임무를 맡은 자, 마구간에서 말을 먹이는 무리에게도 내려져야 하는 것이니, 이것이 상은 아래로 아주 낮은 이에게까지 통해야 한다는 것입니다. 형벌이 위로 끝까지 올라가고 상은 아래 낮은 이에게까지 통하는 것, 이것이 장수의 위엄이 행해질 수 있는 까닭입니다."

武王問太公曰:「將何以爲威? 何以爲明? 何以爲禁止而令行?」
太公曰:「將以誅大爲威, 以賞小爲明, 以罰審爲禁止以令行. 故殺一人而三軍震者殺之, 賞一人而萬民說者賞之. 殺貴大, 賞貴小. 殺及當路貴重之人, 是刑上極也; 賞及牛豎·馬洗·廐養之徒, 是賞下通也. 刑上極, 賞下通, 是將威之所行也.」

【三軍】 여기서는 步兵, 騎兵, 戰車兵을 뜻함. 全軍을 뜻하는 말로 쓰임.
【當路】 벼슬길이 순탄함.
【豎】 僮僕
【馬洗】 '洗馬', '先馬', '前馬'라고도 하며 말 앞에서 인도하는 임무를 맡은 자.

023
(3-6) 여군勵軍

勵軍은 '삼군을 독려하여 강한 군사로 키우는 방법'을 말한다. 특히 '服禮·服力·服止欲'의 세 가지 문제를 깊이 있게 다루어 군사로 하여금 사기를 충천시켜 자신 있게 전투에 임하도록 하여야 한다는 주장을 펴고 있다. 劉寅의 《直解》에 '勵軍者, 激勵軍士, 使前進也. 武王欲三軍攻城爭先登, 野戰爭先赴. 非激勵其軍, 安能使之如此? 故勵軍名篇'이라 하였다.

무왕이 태공에게 물었다.

"나는 삼군의 무리에게 명하되 성을 공격할 때라면 먼저 올라가려고 다투고, 야전에서는 먼저 나서겠다고 다투며, 금성金聲을 들으면 노기가 뻗치고, 고성鼓聲을 들으면 즐거워하도록 하고 싶습니다. 어떻게 하면 되겠습니까?"

태공이 말하였다.

"장수에게는 세 가지 방법이 있지요."

무왕이 말하였다.

"그 요목을 묻습니다."

태공이 말하였다.

"장수로서 겨울에도 가죽 외투를 입지 아니하며, 여름에는 부채를 들지 아니하며, 비가 와도 우산을 펴지 아니하는 장수라면 이를 예장禮將이라 합니다. 장수로서 예禮 따위에 신경을 쓰지 아니하고, 사졸이 추운지 더운지를 알고자 하지 아니하며, 막힌 요새를 지날 때나 진흙

땅을 헤쳐 나갈 때면 장수가 반드시 먼저 수레에서 내려 걸어가는 자라면 이를 역장力將이라 합니다. 이러한 장수는 힘이 센 것을 자랑하지 아니하며, 사졸의 노고는 알고자 하지도 아니하지요. 그런가 하면 군대가 모두 차례에 맞추어 진지를 구축한 다음에야 장수가 가장 늦게 자신이 쉴 자리로 나가며, 밥 짓는 일에 밥이 다 익어야 장수가 가장 늦게 밥을 먹으며, 군대에 추위도 불을 피우지 아니하면 장수도 불을 피우지 아니하는 경우, 이런 장수를 지욕장止欲將이라 하지요. 장수가 자신의 욕구를 극복하여 중지하지 못하면, 사졸이 바르고 배고픔을 알지 못하게 되지요. 장수가 사졸과 추위 더위, 노고와 기포를 함께 하면 그 때문에 삼군의 무리가 북소리(鼓聲)를 들으면 즐거워하고, 쇠 소리(金聲)를 들으면 노기가 솟아오르며 높은 성이나 깊은 못, 시석矢石이 쏟아지는 아래라도 그런 사졸은 서로 다투어 먼저 오르려 하는 것이요, 흰 칼날이 마주치기 시작하면 그런 사졸은 먼저 나서겠다고 다투는 것입니다. 사졸이라 해서 죽기를 좋아하고 상처 입기를 즐거워하는 것이 아닙니다. 바로 장수가 자신들의 한서와 기포를 살펴주고 노고를 밝게 알고 있기 때문에 그를 위해서 그렇게 하는 것입니다."

武王問太公曰:「吾欲令三軍之衆, 攻城爭先登, 戰野爭先赴, 聞金聲而怒, 聞鼓聲而喜, 爲之奈何?」

太公曰:「將有三.」

武王曰:「敢問其目.」

太公曰:「將冬不服裘, 夏不操扇, 雨不張蓋, 名曰禮將.

將不身服禮, 無以知士卒之寒暑. 出隘塞, 犯泥塗, 將必先下步, 名曰力將.

將不身服力, 無以知士卒之勞苦. 軍皆定次, 將乃就舍, 炊者皆熟, 將乃就食; 軍不擧火, 將亦不擧, 名曰止欲將.

將不身服止欲, 無以知士卒之饑飽. 將與士卒共寒暑・勞苦・饑飽, 故三軍之衆, 聞鼓聲則喜, 聞金聲則怒; 高城深池, 矢石繁下, 士爭先登; 白刃始合, 士爭先赴. 士非好死而樂傷也, 爲其將知寒暑・饑飽之審, 而見寒暑・勞苦之明也.」

【三軍】여기서는 步兵, 騎兵, 戰車兵을 뜻함. 全軍을 뜻하는 말로 쓰임.
【金聲】쇠붙이로 만든 신호용 악기. 주로 후퇴나 퇴각할 때의 신호에 사용함. 물러서기를 거부하여 노기를 나타낸다는 뜻.
【鼓聲】북소리. 진군(진격, 전투 개시)할 때 알리는 신호로 사용함.
【蓋】수레의 뚜껑. 햇볕과 비를 피하기 위한 수레의 지붕. 《三略》(上)에 "《軍識》曰:「軍井未達, 將不言渴; 軍幕未辨, 將不言倦; 軍竈未炊, 將不言飢. 冬不服裘, 夏不操扇, 雨不張蓋, 是謂將禮..」라 하였으며, 《尉繚子》戰威篇에는 "夫勤勞之師, 將必先己, 暑不張蓋, 寒不重衣, 險必下步, 軍井成而後飮, 軍食熟而後飯, 軍壘成而後舍, 勞佚必而身同之. 如此, 則師雖久而不老不弊"라 하여 같은 내용이 실려있음.
【定次】행진을 그치고 야영 자리를 설치함.

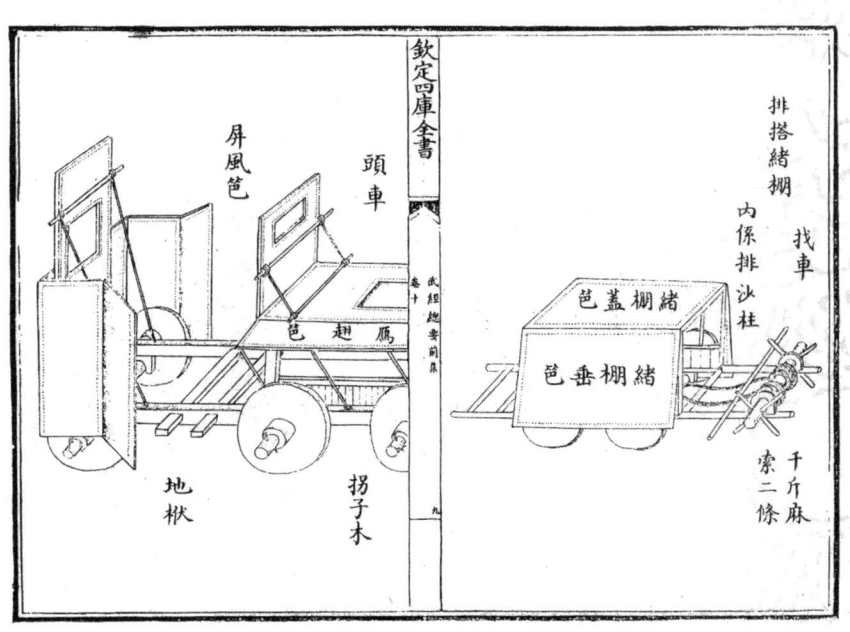

《武經總要》에 실려 있는 고대 각종 전투 장비

음부陰符

　　陰符는 고대 일종의 비밀 통신 방법을 암호와 신분 확인을 위한 符標이다. 군주와 장수 사이에 서로 의사를 전달하기 위한 여덟 가지 음부를 소개하고 있다. 劉寅의 《直解》에 '陰符者, 陰爲符節以通主將之意, 不使人知之也'라 하였다.

　　무왕이 태공에게 물었다.
　　"아군의 장수가 군대를 이끌고 적지 제후의 영토에 깊이 들어갔는데, 삼군이 갑자기 긴급한 일에 처하여 유리할지 불리할지를 알지 못해 그 장수가 가까운 아군을 통하여 멀리 본국에 알려 왔을 때, 국내에서 그들에게 응하여 삼군에게 만족할 만큼 군용을 공급해 주고자 한다면 어찌하면 됩니까?"

태공이 말하였다.

"임금과 장수 사이에 몰래 서로 알 수 있는 비밀 통신에는 여덟 가지 등급이 있습니다. 적을 크게 이겨 이를 알리는 통신으로는 길이 1자의 부符를 쓰고, 적군을 깨뜨리고 장수를 사로잡았을 때는 길이 9치짜리를 사용하며, 적의 성을 항복시키고 그 읍을 얻었을 때는 길이 8치짜리를 쓰며, 적을 물리치고 멀리서 보고할 때는 길이 7치짜리를 쓰며, 무리를 경계시켜 굳게 지키고 있을 때는 6치짜리를 쓰며, 식량과 병력을 더 공급해 주기를 청할 때는 5치짜리를 쓰며, 아군이 패하고 장수가 죽었을 때는 4치짜리를 쓰고, 패배하여 사졸을 잃었을 때는 3치짜리를 씁니다. 이러한 소식을 전달하도록 명령 받은 자가 머뭇거리다가 혹 그 내용이 남에게 알려지거나 누설한 자는 모두 사형에 처합니다. 이 여덟 가지 음부는 임금과 장수 사이의 비밀 암호입니다. 그러므로 몰래 통하는 언어로써 조정과 밖에 누구도 알 수 없도록 누설해서는 안 되는 기술입니다. 적이 비록 아무리 성스럽고 지혜가 있다해도 이를 알아낼 수 없도록 하는 것입니다."

무왕이 말하였다.

"훌륭합니다!"

武王問太公曰:「引兵深入諸侯之地, 三軍卒有緩急, 或利或害. 吾將以近通遠, 從中應外, 以給三軍之用, 爲之奈何?」

太公曰:「主與將有陰符, 凡八等: 有大勝克敵之符, 長一尺; 破軍擒將之符, 長九寸; 降城得邑之符, 長八寸; 卻敵報遠之符, 長七寸; 警衆堅守之符, 長六寸; 請糧益兵之符, 長五寸; 敗軍亡將之符, 長四寸; 失利亡土之符, 長三寸. 諸奉使行符, 稽留若符, 事聞泄告者, 皆誅之. 八符者, 主將秘聞, 所以陰通言語・不泄中外相知之術, 敵雖聖智, 莫之能識.」

武王曰:「善哉!」

【三軍】 여기서는 步兵・騎兵・戰車兵을 뜻함. 全軍을 뜻하는 말로 쓰임.
【卒】 '猝'과 같음. 갑자기의 뜻.
【緩急】 매우 급함. 느리고 급함의 뜻이 아님.
【符】 대나무나 나무를 쪼개어 비밀 신호용이나 증명, 符籍으로 사용하는 것.
【秘聞】 여기서는 暗號를 뜻함.

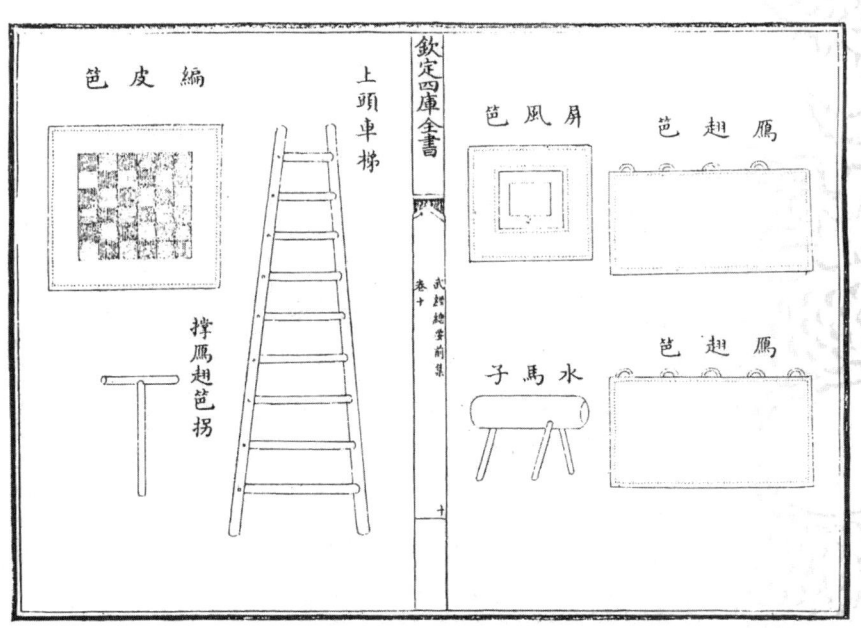

《武經總要》에 실려 있는 고대 각종 전투 장비

025
(3-8) 음서陰書

　　　　陰書는 음부가 단순히 단일 사실만을 전달할 수 있어 그 불편함을 덜기 위해 편지를 내왕하여 몰래 의사를 교환하는 방법이다. 역시 궁중의 군주와 전장에 있는 장수 사이에 의사결정을 위해 치밀한 형식과 전달 방법이 있었음을 설명하고 있다. 劉寅의 《直解》에 '陰書者, 陰爲書信, 以通主將之言, 不使人知之也' 라 하였다.

　무왕이 태공에게 물었다.
　"아군 장수가 군대를 이끌고 적지 제후의 영토에 깊이 들어갔는데 임금과 장군이 함께 전투를 개시하려 합니다. 그러나 행동에 무궁한 변화가 있고, 의도가 헤아릴 수 없는 승리의 경우가 있어 그 일이 번잡하고 다양합니다. 부符로써는 능히 이를 다 밝힐 수 없으며, 게다가 서로의 거리도 요원히 멀고 언어로도 통할 수 없습니다. 이러한 경우 어찌 해야 합니까?"
　태공이 말하였다.
　"여러 가지 기밀의 일과 큰 계책에는, 의당 서신으로써 해야지 부로써 할 수는 없습니다. 임금이 서신으로써 장수에게 주고, 장수는 서신으로써 임금에게 물어야 합니다. 그 서신은 모두가 '일합一合하고 재리再離하며, 삼발三發하고 일지一知해야' 합니다. '재리'란 서신을 세 통으로 나누는 것을 말하며, '삼발하여 일지한다'함은 세 사람이 각기 한 통씩을 가지고 오되 그 내용은 각기 일부분씩으로 엇갈려 있어 그들은 그 내용이나 사정을 모르게 됩니다. 이를 음서陰書라 하며 적이 비록 아무리 성스럽고 지혜롭다 해도 이를 알아낼 수 없도록 하는 것입니다."
　무왕이 말하였다.
　"훌륭하오!"

武王問太公曰:「引兵深入諸侯之地, 主將欲合兵, 行無窮之變, 圖不測之利, 其事煩多, 符不能明, 相去遼遠, 言語不通, 爲之奈何?」

太公曰:「諸有陰事大慮, 當用書不用符. 主以書遺將, 將以書問主, 書皆『一合而再離, 三發而一知』.『再離』者, 分書爲三部;『三發而一知』者, 言三人, 人操一分, 相參以不使知情也. 此謂陰書, 敵雖聖智, 莫之能識.」

武王曰:「善哉!」

【合兵】'交戰'의 다른 말.
【陰事大慮】기밀을 지켜야 하는 일과 원대한 계획이나 모책.
【一合而再離】임금과 장군이 한 번 의견의 합치를 볼 때마다 세 통의 편지를 각기 다른 세 사람에게 주어 통신하는 것. '再離'는 본문의 내용대로 세 사람에게 세 통의 일부분 내용만을 적은 편지를 주어 보냄을 말함.
【三發而一知】이상과 같이 세 사람에게 편지를 주어 이를 받은 임금이나 장군이 이를 맞추어 하나로 확인한 후 그 내용을 알게 됨을 뜻함.
【參】참치(參差). 가지런하지 못하고 길이나 높이 등이 다른 모습. 여기서는 세 사람이 소지하고 오는 서신이 서로 엇갈려 내용이 다름을 말함.

026
(3-9) 군세軍勢

軍勢는 적을 제압하여 패배시킬 수 있는 유리한 조건을 어떻게 만들어낼 것인가에 대한 문제를 말한다. 이를 위해 상대가 예측할 수 없는 모책을 쓰며, 天時와 地利를 최대한 이용할 것이며, 과감한 결단으로 기회를 놓치지 않아야 된다고 강조하고 있다. 劉寅의 《直解》에 '軍勢者, 行軍破敵之勢也. 孫子論兵勢: 以轉圓石於千仞之山, 喩其險而不可遏. 太公論兵勢: 以疾雷不及掩耳; 迅電不及瞑目, 喩其速而不可禦, 其義同也'라 하였다.

무왕이 태공에게 물었다.
"적을 공격하는 방법은 어떠합니까?"
태공이 말하였다.
"진격의 형세는 적의 무리에 따라 행동하고, 변화는 두 진영 사이의 상태에 따라 생겨나는 것이며, 기병奇兵과 정병正兵은 무궁한 방법에서 발동하는 것입니다. 그러므로 지극한 일은 말로 할 수 없으며, 용병은 말로 설명할 수 없습니다. 게다가 일의 지극한 경지는 그것을 말로 한다고 해도 들을만한 것이 되지 못하며, 용병은 그 드러난 상황만으로는 볼 것이 못됩니다. 빠르게 달려가고 홀연히 다가오는 것이니, 능히 홀로 전담하되 이를 제어할 수 도 없는 것이 바로 용병술입니다. 무릇 용병이란 적이 우리의 사정을 듣게 되면 그들이 모책을 세울 것이요, 우리의 동태를 적이 보게 되면 적은 대응을 시도할 것이며, 적이 우리를 알고 나면 우리는 곤핍해질 것이며, 적이 판단을 내리고 나면 우리는 위험해지는 것입니다. 그러므로 전투에 능한 자는 병력 풀기를 기다리지 아니하며, 환난을 제거하는 데 뛰어난 사람은 일이 발생하기 전에 처리하며, 적을 이기는 데 뛰어난 자는 아무런 형태를 보이지 아니하는 데에서 승리를 거두는 것입니다. 가장 뛰어난 전쟁은 상대와 전쟁을 벌이지 아니하는 것입니다. 그러므로 흰 칼날이 맞부딪치는 앞에서 승리를 거두는 자는 훌륭한 장수가 아니며, 이미 잃고 난 뒤에 방비를 서두르는 자는 훌륭한 성인이 아니며, 지혜가 보통 사람과 같은 자라면 나라의 스승이 아니며, 기능이 보통 사람과 같은 자라면 나라의 공인工人이 아닙니다. 일이란 반드시 이기는 것보다 위대한 것이 없고, 용병은 오묘한 원리보다 더 위대한 것은 없으며, 행동은 의표를 찌르는 것보다 더 신비한 것은 없으며, 모책은 알지 못하게 하는 것보다 더 훌륭한 것은 없습니다. 무릇 먼저 이기는 자는 먼저 적에게 약함을 보인 다음 그 뒤에 싸우는 자입니다. 그러므로 일은 반만 하고 공은 배가 되는 것입니다!

성인은 천지의 움직임을 징험으로 삼아 그 기강을 익숙히 알고 음양의 도에 순응하여 그 징후를 따릅니다. 천지가 찼다 기울었다 하는 것을 맞추어 이를 상법常法으로 삼습니다. 만물은 죽고 사는 원리가 있으니 이것이 천지의 형태입니다. 그러므로 형태를 제대로 알아보지 아니한 채 전투를 벌이면, 비록 군사가 많다 해도 반드시 패하고 만다 라고 한 것입니다.

싸움에 능한 자는 평소에 아무리 해도 흔들리지 않으며, 승리의 기회를 보면 그제야 움직이며 승리할 수 없다고 판단하면 그칩니다. 그러므로 두려워하는 경우도 없고 머뭇거리는 경우도 없다고 말하는 것입니다. 용병에서 가장 큰 위험은 머뭇거림이며, 삼군에게 가장 큰 재앙은 의심을 가진 채 행동에 나서는 것보다 더 큰 것이 없습니다. 전투에 뛰어난 자는 승리를 예견하면 기회를 놓치지 않으며, 때가 왔다 하면 의심하지 않습니다. 그 승리의 기회를 놓친 뒤에는 도리어 그 재앙을 받기 때문입니다. 그러므로 지혜로운 자는 그 기회를 따르되 놓치지 않으며, 공교한 자는 한 번 결정하고 나면 절대로 머뭇거리지 않습니다. 이로써 아무리 빠른 우레라 해도 그 소리가 그가 즉시 막은 귀를 뚫고 들어가지 못하며, 아무리 빠른 번개라 해도 그가 즉시 막은 눈에 비추지 못합니다. 그가 가는 것은 마치 놀라서 달려가는 듯하고, 그가 쓰는 병사는 마치 미친 듯이 내달아 그가 닿는 곳이면 깨어지고 그가 가까이 다가가는 곳이면 망하고 마니 누가 능히 이를 막겠습니까?

무릇 장수에게는 남이 말하기 전에 이미 지키고 있는 것이 있어야 신과 같은 것이요, 남이 보기 전에 이미 보는 것이 있어야 밝은 것입니다. 그러므로 이렇게 신명神明한 도를 아는 자에게는 야전에 나서면 대적할 적이 없고, 그가 마주하면 그 앞에 버티고 서 있을 나라가 없는 것입니다."

무왕이 말하였다.

"훌륭하오!"

武王問太公曰:「攻伐之道奈何?」

太公曰:「勢因於敵衆之動, 變生於兩陳之間, 奇正發於無窮之源. 故至事不語, 用兵不言, 且事之至者, 其言不足聽也; 兵之用者, 其狀不定見也, 倏而往, 忽而來, 能獨專而不制者, 兵也. 聞則議, 見則圖, 知則困, 辨則危. 故善戰者, 不待張軍; 善除患者, 理於未生, 善勝敵者, 勝於無形; 上戰無與戰.

故爭勝於白刃之前者, 非良將也; 設備於已失之後者, 非上聖也; 智與衆同, 非國師也; 技與衆同, 非國工也. 事莫大於必克, 用莫大於玄黙, 動莫神於不意, 謀莫善於不識. 夫先勝者, 先見弱於敵而後戰者也, 故事半而功倍焉. 聖人徵於天地之動, 孰知其紀? 循陰陽之道, 而從其候, 當天地盈縮, 因以爲常. 物有死生, 因天地之形. 故曰: 未見形而戰, 雖衆必敗.

善戰者, 居之不撓, 見勝則起, 不勝則止. 故曰, 無恐懼, 無猶豫; 用兵之害, 猶豫最大; 三軍之災, 莫過狐疑. 善戰者, 見利不失, 遇時不疑, 失利後時, 反受其殃. 故智者從之而不釋, 巧者一決而不猶豫, 是以疾雷不及掩耳, 迅電不及瞑目, 赴之若驚, 用之若狂, 當之者破, 近之者亡, 孰能禦之?

夫將有所不言而守者, 神也; 有所不見而視者, 明也. 故知神明之道者, 野無衡敵, 對無立國.」

武王曰:「善哉!」

【陳】 '陣'과 같음. 흔히 모든 병법서에 '陳'과 '陣'을 혼용하고 있으나 고대에는 '陳'자가 원자였음. 《論語》 衛靈公篇에 "衛靈公問陳於孔子. 孔子對曰:「俎豆之事, 則嘗聞之矣; 軍旅之事, 未之學也.」 明日遂行. 在陳絶糧, 從者病, 莫能興. 子路慍見曰:「君子亦有窮乎?」 子曰:「君子固窮, 小人窮斯濫矣.」"라 하였고, 集註에 "陳, 謂軍師行伍之列"라 하였다. 이 '陳'자가 '陣'자로 군사학에서 '진을 치다'는 전용어로 바뀐 것에 대한 이론은 상당히 많다. 이에 대하여 《顔氏家訓》 書證篇에는 다음과 같이 고증하고 있다.

"태공(太公)의 《육도(六韜)》에 천진(天陳)·지진(地陳)·인진(人陳)·운조지진(雲鳥之陳) 등이 있다. 그리고 《論語》에 "위령공이 공자에게 진(陳)을 물었다"라 하였으며, 《左傳》에는 "어려지진(魚麗之陳)을 치다"라 하였다. 그런데 속본에는 흔히 「阜」방에 거승(車乘)의 「거(車)」를 써서 「진(陣)」으로 쓴다. 생각건대 여러 진대(陳隊)는 모두가 진정(陳鄭)의 진(陳)자여야 한다. 무릇 행진(行陳)의 뜻은 진열(陳列)이란 말에서 취한 것이다. 이는 육서(六書) 중의 가차(假借)이다. 《창힐편(蒼頡篇)》과 《이아(爾雅)》 및 근세의 자서(字書)에는 모두가 따로 별자(別字)가 없었다. 그런데 오직 왕희지(王羲之)의 〈소학장(小學章)〉에만은 「阜(阝)」옆에 거(車)를 썼다. 비록 세속에 이미 통행되고는 있지만 그렇다고 이를 근거로 《육도》, 《논어》, 《좌전》을 고치는 것은 마땅치 않다."(太公《六韜》, 有天陳·地陳·人陳·雲鳥之陳. 《論語》曰:「衛靈公問陳於孔子.」 《左傳》:「爲魚麗之陳.」 俗本多作阜傍車乘之車. 案諸陳隊, 並作陳·鄭之陳. 夫行陳之義, 取於陳列耳, 此六書爲假借也, 《蒼》·《雅》及近世字書, 皆無別字; 唯王羲之〈小學章〉, 獨阜傍作車, 縱復俗行, 不宜追改《六韜》·《論語》·《左傳》也.) 그러나 여기서 "王羲之의 〈소학장〉에서 그렇게 썼다"라 한 것은 羲義라는 사람이 쓴 것을 잘못 알아 왕희지의 저작이라고 한 것이며, 趙曦明은「《隋書》經籍志:《小學篇》一卷, 晉下邳內史王義撰. 諸本並作王羲之, 乃妄人謬改」라 함.

【奇正】 고대 병법 중에 가장 중요하며, 자주 거론되는 상대적 대립 개념으로 모략과 전법 등에 널리 쓰이는 용어. 즉 일반적이며 상식적인 것을 일러 '正'이라

하며, 특수하고 기이한 방법, 의외의 작전 등을 '奇'라 함. 《孫矉兵法》奇正篇에 "奇發而爲正, 其未發爲者, 奇也"라 하였으며, 《唐太宗李衛公問對》에는 "太宗曰: 吾之正, 使敵視以爲奇; 吾之奇, 使敵視以爲正, 斯所謂形人者歟? 以奇爲正, 以正爲奇, 變化莫測, 斯所謂無形者歟?"라 함.
【倏】매우 빨리 내닫는 모습. '숙'으로 읽음.
【玄黙】깊고 오묘한 이치.
【候】천지 자연의 기후 변화와 징조. 徵候.
【夫將有~明也】《淮南子》兵略訓에 "見人所不見謂之明, 知人所不知謂之神. 神明者, 先勝者也"라 함.
【衝】'필적하다'의 뜻.

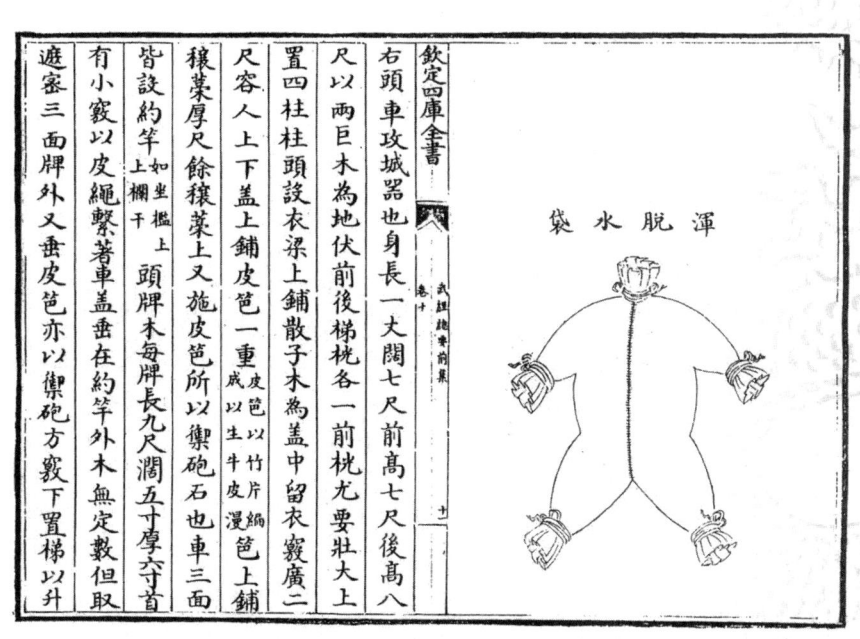

《武經總要》에 실려 있는 고대 각종 전투 장비

027 (3-10) 기병奇兵

奇兵은 正兵에 상대되는 군사 용어로 기이한 책략으로 적을 제압하는 전술이다. 본 장에서는 소위 '신세神勢'라는 내용 26가지를 들어 구체적인 사안을 설명하고 있다. 劉寅의 《直解》에 '奇兵者, 出奇收勝, 應變無窮'이라 하였다.

무왕이 태공에게 물었다.
"무릇 용병의 방법 가운데 가장 큰 요체는 어떤 것입니까?"
태공이 말하였다.
"옛날의 전투에 뛰어난 자는 하늘에서의 전투에 능한 것도 아니며, 땅 속에서의 전투에 능한 것도 아니며, 그 성패는 모두 신비한 형세에서 나온 것으로 이를 터득하면 창성할 것이요, 이를 잃으면 망하고 마는 것입니다.
무릇 두 진영이 대치하고 있을 때 무기를 꺼내어 진열해 놓고 병졸들로 하여금 제멋대로 어지럽게 다니게 하는 것은 적에게 혼란을 주기 위함이요, 깊은 풀숲이나 풀이 우거져 어두운 곳을 택하는 것은 숨어 도망가기 좋게 하기 위함이며, 깊은 골짜기에 험조險阻한 곳을 택하는 것은 적의 전차나 기마병을 막기에 좋기 때문이며, 앞뒤가 막힌 산 속의 숲을 택하는 것은 적은 병력으로 많은 적을 치기에 좋기 때문이며, 움푹 파인 못이나 어둡고 구석진 곳을 택하는 것은 자신의 형태를 숨기기 좋기 때문이며, 맑고 환하게 밝아 숨을 수가 없는 곳은 용맹을 다해 마음놓고 전투를 치를 수 있기 때문이며, 아군 병사의 빠르기가 쏘아놓은 화살과 같고 진격하기가 쏘아놓은 노기弩機 같으면 적의 정미精微한 부분을 칠 수 있으며, 복병을 숨기고 기병을 사용하여 멀리까지 적을 속이며 유혹할 수 있으면 상대의 군대를 깨뜨리고 적장을 사로잡을 수 있으며, 지형이 사방으로 트이고 다섯 길로 갈라진 곳이라면 적의 원진圓陳이나 방진方陳을 치기에 편하며, 적이 놀랐을 때를 노리면 아군 한 명이 적군 열 명을 칠 수 있으며, 적이 피로에 지쳐 저녁때 막사에 쉴 때라면 아군 열 명이 적군 백 명을 칠 수 있으며, 기이한 기능을 가지고 있으면 깊은 물을 건너고 강하를 건널 수 있으며, 강한 활과 뛰어난 병사가 있으면 물 건너편의 적과 싸울 수 있으며, 멀리까지 관문을 설치하고 멀리까지 척후병을 보낼 수 있으며, 급히 내닫고 거짓으로 숨기를 잘하는 자가 있으면 적의 성을 함락하고 적의 읍을 항복시킬 수 있으며, 북을 울리며 시끄럽게 소리를 잘 지른다면 기이한 모책을 실행할 수 있으며, 큰바람에 심한 폭우의 날씨라면 바로 앞의 적을 윽박지르고 뒤에 있는 적을 사로잡을 수 있으며, 거짓으로 적의 심부름이라 칭할 수 있으면 적의 양도糧道를 끊을 수 있으며, 호령(암호)을 속여 적과 같은 복장을 하면 패배하여 도망가기 쉬우며, 전투를 벌일 때 반드시 의義를 명분으로 내세우는 것은 무리를 독려하여 적을 제압하기 위함이며, 작위를 높여 주고 상을 중히 내리는 것은 명령을 끝까지 수행하도록 권하기 위함이며, 형벌을 엄하게 하고 벌을 중하게 하는 것은 게으름을 금지하기 위함이며, 희로喜怒와 여탈與奪, 문무文武와 서질徐疾을 한 번씩 번갈아 하는 것은 삼군을 조화시키고 신하를 하나로 통제하기 위함이며, 높고 탁 트인 곳에 처하는 것은 경계와 수비를 위함이며, 막히고 험준한 곳을 보위하는 것은 견고한 수비를 위함이며, 산림이 무성한 곳을 택함은 몰래 왕래하기 위함이며, 깊은 못과 높은 보루를 만들고 식량을 많이 비축하는 것은 지구전을 치르기 위함입니다.

그러므로 '전투에서 공격의 책략을 알지 못하면 적이 어떠니 라고 말해서는 안 되며, 군사를 나누고 이동 배치시키는 데 능하지 아니하면 기병을 거론할 수 없고, 치란에 통달하지 못하고서는 변화를 거론할 수 없다'라고 말하는 것입니다.

따라서 '장수가 어질지 아니하면 삼군이 가까이 다가오지 아니하고, 장수로서 용맹이 없으면 삼군이 정예精銳롭지 못하며, 장수로서 지혜롭지 못하면 삼군이 크게 의심을 가지며, 장수로서 명석하지 못하면 삼군이 크게 기울게 되고 장수로서 정미精微하지 못하면 삼군이 그 기회를 놓치고, 장수로서 떳떳한 계율을 갖추고 있지 못하면 삼군이 그 경비태세를 놓치고, 장수로서 강인한 힘이 없으면 삼군이 그 직분을 잃게 된다. 그러므로 장수란 남의 목숨을 담당하는 사명이며, 삼군은 그 장수에 따라 다스려지기도 하고 장수에 따라 함께 난에 빠지기도 한다. 똑똑한 장수를 얻으면 군대는 강하고 나라는 번창하지만, 그러한 장수를 얻지 못하면 군대는 약해지고 나라는 망하고 만다'라 한 것입니다."

무왕이 말하였다.

"훌륭하오!"

武王問太公曰:「凡用兵之法, 大要何如?」

太公曰:「古之善戰者, 非能戰於天上, 非能戰於地下, 其成與敗, 皆由神勢, 得之者昌, 失之者亡.

夫兩陳之間:

出甲陳兵, 縱卒亂行者, 所以爲變也;

深草蓊薉者, 所以遁逃也;

深谷險阻者, 所以止車禦騎也;

隘塞山林者, 所以少擊衆也;

坳澤窈冥者, 所以匿其形也;

清明無隱者, 所以戰勇力也;

疾如流矢, 擊如發機者, 所以破精微也;

詭伏設奇, 遠張誑誘者, 所以破軍擒將也;

四分五裂者, 所以擊圓破方也;

因其驚駭者, 所以一擊十也;

因其勞倦暮舍者, 所以十擊百也;

奇伎者, 所以越深水, 渡江河也;

强弩長兵者, 所以踰水戰也;

長關遠候, 暴疾謬遁者, 所以降城服邑也;

鼓行喧嚣者, 所以行奇謀也;

大風甚雨者, 所以搏前擒後也;

僞稱敵使者, 所以絶糧道也;

謬號令與敵同服者, 所以備走北也;

戰必以義者, 所以勵衆勝敵也;

尊爵重賞者, 所以勸用命也;

嚴刑重罰者, 所以禁罷怠也;

一喜一怒, 一與一奪, 一文一武, 一徐一疾者, 所以調和三軍·制臣下也;

處高敞者, 所以警守也;

保阻險者, 所以爲固也;

山林茂穢者, 所以默往來也;

深溝高壘, 積糧多者, 所以持久也.

故曰:『不知戰攻之策, 不可以語敵; 不能分移, 不可以語奇; 不通治亂, 不可以語變.』故曰:『將不仁, 則三軍不親; 將不勇, 則三軍不銳; 將不智, 則三軍大疑; 將不明, 則三軍大傾; 將不精微, 則三軍失其機; 將不常戒, 則三軍失其備; 將不彊力, 則三軍失其職. 故將者, 人之司命, 三軍與之俱治, 與之俱亂. 得賢將者, 兵彊國昌, 不得賢將者, 兵弱國亡.』」

武王曰:「善哉!」

【翳翳】 초목이 무성한 모습. '翳穢'로도 표기함. 雙聲連綿語.
【長關遠候】 먼 곳까지 관문과 보루를 설치하여 정찰병을 보내어 살핌.
【暴疾謬道】 《直解》에 "暴疾往來, 詐謬遁逃"라 함.
【分移】 병력을 분산하여 배치함.
【司命】 원래 별 이름으로 사람의 수명과 생사를 관장한다 함.

028 (3-11) 오음五音

　　五音은 五常과 五行 등 고대 음양오행설의 내용을 용병에 부회하여 설명한 것으로, 음률과 연관지은 것은 일부 견강부회가 심하나 당시 군사학의 풀이와 견해에 대한 일부를 밝히는 데는 매우 중요한 자료이다. 劉寅의 《直解》에 '五音者, 宮商角徵羽, 各有所應也. 言兵家察五音, 各其所應而制之, 亦可以佐吾之勝也'라 하였다.

　무왕이 태공에게 물었다.
"음률音律의 소리로써 삼군의 소식消息과 승부의 결정을 알 수 있습니까?"
태공이 말하였다.
"깊습니다, 왕의 질문이여! 무릇 율관律管 열두 개에서 가장 중요한 것으로 오음五音이 있으니 바로 궁宮·상商·각角·치徵·우羽입니다. 이것이 그 정성正聲으로 만대에 바뀜이 없습니다. 오행五行의 신神은 도道의 상법으로 가히 그 적敵을 알 수 있으니 바로 금金·목木·수水·화火·토土로써 각각 그 나은 것으로써 공략하는 것입니다.
　옛날 삼황三皇시대에는 허무虛無의 정으로 강강剛彊함을 제압하였고, 문자가 없어 모두가 오행으로 대응시켰습니다. 오행의 도는 천지의 자연스러움이며 육갑六甲의 나뉨은 미묘한 신神입니다. 병법에서의 그 법칙은 날씨가 청정淸淨하여 구름이나 비바람도 없는 한밤중에 경기輕騎를 적의 보루로 보내어 9백 보의 거리 밖에서 율관을 비스듬히 귀에다 대고 크게 소리를 질러 적군이 놀라도록 하며, 적군으로부터 메아리가 율관으로 들려오게 합니다. 그 소리는 아주 희미합니다. 각성角聲이 들려오면 이는 백호白虎에 해당하는 것으로서 서쪽으로 진격하면 되고, 치성徵聲으로 들려오면 이는 현무玄武에 해당하는 것으로 북쪽으로 진격해 들어가면 되며, 상성商聲이라면 이는 주작朱雀에 해당하는 것으로서 남쪽으로 진격해 들어가면 되며, 우성羽聲이라면 이는 구진勾陳으로서 가운데로 진격해 들어가면 되며, 오관의 소리가 다하도록 아무런 메아리가 없다면 이는 궁성宮聲으로 청룡靑龍에 해당하므로 동쪽으로 진격해 들어가면 됩니다. 이것이 오행의 부응符應이며 승리를 도와 주는 징험이며 성패의 기틀인 것입니다."

무왕이 말하였다.

"훌륭합니다!"

태공이 말하였다.

"미묘한 음은 모두가 밖으로 드러나는 징후가 있습니다."

무왕이 말하였다.

"어떻게 이를 알아냅니까?"

태공이 말하였다.

"적이 놀라 움직이면 그에 맞는 소리가 들리지요. 북채로 북을 두드리는 소리가 들리면 이는 각성角聲이며, 불꽃이 일어나는 모습이 보이면 이는 치성徵聲이며, 쇠붙이나 철, 창에서 나는 소리가 들리면 이는 상성商聲이며, 사람이 휘파람으로 내는 소리가 들리면 이는 우성羽聲이며, 적막하여 아무런 소리가 들리지 않으면 이는 궁성宮聲입니다. 이 다섯 가지 음은 성색聲色의 부호입니다."

武王問太公曰:「律音之聲, 可以知三軍之消息, 勝負之決乎?」

太公曰:「深哉! 王之問也! 不律管十二, 其要有五音: 宮, 商, 角, 徵, 羽, 此其正聲也, 萬世不易. 五行之神, 道之常也. 可以知敵. 金, 木, 水, 火, 土, 各以其勝攻也.

古者三皇之世, 虛無之情, 以制剛彊, 無有文字, 皆由五行. 五行之道, 天地自然; 六甲之分, 微妙之神. 其法, 以天淸淨, 無陰雲風雨夜半, 遣輕騎往至敵人之壘, 去九百步外, 偏持律管當耳, 大呼驚之, 有聲應管, 其來甚微. 角聲應管, 當以白虎; 徵聲應管, 當以玄武; 商聲應管, 當以朱雀; 羽聲應管, 當以勾陳; 五管聲盡不應者, 宮也, 當以靑龍. 此五行之符·佐勝之徵·成敗之機.」

武王曰:「善哉!」

太公曰:「微妙之音, 皆在外候.」

武王曰:「何以知之?」

太公曰:「敵人驚動則聽之. 聞枹鼓之音者, 角也; 見火光者, 徵也; 聞金鐵矛戟之音者, 商也; 聞人嘯呼之音者, 羽也; 寂寞無聲者, 宮也. 此五音者, 聲色之符也.」

【消息】 흥성함과 쇠약함. 雙聲連綿語.
【律管】 고대 음을 결정하기 위한 竹管이나 銅管. 12개의 장단이 다른 관을 통해 나오는 음을 기준으로 하여 새로운 악기를 만들 때 그 음을 정함. 이를 다시 6개씩 나누어 六律, 六呂라 하며 이를 黃鍾・大呂・大簇・夾鍾・姑洗・中呂・蕤賓・林鍾・夷則・南呂・無射・應鍾이라 함.
【宮商角徵羽】 고대 상대적인 다섯 음계, 여기에 半商・半徵를 넣어 七音이 됨. '徵'는 '치'로 읽음.
【正聲】 순정하고 음계에 바르며 정신을 도야하고 도덕을 함양하는 음악.
【五行】 金木水火土의 다섯 형이상학적인 원리를 말하며 이를 방위・계절・음악 등 일체 사물에 대응하여 풀이하고 원리를 추정하는 고대 개념.
【勝攻】 오행의 상극을 말함. 水克火・火克金・金克木・木克土・土克水로 우주 만물의 순환과 상대적 대립 의미를 말함.
【三皇】 三皇에 대한 설은 의견이 분분하여, 처음에는 天皇氏・地皇氏・人皇氏(혹은 泰皇氏)를 들었으나, 뒤에 伏羲氏・神農氏 둘과 女媧氏・燧人氏・黃帝軒轅氏 중에 하나를 넣어 삼황으로 삼는 등 여러 가지 설이 있음. 실제 많은 기록에는 흔히 燧人氏, 伏羲氏, 神農氏를 들고 있음.
【六甲】 하늘의 十干(甲乙丙丁戊己庚辛壬癸)과 땅의 十二支(子丑寅卯辰巳午未申酉戌亥)가 배합하여 60갑자를 이루며 그 중 甲子・甲戌・甲申・甲午・甲辰・甲寅을 흔히 '육갑'이라 함.
【白虎】 西方을 가리킴. 고대 흔히 동서남북을 五行과 四獸(五獸)로 구분하여 東(宮・木・春・靑・靑龍), 西(角・金・秋・白・白虎), 南(商・火・夏・赤・朱雀), 北(徵・水・冬・黑・玄武), 중앙(羽・土・季夏・黃・勾陳)으로 상징하였음.
【枹】 '桴'로도 쓰며 북채를 가리킴.

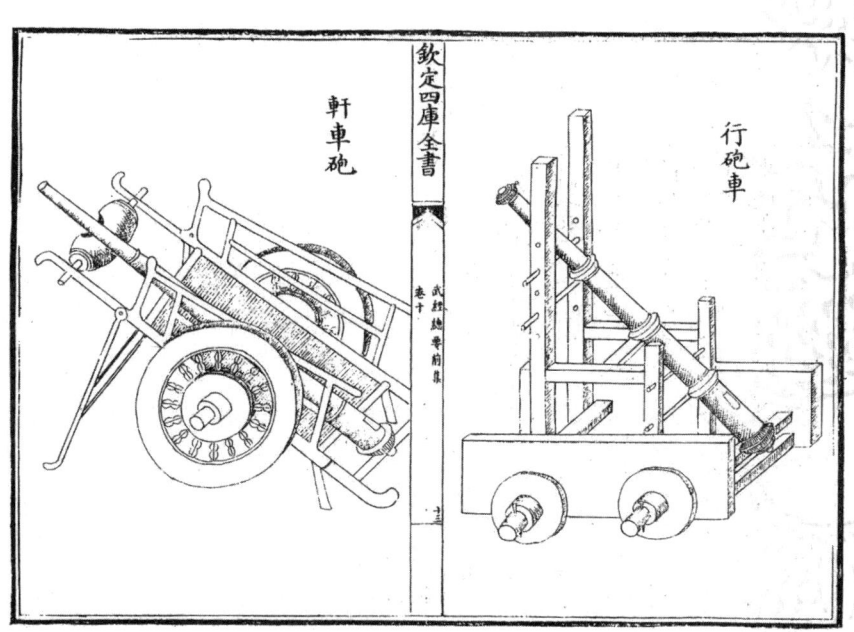

《武經總要》에 실려 있는 고대 각종 전투 장비

029 (3-12) 병징兵徵

兵徵은 군대에서의 징조에 대한 것으로, 군사의 사기와 기강, 진지 구축과 천시, 지리의 이용 등에 대한 폭넓은 주제를 다루고 있다. 그러나 승부의 징조는 오로지 정신에 있음(勝負之徵. 精神先見)을 강조하여 결국 인사의 문제로 귀착시키고 있다. 劉寅의 《直解》에 '兵徵者, 兵家勝負之徵兆也. 或凶或吉, 皆先見焉, 爲將者不可不知'라 하였다.

무왕이 태공에게 물었다.
"나는 싸우기 전에 먼저 적의 강약을 알고, 승부를 예견하는 징조를 알고 싶소. 어떻게 하면 그럴 수 있겠습니까?"
태공이 말하였다.
"승부의 징조는 정신에 먼저 나타납니다. 명석한 장수라면 이를 관찰할 수 있으니 이는 적군 사람을 보면 알 수 있습니다. 적의 출입과 진퇴를 자세히 살펴보고, 그 동정과 요상袄祥에 대해 떠드는 소리와 그 사졸들이 서로 주고받는 말을 관찰하면 되지요. 무릇 삼군이 즐거워하며, 사졸들은 법을 두려워하고 그 장수의 명령을 공경하며, 적을 깨뜨렸다고 서로 좋아하고, 싸움에 용맹함을 두고 서로 진술하며, 위무威武가 있다고 서로 훌륭하다 칭찬하고 있다면 그러한 군사는 강하다는 징후입니다.
다음으로 삼군이 자주 놀라고, 사졸들이 질서가 없으며, 서로 적이 더 강하다고 두려워하며, 자신들이 불리하다고 서로 말을 주고받으며, 귀와 눈으로 말을 몰래 전하며, 요언妖言이 그치지 않고 말끝마다 자신감이 없다고 의혹을 말하며, 법령을 무서워하지 아니하며, 자신들의 장수를 존중하지 아니한다면 이는 약하다는 징후입니다.

그리고 삼군에 질서정연하고 진세陳勢가 이미 견고하고, 깊은 구덩이와 높은 보루를 설치하고 있으며, 게다가 폭풍과 폭우의 유리함까지 가지고 있으면서 삼군에게 아무런 사고가 없으며, 정기旌旗가 앞에서 지휘하고, 금탁金鐸 소리가 드러나면서 맑고 비고鼙鼓의 소리가 완곡하면서 울린다면 이는 신명神明의 도움을 받는 군사로서 대승大勝의 징후가 있는 것입니다.

그러나 진지의 행렬이 견고하지 못하며, 정기가 어지럽게 흔들리면서 서로 뒤틀리고 폭풍과 폭우의 이익을 거꾸로 맞이하고 있으며, 사졸은 두려움에 떨고, 사기는 끊어져 서로 연속되지 못하며, 전마戰馬는 놀라 달아나며, 병거兵車는 그 수레축이 부러지고, 금탁의 소리는 낮고 탁하며, 비고의 소리는 젖어 목욕한 듯하다면 이는 대패大敗의 징후가 있는 것입니다.

무릇 성을 공격하고 적의 읍을 포위하였을 때 그 성의 기색이 마치 죽은 잿빛 같다면, 그 성은 가히 도륙해 버릴 수 있습니다.

그 성의 기운이 뻗쳐 올라 북쪽으로 향한다면, 그러한 성은 공격하면 이길 수 있습니다.

그 성의 기운이 뻗쳐 올라 서쪽으로 향한다면, 그 성은 항복시킬 수 있습니다.

그 성의 기운이 뻗쳐 올라 남쪽으로 향한다면, 그 성은 쳐서 빼앗을 수가 없습니다.

그 성의 기운이 뻗쳐 올라 동쪽으로 향한다면, 그 성은 공격해서는 안 됩니다.

그 성의 기운이 뻗쳐 올랐다가 다시 들어간다면, 그 성의 성주城主가 패주하여 도망간 것입니다.

그 성의 기운이 뻗쳐 올라 아군의 위를 덮어 버린다면, 아군에 틀림없이 병이 번질 것입니다.

그 성의 기운이 뻗쳐 올라 높이 오른 다음 그치지 않는다면, 오랫동안 싸움을 끌어야 할 것입니다.

무릇 적의 성을 공격하면서 그 읍을 포위하였을 때, 열흘이 넘도록 우레도 치지 않고 비도 내리지 않는다면 반드시 급히 떠나야 합니다. 그 성 안에는 틀림없이 크게 보좌하는 사람이 있기 때문입니다. 이것이 공격할 것은 공격하고, 공격할 수 없을 경우 그쳐야 함을 알 수 있는 것들입니다."

무왕이 말하였다.

"훌륭하오!"

武王問太公曰:「吾欲未戰先知敵人之强弱, 豫見勝敗之徵, 爲之奈何?」

太公曰:「勝負之徵, 精神先見, 明將察之, 其效在人. 謹候敵人出入進退, 察其動靜, 言語袄祥·士卒所告:

凡三軍說懌, 士卒畏法, 敬其將命, 相喜以破敵, 相陳以勇猛, 相賢以威武, 此强徵也.

三軍數驚, 士卒不齊, 相恐以敵强, 相語以不利, 耳目相屬, 妖言不止, 衆口相惑, 不畏法令, 不重其將, 此弱徵也.

三軍齊整, 陳勢已固, 深溝高壘, 又有大風甚雨之利, 三軍無故, 旌旗前指, 金鐸之聲揚以淸, 鼙鼓之聲宛以鳴, 此得神明之助, 大勝之徵也.

行陳不固, 旌旗亂而相繞, 逆大風甚雨之利, 士卒恐懼, 氣絶而不屬, 戎馬驚奔, 兵車折軸, 金鐸之聲下以濁, 鼙鼓之聲濕如沐, 此大敗之徵也.

凡攻城圍邑, 城之氣色如死灰, 城可屠;

城之氣出而北, 城可克;

城之氣出而西, 城可降;

城之氣出而南, 城不可拔;

城之氣出而東, 城不可攻;

城之氣出而復入, 城主逃北;

城之氣出而覆我軍之上, 軍必病;
城之氣出高而無所止, 用兵長久.
凡攻城圍邑, 過旬不雷不雨, 必亟去之, 城必有大輔之人. 此所以知可攻而攻, 不可攻而止.」
武王曰:「善哉!」

【祅祥】 '妖祥'과 같음. 흉조와 길조.
【說懌】 '열역'으로 읽으며 즐겁고 만족함을 뜻함.
【金鐸】 金鈴鐵舌의 형태로 만든 것을 '金鐸'이라 하며 이는 군사 지휘용으로 쓰는 것임. 한편 金鈴木舌의 형태로 만든 것을 '木鐸'이라 하며 이는 민중을 경계하거나 새로운 법령을 제정하였을 때 사람들에게 알리기 위하여 미리 치는 기구임.
【鼖鼓】 군사의 지휘 및 전진과 후퇴, 진행과 정지 등을 알리기 위하여 사용하는 군사용 북.

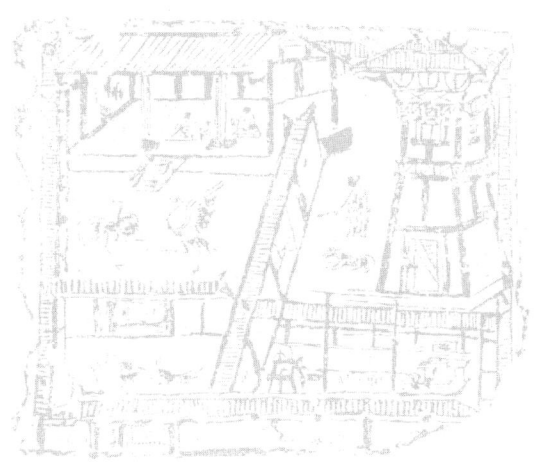

030
(3-13) 농기農器

農器는 백성의 일상 생활에 쓰이는 모든 기구와 도구가 곧 무기이며, 그들의 활동이 곧 무예이며 연습임을 강조함과 아울러 그 결론으로 '用兵之具, 盡在於人事也. 善爲國者, 取於人事'라 하여, 이를 통한 부국이 곧 강병으로 연결된다는 주장을 편 것이다. 劉寅의 《直解》에 '農器者, 以農器喩用兵之器也. 天下安定則武備不修. 太公以農器卽兵器; 兵事卽農事. 此亦周家寓兵於農之意'라 하였다.

무왕이 태공에게 물었다.
"천하가 안정되고 국가에는 아무 일이 없다면 전공戰攻의 무기들을 더 이상 수리하지 않아도 됩니까? 수어守禦의 무기들을 더 이상 설치하지 않아도 됩니까?"
태공이 말하였다.
"전공과 수어의 무기들은 모두가 사람이 일하는 기구가 바로 그것입니다. 쟁기와 보습은 그것이 바로 행마行馬와 질려蒺藜로 사용할 수 있습니다.

말과 소, 수레로는 영루營壘와 폐로蔽櫓로 쓸 수 있으며,
호미나 가래 같은 기구는 그것이 바로 창으로 쓸 수 있으며,
사설蓑薛과 등립簦笠은 그것이 바로 갑옷과 투구, 방패로 쓸 수 있으며,
확삽钁鍤과 부거斧鋸, 저구杵臼는 그것이 바로 성을 공격하는 무기로 쓸 수 있으며,
소나 말은 군량을 실어 나르는 수레로 사용할 수 있으며,
닭이나 개는 적을 살피는 척후병으로 쓸 수 있으며,

여자들이 짜는 옷감은 그것이 바로 깃발로 사용할 수 있으며, 남자들이 땅을 고르는 행동이 바로 성을 공격하는 것이며,

봄에 풀과 가시나무를 베는 것이 바로 전투에서 전차와 기마騎馬로 싸우는 것에 비유할 수 있으며,

여름에 밭에서 김을 매는 것이 바로 전투에서 보병의 역할과 같고, 가을에 벼베고 나무하는 것이 바로 식량을 비축하는 것이며,

겨울에 창고에 먹을 것을 채우는 것이 바로 견고하게 수비함과 같습니다.

그런가 하면 농촌에서 서로 다섯 사람씩 보를 짜서 일하는 것은 서로 약속이 되어 믿고 뭉치는 것이며,

마을에 관리가 있으며 관청에는 우두머리가 있는 것은 군에서 장수의 역할을 하는 것이며,

마을에 둘러친 담장이 있어 서로 마구 넘나들 수 없게 되어 있는 것은 군대에서 부대가 나뉘어 있는 것과 같으며,

곡식을 나르고 꼴을 베어 오는 것은 전쟁에서 소나 말에게 먹일 사료를 비축하는 것과 같으며,

봄가을로 성곽을 수리하고 도랑과 물길을 고치는 것은 참호와 보루를 정비하는 셈입니다.

그러므로 용병에 쓰이는 기구는 모두가 사람이 일상생활에 그대로 있는 것입니다. 나라를 잘 다스리는 자는 사람의 일상에 쓰이는 것을 잘 이용하는 것입니다. 따라서 반드시 그 육축六畜을 잘 기르도록 하고, 농토를 잘 개간하게 하여 그 자신들의 처소를 안전하게 하여 장부에게는 자신이 지을 농토의 책임 넓이가 있도록 하고, 부인에게는 자신이 짜야 할 옷감의 길이를 정해 주어야 하는 것이니, 이것이 부국강병富國强兵의 방법입니다."

무왕이 말하였다.

"훌륭합니다!"

武王問太公曰:「天下安定, 國家無事, 戰攻之具, 可無修乎? 守禦之備, 可無設乎?」

太公曰:「戰攻守禦之具, 盡在於人事. 耒耜者, 其行馬·蒺藜也;

馬牛車輿者, 其營壘·蔽櫓也;

鋤耰之具, 其矛戟也;

蓑薛·簦笠者, 其甲冑·干楯也;

钁鍤·斧鋸·杵臼, 其攻城器也;

牛馬, 所以轉輸糧用也;

雞犬, 其伺候也;

婦人織紝, 其旌旗也;

丈夫平壤, 其攻城也;

春鏺草棘, 其戰車騎也;

夏耨田疇, 其戰步兵也;

秋刈禾薪, 其糧食儲備也;

冬實倉廩, 其堅守也;

田里相伍, 其約束符信也;

里有吏, 官有長, 其將帥也;

里有周垣, 不得相過, 其隊分也;

輸粟取芻, 其廩庫也;

春秋治城郭, 修溝渠, 其塹壘也.

故用兵之具, 盡在於人事也. 善爲國者, 取於人事. 故必使遂其六畜, 闢其田野, 安其處所, 丈夫治田有畝數, 婦人織紝有尺度, 是富國强兵之道也.」

武王曰:「善哉!」

【戰攻】 전쟁에서의 공격용 무기들.
【守禦】 수비와 방어를 위한 시설들.
【人事】 사람이 판단하고 결정하며 사람의 힘으로 하는 모든 것. 사람의 일상 생활 전체를 가리킴. 天官, 地利 등에 상대하여 쓰는 말.
【耒耜】 농기구 중의 보습과 가래 등.
【行馬】 군중에서 사람의 통로를 제한하기 위하여 설치한 말 모양의 차단목.
【蒺藜】 원래 찔레나무를 뜻하나 흔히 적이 접근하지 못하도록 철이나 나무를 예리하게 깎아 지상이나 물 속에 설치하는 장애물을 뜻함.
【營壘】 소나 말, 수레를 보루를 설치하는 데 동원할 수 있음.
【蔽櫓】 수레에 큰 방패를 씌워 전쟁에 사용할 수 있음을 말함.
【蓑薛】 농사지을 때 비를 피하기 위한 도롱이.
【簦笠】 역시 비를 피하기 위한 우산이나 갓.
【钁鍤】 가마솥과 삽.
【斧鋸】 도끼와 톱.
【杵臼】 방아의 공이와 확.
【相伍】 오는 고대 군대의 편제로 다섯 명을 하나의 조로 하여 함께 행동하며 전투에 임하도록 함. 《周禮》夏官 司馬에 "凡制軍, 萬二千五百人爲軍. 王六軍, 大國三軍, 次國二軍, 小國一軍. 軍將皆命卿. 二千有五百人爲師, 師帥皆中大夫. 五百人爲旅, 旅帥皆下大夫. 百人爲卒, 卒長皆上士. 二十五人爲兩, 兩司馬皆中士. 五人爲伍, 伍皆有長"이라 함.
【六畜】 집에서 기르는 家畜과 家禽을 통틀어 일컫는 말. 흔히 소・말・양・돼지・닭・개를 가리킴.

앞니

4. 호도虎韜

劉寅의 《直解》에 '虎韜, 以言其威猛而不畏人也. 今此韜中皆張威武及臨危不驚, 故曰虎韜'라 하였다.

031 (4-1) 군용軍用

軍用은 '군사 작전에 필요한 일체의 무기와 장비'를 뜻하며 20여 가지의 병기와 기계의 종류와 성능, 사용 방법 등을 구체적으로 적고 있으며, 고대 군사 무기의 기술과 수준 등에 대하여 밝힐 수 있는 귀중한 자료이다. 劉寅의 《直解》에 '軍用者, 軍之器用也. 器用有備, 以之戰守則無患矣'라 하였다.

무왕이 태공에게 물었다.
"왕자王者의 거병에 삼군의 기용器用과 공수攻守 무기에 대한 과품科品의 과다 등에 어떤 법칙이 있습니까?"
태공이 말하였다.
"크십니다. 왕의 질문이시여! 무릇 공수 무기에는 각기 과품이 있으니 이것이 군대의 큰 위엄威嚴입니다."
무왕이 말하였다.
"들려 주기를 바랍니다."
태공이 말하였다.
"무릇 용병의 대수大數는 갑사甲士 1만 명을 거느릴 경우의 방법은 다음과 같습니다.
즉 무충武衝의 대전차 부서扶胥 36승乘에 재사材士와 강노强弩, 모극矛戟을 날개로 삼으며, 수레 한 대에 24명이 밉니다. 그리고 8척의 수레바퀴로써 수레 위에 깃발과 북을 달아맵니다. 병법에서는 이를 '진해震駭'라 하며 견고한 상대의 진지를 함락하여 강한 적을 패주시키는 데 씁니다.

다음으로 무익武翼의 큰 방패에 모극을 달아 모두 72개로써 재사와 강노, 모극을 날개로 삼습니다. 5척의 수레바퀴에 연발이 가능한 노弩를 묶어 스스로 끌고 갈 수 있도록 하며, 적의 견고한 진지를 무너뜨리고 강한 적을 패주시키는 데에 씁니다.

　제익提翼의 작은 방패로 무장한 수레 144개로써 연발이 가능한 노를 묶어 보조로 삼으며, 녹거륜鹿車輪의 바퀴로써 적의 강한 진지를 함락하여 적을 패주시키는 데에 사용합니다.

　대황삼련노大黃參連弩에 방패로 무장한 수레 36승에 재사와 강노, 모극을 날개로 하여 비부飛鳧, 전영電影을 보조로 삼습니다. 비부는 붉은 줄기에 흰 깃을 달아 구리로 머리(살촉)를 만들고, 전영은 푸른 줄기에 붉은 깃을 달며 쇠로 머리를 만듭니다. 낮이면 붉은 실을 달고 길이는 6척, 너비는 6촌이며 빛을 냅니다. 밤이면 흰 실을 달고 길이는 6척 너비는 6촌으로 유성流星처럼 빛을 발하도록 합니다. 역시 적의 견고한 진지를 부수고 보병과 기병을 패주시키는 데 씁니다.

　큰 방패로 무장한 충거衝車 36승에 당랑무사螳螂武士를 함께 태우면 적을 종횡으로 휘젓고 다닐 수 있으며, 강한 적을 패주시킬 수 있습니다.

　치거輜車의 기구騎寇는 '전거電車'라고도 하며, 병법에서는 '전격電擊'이라고도 부릅니다. 이 역시 적의 견고한 진지를 함락시키며, 보병과 기병이 야습해 왔을 때 패주시킵니다.

　모극으로 방패를 삼은 수레 160승에 당랑무사 3명씩을 태우면 병법에서는 이를 '정격霆擊'이라고도 하며 적의 견고한 진지를 무너뜨리고 보병과 기병을 패주시킵니다.

　방수철봉유분方首鐵棓維枌은 무게가 20근이며 손잡이 길이는 5척 이상으로 1천 2백 매를 만드는데 일명 '천봉天棓'라고도 합니다.

　커다란 자루가 있는 도끼로 날 길이만 8촌이며 무게는 8근, 자루의 길이는 5척 이상, 1천 2백 개를 준비하는데 이를 일명 '천월天鉞'이라 합니다.

머리가 방형인 철추鐵鎚는 무게가 9근이며 손잡이 자루 길이는 5척 이상을 역시 1천 2백 개를 만들며, 일명 '천추天鎚'라고도 하며 적의 보병과 기병, 그리고 떼지어 오는 노략자를 패주시킵니다.

비구飛鉤는 길이가 8촌이며 그 까끄라기는 4촌 길이로 하고 손잡이 자루는 6척 이상으로 1천 2백 매를 준비하며 적의 무리 속으로 던집니다.

삼군이 적을 막으며 수비할 때는 나무로 만든 당랑검螳螂劍의 칼날 부분을 방패로 삼으며, 그 너비는 2장, 120구具를 준비하며 일명 '행마行馬'라고도 하며, 평지에서 아군의 보병으로서 적의 전차나 기병을 패주시킵니다.

나무로 만든 질려蒺藜는 지상으로 2척 5촌 높이로 120개를 설치하며, 적의 보병과 기병을 패주시키고, 궁지에 몰린 적을 맞아 치며 패주하는 적을 막을 때 씁니다.

축을 중심으로 빙글빙글 돌도록 하는 짧은 모극으로 방패를 삼는 설비 120개를 마련하며, 이는 황제黃帝가 치우蚩尤를 패주시킨 무기로서 적의 보병과 기병을 패주시키고, 궁지에 몰린 적을 맞아 치며 패주하는 적을 막을 때 씁니다.

좁은 길에 희미한 오솔길일 경우 철로 만든 질려를 설치합니다. 침 부분의 높이는 4촌이며 너비는 8촌, 길이는 6척 이상으로 1천 2백 개를 준비하며 날뛰는 기병을 패주시킵니다.

적이 갑자기 어두워질 때 나타나 급하게 전투가 벌어져 흰 칼날이 마주쳤을 때, 지라地羅를 펴고 두 개의 철질려와 삼련직녀參連織女를 펼쳐놓습니다. 까끄라기 사이는 2촌 정도씩 되게 하며 1만 2천 개를 준비합니다. 광야에서의 전투에서는 풀숲에 방흉연모方胸鋋矛 1천 2백 개를 준비합니다. 이 연모를 펼쳐 놓는 방법은 지면에서 1척 5촌의 높이로 하며, 이들 무기는 보병과 기병을 패주시키고, 궁지에 몰린 적을 맞아 치며 패주로를 차단하는 것입니다.

좁은 길이나 희미한 오솔길, 땅이 꺼진 곳에는 철계쇄삼련鐵械鎖參連 120개를 설치하며, 보병과 기병을 패주시키고, 궁지에 몰린 적을 맞아 치며 패주로를 차단하는 무기입니다.

보루의 문에서 막아 수비할 때는 모극과 작은 방패 12개를 쓰며, 교거연노絞車連弩를 보조 무기로 사용합니다.

삼군이 함께 적을 막아 수비할 때는 천라天羅와 호락虎落, 쇄련鎖連을 갖추되 너비는 1장 5척, 높이는 8척이며 12개를 쓰며, 호락은 칼날로 방패를 삼고 너비는 1장 5척, 높이는 8척으로 520개를 갖춥니다.

도랑과 참호를 건너는 비교飛橋는 한 칸이 1장 5척이며, 길이는 2장 이상으로 전관轉關과 녹로轆轤를 붙이며, 8개를 환리통삭環利通索을 펼쳐 설치합니다.

큰 물을 건너는 비강飛江은 너비가 1장 5척이며, 길이는 2장 이상으로 8개를 준비하며, 역시 환리통삭으로 펼쳐놓습니다. 천부철당랑天浮鐵堂螂은 안쪽은 직각이며 밖은 둥글게 하되 직경은 4척 이상이며, 환락環絡을 보조 무기로 하여 32개를 사용합니다. 천부로 비강을 만들어 큰 바다를 건너는데, 이를 일러 '천황天潢'이라 하며 일명 '천강天矼'이라고도 합니다.

산림지대에서 막영을 할 때는 호락을 묶어 막사 주위 울타리로 하며, 환리철쇄環利鐵鎖를 준비하되 길이는 2장 이상, 1천 2백 매를 준비합니다. 환리대통삭環利大通索은 크기가 4촌, 길이는 4장 이상이며 6백 매를 준비하고, 환리중통삭環利中通索은 크기가 2촌, 길이는 4장 이상이며 2백 매를 준비하며, 환리소휘류環利小徽縲는 길이가 2장 이상이며 1만 2천 매를 갖춥니다.

비가 오는 날씨에는 중거重車의 뚜껑 상판에 마를 엮은 서어鉏鋙를 덮으며 너비는 4척, 길이는 4장 이상으로 수레마다 하나씩이며 철익鐵弋을 펼쳐 놓습니다.

나무 베는 큰 도끼는 무게가 8근, 자루의 길이는 3척 이상이며 3백 개를 준비하고, 계확榮鑊은 날의 너비가 6촌이며 자루의 길이는 5척 이상으로 3백 개를 준비하며, 동축고위수銅築固爲垂는 길이가 5척 이상이며 3백 매를 준비하고, 응조방흉철파鷹爪方胸鐵杷는 손잡이 자루 길이가 7척 이상이며 3백 매를 준비하며, 방흉철차方胸鐵叉는 손잡이 길이가 7척 이상으로 3백 매를 준비합니다.

풀이나 나무 베는 큰 낫은 자루 길이가 7척 이상으로 3백 매를 갖추며, 큰 노인櫓刃 무게가 8근이며 자루 길이는 6척으로 3백 개를 갖추며, 위환철익委環鐵弋은 길이가 3척 이상으로 3백 매, 탁익대추椓弋大鎚는 무게가 5근으로 자루 길이는 2척 이상 120구를 준비합니다.

갑사가 1만 명이면 강노는 6천 개, 극로戟櫓는 2천 개, 모순矛楯 2천 개, 공격 무기를 수리하는 장비와 병기를 가는 숫돌, 장비를 잘 정비할 수 있는 장인 3백 명이 있어야 합니다. 이것이 군대를 일으켜 운용할 수 있는 대체적인 숫자입니다."

무왕이 말하였다.

"대단하군요!"

武王問太公曰:「王者擧兵, 三軍器用・攻守之具, 科品衆寡, 豈有法乎?」

太公曰:「大哉, 王之問也! 夫攻守之具, 各有科品, 此兵之大威也.」

武王曰:「願聞之.」

太公曰:「凡用兵之大數, 將甲士萬人, 法用: 武衝大扶胥三十六乘, 材士強弩矛戟爲翼, 一車二十四人推之. 以八尺車輪, 車上立旗鼓. 兵法謂之'震駭', 陷堅陳, 敗强敵.

武翼大櫓矛戟扶胥七十二具, 材士強弩矛戟爲翼. 以五尺車輪, 絞車連弩自副, 陷堅陳, 敗强敵.

提翼小櫓扶胥一百四十四具, 絞車連弩自副, 以鹿車輪, 陷堅陳, 敗强敵.

大黃參連弩大扶胥三十六乘, 材士強弩矛戟爲翼. 飛鳧・電影自副. 飛鳧赤莖白羽, 以銅爲首; 電影青莖赤羽, 以鐵爲首. 晝則以絳縞, 長六尺, 廣六寸, 爲光耀; 夜則以白縞, 長六尺, 廣六寸, 爲流星. 陷堅陳, 敗步騎.

大扶胥衝車三十六乘, 螳螂武士共載, 可以擊縱橫, 可以敗強敵.
輜車騎寇, 一名'電車', 兵法謂之'電擊'. 陷堅陣, 敗步騎寇夜來前.
矛戟扶胥車一百六十乘, 螳螂武士三人共載, 兵法謂之'霆擊'. 陷堅陣, 敗步騎.

方首鐵棓維朌, 重十二斤, 柄長五尺以上, 千二百枚, 一名'天棓'.
大柯斧, 刃長八寸, 重八斤, 柄長五尺以上, 千二百枚, 一名'天鉞'.
方首鐵鎚, 重八斤, 柄長五尺以上, 千二百枚, 一名'天鎚', 敗步騎群寇.
飛鉤, 長八寸, 鉤芒長四寸, 柄長六尺以上, 千二百枚, 以投其衆.
三軍拒守, 木螳螂劍刃扶胥, 廣二丈, 一百二十具. 一名'行馬'. 平易地, 以步兵敗車騎.

木蒺藜, 去地二尺五寸, 百二十具. 敗步騎, 要窮寇, 遮走北.

軸旋短衝矛戟扶胥百二十具, 黃帝所以敗蚩尤氏. 敗步騎, 要窮寇, 遮走北.

狹路·微徑, 張鐵蒺藜. 芒高四寸, 廣八寸, 長六尺以上, 千二百具, 敗走騎.

突暝來前促戰, 白刃接, 張地羅, 鋪兩鏃蒺藜·參連織女, 芒間相去二寸, 萬二千具; 曠野草中, 方胸鋋矛, 千二百具, 張鋋矛法, 高一尺五寸. 敗步騎, 要窮寇, 遮走北.

狹路·微徑·地陷, 鐵械鎖參連, 百二十具. 敗步騎, 要窮寇, 遮走北.
壘門拒守, 矛戟小櫓十二具, 絞車連弩自副.

三軍拒守, 天羅虎落鎖連一部, 廣一丈五尺, 高八尺, 百二十具; 虎落劍刃扶胥, 廣一丈五尺, 高八尺, 五百二十具.

渡溝塹飛橋, 一間廣一丈五尺, 長二丈以上, 著轉關·轆轤; 八具, 以環利通索張之.

渡大水, 飛江, 廣一丈五尺, 長二丈以上, 八具, 以環利通索張之. 天浮鐵螳螂, 矩內圓外, 徑四尺以上, 環絡自副, 三十二具. 以天浮張飛江, 濟大海, 謂之'天潢', 一名'天舡'.

山林野居, 結虎落柴營, 環利鐵鎖, 長二丈以上, 千二百枚; 環利大通索, 大四寸, 長四丈以上, 六百枚; 環利中通索, 大二寸, 長四丈以上, 二百枚; 環利小徽縲, 長二丈以上, 萬二千枚.

天雨, 蓋重車上板, 結枲鉏鋙, 廣四尺, 長四丈以上, 車一具, 以鐵杙張之.

伐木大斧, 重八斤, 柄長三尺以上, 三百枚; 棨钁, 刃廣六寸, 柄長五尺以上, 三百枚; 銅築固爲垂, 長五尺以上, 三百枚; 鷹爪方胸鐵杷, 柄長七尺以上, 三百枚; 方胸鐵叉, 柄長七尺以上, 三百枚.

芟草木大鎌, 柄長七尺以上, 三百枚; 大櫓刃, 重八斤, 柄長六尺, 三百枚; 委環鐵杙, 長三尺以上, 三百枚; 椓杙大鎚, 重五斤, 柄長二尺以上, 百二十具.

甲士萬人, 强弩六千, 戟櫓二千, 矛楯二千, 修治攻具, 砥礪兵器, 巧手三百人, 此擧兵運用之大數也.」

武王曰:「允哉!」

【王者】霸者와 상대되는 개념으로 義戰을 벌이는 군대를 말함.
【科品】각 종류.
【武衝】무력으로 折衝해 나가는 부대.
【扶胥】전투용 수레 양쪽 옆에 설치한 방패.
【武翼大櫓】《直解》에 "車上之蔽也"라 함. '櫓'는 수레나 배에 설치한 큰 방패를 뜻함.
【提翼小櫓】《直解》에 "亦車上之蔽, 但比大櫓差小耳"라 함.
【鹿車輪】《彙解》에 "卽今小車獨輪也"라 하여 바퀴가 하나인 작은 수레를 말함.
【大黃參連弩】연발이 가능한 큰 활이라 함.
【飛鳧, 電影】화살 이름.
【絳縞】붉은 색의 실. 끈.
【螳螂武士】《彙解》에 "螳螂有奮擊之勢, 故取以爲名"이라 함. 螳螂은 사마귀를 가리킴. 《韓詩外傳》(8)에 "齊莊公出獵, 有螳蜋擧足將搏其輪. 問其御曰:「此何

蟲也?」御曰:「此螳蜋也. 其爲蟲, 知進而不知退; 不量力而輕就敵.」莊公曰: 「以爲人, 必爲天下勇士矣.」於是廻車避之. 而勇士歸之. 詩曰:『湯降不遲.』"라 하였으며,《淮南子》(人間訓)에도 "齊莊公出獵, 有一蟲, 擧足將搏其輪, 問其御曰: 「此何蟲也?」對曰:「此所爲螳螂者也. 其爲蟲也, 知進而不知却, 不量力, 而輕敵.」 莊公曰:「此爲人而必爲天下勇武矣.」廻車而避之, 勇武聞之, 知所盡死矣"라 하였고, 《莊子》(人間世)에는 "汝不知夫螳螂乎? 怒其臂以當車轍, 不知其不勝 任也, 是其才之美者也. 戒之, 愼之! 積伐而美者以犯之, 幾矣"라 함.

【輶車】장비를 가볍게 실어 신속하게 달릴 수 있는 戰車.
【騎寇】기병으로써 적지에서 마음놓고 노략질을 할 수 있도록 임무가 주어진 병사를 말함.
【方首鐵棓維肣】머리를 방형으로 만든 鐵棒이며, 棓는 棒과 같음. 維는 조사. 肣은 頒과 같으며 머리가 큰 모습이라 함.
【飛鉤】공중으로 던져 적을 공격하는 갈고리 형태의 무기. 끝에 芒(까끄라기)을 달아 많은 사람을 한꺼번에 다치게 함.
【行馬】군중에서 사람의 통로를 제한하기 위하여 설치한 말 모양의 차단목.
【蒺藜】원래 찔레나무를 뜻하나 흔히 적이 접근하지 못하도록 철이나 나무를 예리하게 깎아 지상이나 물 속에 설치한 장애물을 뜻함.
【蚩尤】신화 속의 東方 九黎族의 영수. 형제 81명이 모두 머리가 구리로 되어 있으며, 이마는 철로 되어 있고 獸身人頭의 형상이었다 함. 철로 무기를 만들었고 능히 바람을 일으킬 수 있었으며 黃帝에게 맞섰다가 涿鹿에서 패배하여 죽었다 함.
【突暝】갑작스럽게 어두워짐.
【地羅】땅에 설치하여 매설한 그물. 적이 들어왔을 때 사방에서 들어 적을 사로 잡는 기구.
【織女】역시 질려의 일종이라 함.
【方胸鋌矛】네모 형태의 사람 가슴처럼 생긴 짧은 창이라 함. 구체적인 모습을 알 수 없음.
【鐵械鎖參連】철로 만든 덫의 일종으로 여기에 걸리면 자동으로 채워져 움직일 수 없음.
【絞車連弩】수레에 묶어 연발로 쏠 수 있는 큰 활.
【天羅】공중으로 날려 적을 뒤집어씌우는 그물.
【虎落】성벽이나 진지를 방어하기 위하여 설치한 울타리.
【轆轤】도르래 모양으로 만든 무기. 轆轤는 도르래를 뜻하는 雙聲連綿語.

【環利通索】서로 이어진 쇠사슬의 줄.
【飛江】강을 건너는 浮橋.
【天潢】본래는 별 이름. 물과 도랑 등을 관장함. 은하수 안에 있음.《春秋緯元命苞》에 "天潢主河渠, 所以度新通四方也"라 함.
【徽繩】끈.
【重車】輜重車. 군대의 무거운 장비를 운반하는 수레.
【鉏鋙】기왓장을 하나씩 물리게 놓아 비가 새지 않도록 하는 형태를 이른 말로 疊韻連綿語임. 본문에서는 삼으로 엮은 것을 이렇게 설치하여 비가 새지 않도록 함을 말함.
【鐵杙】무기의 일종으로 끝은 뾰족하게 다듬어 날카롭게 한 것.
【棨钁】大鋤. 나무나 풀을 베기 위한 도구.
【銅築固爲垂】나무를 자르는 기구라 함. 형태는 알 수 없음.《直解》에 "亦伐木之器也"라 함.
【鷹爪方胸鐵杷】매발톱처럼 생긴 방흉의 쇠로 된 고무래 비슷한 무기.
【鐵叉】철로 만든 쇠스랑 모양의 무기.
【大鎌】커다란 낫 모양의 무기.
【櫓刃】칼날을 밖으로 꽂은 방패.
【委環鐵杙】고리가 달린 짧은 철장(鐵樁)이라 함. 장도리처럼 생긴 무기라 함.
【椓杙大鎚】커다란 쇠망치.
【砥礪】원래는 숫돌을 가리킴. 여기서는 날카롭게 갈아 예리하게 함을 뜻함.

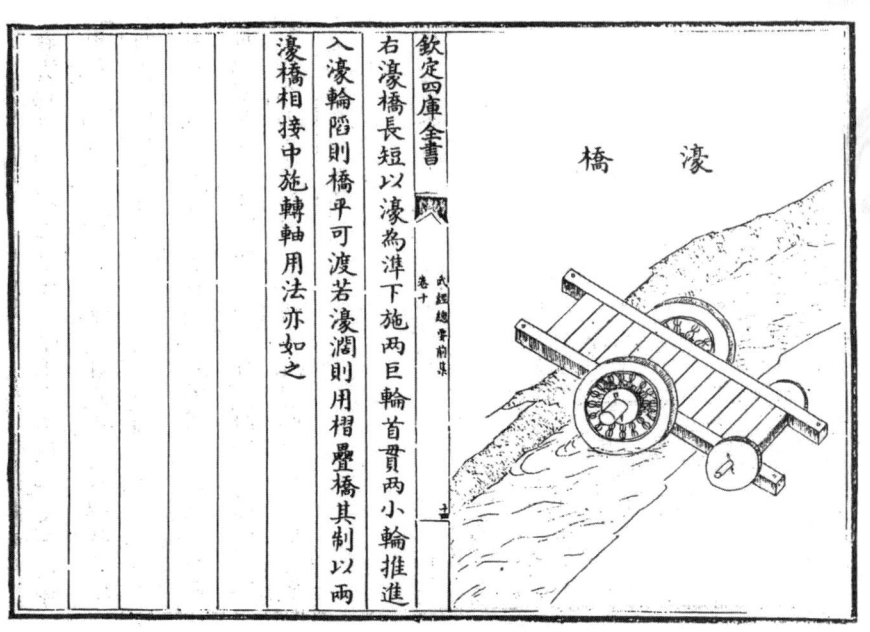

《武經總要》에 실려 있는 고대 각종 전투 장비

032 (4-2) 삼진三陳

三陳은 '天陳·地陳·人陳'을 뜻하며 천진은 천상의 날씨나 기후 등에 대한 것이며, 지진은 지형지물을 이용한 용병, 인진은 바로 사람을 어떻게 영활하게 운용하는가의 문제이다. 劉寅의 《直解》에 '三陳者, 天地人也'라 하였다.

무왕이 태공에게 물었다.
"무릇 용병에는 천진天陳·지진地陳·인진人陳을 친다는데 어떤 것입니까?"
태공이 말하였다.
"해와 달, 그리고 별들과 두표斗杓의 좌우와 향배가 한 번씩 어떤 모습인가에 따라 진을 치는 것을 일러 '천진'이라 하고, 구릉과 샘도 역시 전후좌우의 유리함이 있으니 이에 근거하여 진을 치는 것을 '지진'이라 합니다. 그리고 수레나 말을 이용하고 문文과 무武를 이용하여 진을 치는 것을 '인진'이라 합니다."
무왕이 말하였다.
"훌륭하오!"

武王問太公曰:「凡用兵, 爲天陳·地陳·人陳, 奈何?」

太公曰:「日·月·星晨·斗杓, 一左一右, 一向一背, 此謂天陳. 丘陵水泉, 亦有前後左右之利, 此謂地陳. 用車用馬, 用文用武, 此謂人陳.」

武王曰:「善哉!」

【斗杓】 북두칠성의 손잡이에 해당하는 부분으로 玉衡·開陽·搖光 세 별을 가리킴. 다른 판본에는 '斗柄'으로 되어 있음.

【用文用武】 문무를 함께 사용함. 문은 직접 싸우지 아니하고 승리를 거두는 것을 말하며, 무는 전투를 벌여 승리를 이끌어 내어 적을 굴복시키는 것을 말함.

033 (4-3) 질전疾戰

疾戰은 '용맹하고 신속하게 작전을 벌임'을 뜻하며, 적에게 포위당하였을 때 탈출 방법과 포위를 돌격하여 적을 패배시키는 문제를 다루고 있다. 劉寅의 《直解》에 '疾戰者, 在圍地而戰欲疾也'라 하였다.

무왕이 태공에게 물었다.

"적이 나를 포위하여 나의 앞뒤를 모두 끊고 나의 식량 수송로도 끊었다면 어찌해야 합니까?"

태공이 말하였다.

"이러한 경우라면 천하의 곤병困兵입니다. 급히 서둘러 용병을 하면 승리하여 살아남지만 느리게 대처하였다가는 패하고 맙니다. 이와 같은 경우라면 사방에 포위를 돌파하고 나갈 군사를 배치하고 전차와 효기驍騎로써 상대의 군사를 놀라게 하고는 급하게 진격하여 빠져 나가면 가히 마음대로 휘저을 수 있습니다."

무왕이 말하였다.

"만약 이미 포위를 뚫고 나갔다면 다시 이를 바탕으로 승리를 이끌고 싶습니다. 어찌하면 되겠습니까?"

태공이 말하였다.

"왼쪽 포진한 군대는 왼쪽으로 빠르게 치고 나가고, 오른쪽에 포진한 군대는 오른쪽으로 빠르게 치고 나가되 적과 길을 다투지 말 것이며,

가운데 포진한 군대는 앞에 선 병사와 뒤에 선 병사가 번갈아 가면서 위치를 바꾸되 전차와 효기가 상대 군사를 교란시키면서 적과 마주치면 그들 진영을 공격해야 합니다. 이렇게 하면 적들이 비록 수가 많다 해도 그들 장수는 도망가고 말 것입니다."

武王問太公曰:「敵人圍我, 斷我前後, 絶我糧道, 爲之奈何?」

太公曰:「此天下之困兵也. 暴用之則勝, 徐用之則敗. 如此者, 爲四武衝陳, 以武車驍騎驚亂其軍而疾擊之, 可以橫行.」

武王曰:「若已出圍地, 欲因以爲勝. 爲之奈何?」

太公曰:「左軍疾左, 右軍疾右, 無與敵人爭道, 中軍迭前迭後, 以武車驍騎亂其軍, 而與敵人攻其陣矣. 敵人雖眾, 其將可走.」

【困兵】곤액에 처하여 어쩔 수 없는 경우를 당한 군대.
【四武衝陳】사면을 무장한 군사로 조직하여 힘을 함께 모아 집중적으로 적을 치는 진법.
【驍】용맹함을 뜻함.
【橫行】마음놓고 휘저음.
【迭】'차례대로, 번갈아, 순서대로'의 뜻.

034 (4-4) 필출必出

必出은 적에게 포위당하였을 때 기필코 탈출하여 적을 제압하는 방법을 설명한 것이다. 결론은 장비를 최대한 활용하며 용감한 전투를 우선으로(必出之道, 器械爲寶, 勇鬪爲首) 하여야 한다는 것이다. 劉寅의 《直解》에 '必出者, 言陷在圍地而務於必出也'라 하였다.

무왕이 태공에게 물었다.

"군사를 이끌고 제후의 적진 깊이 들어갔는데 적이 사방에서 합세하여 달려들어 아군을 포위하고, 아군의 귀로를 차단하고 아군의 군량미 수송로를 끊었으며 게다가 적은 수도 많고 그들의 식량도 충분하며, 그들이 차지한 지역은 험하고 견고하여 아군은 반드시 탈출해야만 할 경우라면 어찌해야 합니까?"

태공이 말하였다.

"반드시 탈출해야만 할 경우라면 무기와 기구를 보배로 삼고 용맹스러운 전투력을 우선삼아야 합니다. 적의 빈 틈과 사람이 지키지 않는 곳을 잘 살펴보아야 탈출할 수 있습니다. 사병들에게 검은 깃발을 들게 하고 무기와 기구를 잡고 함매銜枚를 입에 문 채 밤에 몰래 빠져 나와야 합니다. 용기와 힘이 있는 자, 걸음이 빠른 자와 어떤 어려움도 헤쳐 나갈 병사를 앞에 세우고 공병은 장애물을 제거하여 길을 열고, 재사材士는 강한 노弩를 가지고 복병의 임무를 지닌 채 뒤에 따르며, 약한 병사와 거기車騎는 가운데에 배치합니다. 병사가 모두 함께 천천히 움직이되 조심히 하여 놀라거나 소리쳐서는 안 됩니다. 무력으로 절충折衝하고 부축할 병사는 앞뒤에서 적을 경계하고, 수비하며 무기로 날개를 삼고, 큰 방패를 가진 자는 좌우를 엄폐합니다. 적이 만약 놀라 알아차리면, 용맹스럽고 힘있는 병사와 어떤 일도 무릅쓰고 처리할 군사가 빠르게 공격하여 앞으로 나서고, 약한 병졸과 거기는 그 뒤를 이어 빈 자리를 메우며, 재사는 강한 노를 가지고 잠복하였다가 그 자리를 이어받습니다. 적이 아군을 추격하는지 여부를 자세히 살펴본 다음, 복병은 빠르게 진격하여 그 뒤를 지키며 주로 불을 지르고 북을 치되 마치 땅 속에서 솟아오르듯, 하늘에서 내리쏟듯이 하여 삼군이 용맹스럽게 투쟁을 하면 누구도 아군을 방어할 수 없게 됩니다."

무왕이 말하였다.

"앞에 큰 물과 넓은 참호, 깊은 구덩이가 가로막고 있어 아군이 이를 넘어가려 하나 배도 갖추지 못하고 있습니다. 적은 보루에 주둔하여 아군의 앞을 지키고 있으며, 뒤로는 아군의 귀로를 막고, 적의 척후병은 우리를 빈틈없이 지켜보고 있습니다. 험한 요새는 그들이 모두 차지하여 그 가운데에 처하여 있는데 적의 거기車騎는 아군 앞에 버티고, 적의 용사는 아군의 뒤를 공격하고 있습니다. 이러한 경우라면 어찌 해야 합니까?"

태공이 말하였다.

"큰 물과 넓은 참호, 깊은 구덩이라면 적은 대개 수비 시설을 해놓지 않습니다. 수비하고있다 해도 지키는 병졸 숫자는 틀림없이 얼마 되지 않을 것입니다. 만약 이러한 경우라면 비강飛江이나 전관轉關, 천황天潢을 만들어 아군을 건너도록 해야 합니다. 용맹과 힘을 가진 자와 중무기를 다루는 병사가 아군의 뒤를 따르면서 지시를 하고, 절충의 병사가 적의 진영을 끊으면서 죽음을 각오하고 싸워야 합니다. 먼저 아군의 장비를 모두 불살라 버리고 아군의 식량도 태워 없애 버려 아군의 군리軍吏와 사졸들에게 '용감하게 싸우면 살아나려니와 용기를 잃으면 죽으리라'라고 고하는 것입니다. 이윽고 탈출했다면 자신을 따르는 종군踵軍들에게 운화雲火를 태워 멀리까지 살펴보되 반드시 초목과 구릉지대, 험한 지형을 근거로 해야 합니다. 그렇게 되면 적의 거기는 틀림없이 감히 멀리까지 아군을 추격하지 못할 것입니다. 불길을 신호로 삼아 먼저 빠져 나온 자는 그 불이 있는 곳까지 와서 멈추게 하고 사방으로 절충의 군사로 하여금 진을 지키게 합니다. 이와 같이 하면 우리의 삼군이 모두 정예부대가 되어 용감하게 싸우게 될 것이며 아군의 앞을 저지시킬 자가 없게 됩니다."

무왕이 말하였다.

"훌륭하오!"

武王問太公曰:「引兵深入諸侯之地, 敵人四合而圍我, 斷我歸道, 絶我糧食. 敵人旣衆, 糧食甚多, 險阻又固, 我欲必出, 爲之奈何?」

太公曰:「必出之道, 器械爲寶, 勇鬪爲首. 審知敵人空虛之地·無人之處, 可以必出. 將士人持玄旗, 操器械, 設銜枚, 夜出. 勇力·飛足·冒將之士居前, 平壘爲軍開道, 材士强弩爲伏兵居後, 弱卒車騎居中. 陳畢徐行, 愼無驚駭. 以武衝扶胥前後拒守, 武翼大櫓以蔽左右. 敵人若驚, 勇力·冒將之士疾擊而前, 弱卒車騎以屬其後, 材士强弩隱伏而處. 審候敵人追我, 伏兵疾擊其後, 多其火鼓, 若從地出, 若從天下, 三軍勇鬪, 莫我能禦.」

武王曰:「前有大水·廣塹·深坑, 我欲踰渡, 無舟楫之備, 敵人屯壘, 限我軍前, 塞我歸道, 斥候常戒, 險塞盡守, 車騎要我前, 勇士擊我後, 爲之奈何?」

太公曰:「大水·廣塹·深坑, 敵人所不守; 或能守之, 其卒必寡. 若此者, 以飛江·轉關與天潢以濟我軍. 勇力材士, 從我所指, 衝敵絶陳, 皆致其死. 先燔吾輜重, 燒吾糧食, 明告吏士, 勇鬪則生, 不勇則死. 已出者, 令我踵軍設雲火遠候, 必依草木·丘墓·險阻, 敵人車騎必不敢遠追長驅. 因以火爲記, 先出者令至火而止, 爲四武衝陳. 如此, 則吾三軍皆精銳勇鬪, 莫我能止.」

武王曰:「善哉!」

【銜枚】 군사가 움직일 때 소리내지 않도록 세로로 입에 무는 막대.
【平壘】 장애물을 모두 제거하는 임무를 맡은 자. 공병대와 같음.
【材士】 중화기, 중무기를 다루는 병사.
【飛江】 강물이나 참호, 구덩이 위에 줄을 설치하여 매달려 건널 수 있도록 한 것을 말함. 혹은 浮橋의 일종이라 함.
【轉關】 도르래(轆轤)를 돌림.
【天潢】 역시 부교의 일종. 혹은 나무를 깔아 늪지대나 강을 건널 수 있도록 만드는 임시 시설물을 말함.
【輜重】 군대의 장비.
【踵軍】 끊어지지 않고 뒤따라 나서는 용감한 군사.
【雲火】 연기가 멀리까지 치솟도록 불을 피워 먼 곳에서 볼 수 있도록 함.

035 (4-5) 군략軍略

軍略은 군의 전략상 필요한 무기에 대한 설명이다. 그 기구와 자재를 구체적으로 거론하며 평소 이에 대한 조작 훈련과 연습을 해 두어야 함을 강조하고 있다. 劉寅의 《直解》에 '軍略者, 行軍之謀略也. 謀略不先定, 不可以行軍矣'라 하였다.

무왕이 태공에게 물었다.

"군사를 이끌고 제후의 적지로 깊이 들어갔는데 깊은 계곡과 큰 골짜기, 험준한 물길을 만났습니다. 우리의 삼군은 아직 이를 건너지 못하였는데 날씨는 마침 폭우가 쏟아지고 그 물이 크게 불어 다가와 뒤따르는 아군이 앞선 부대를 이어가지 못하며 이를 건널 배나 다리의 설비도 준비하지 못하였고, 게다가 의지할 수초水草도 없습니다. 우리는 반드시 건너야만 하며 삼군이 머뭇거릴 시간이 없습니다. 이러한 경우 어찌해야 합니까?"

태공이 말하였다.

"무릇 군사를 인솔하고 무리를 이끌 때는 미리 설비를 갖추지 못한 것은 없는가 또는 무기와 기구를 제대로 준비하지 못한 것은 없는가, 군사는 평소 충분히 미덥게 가르쳐 놓지 못한 점은 없는가, 사졸은 연습이 충분히 되어 있지 않은 점은 없는가를 염려해야 합니다. 이렇게 미리 해 놓지 않으면 왕 된 자의 군사라 여길 수 없습니다.

무릇 삼군은 대사를 치르는 임무를 맡았으니 무기와 기구를 다루는 연습을 해 놓지 않으면 안 됩니다. 만약 성을 공격하고 읍을 포위한다면 분온轒轀과 임충臨衝이 있어야 하며, 성 안을 살펴보려면 운제雲梯와 비루飛樓가 있어야 하며, 삼군이 행진하고 멈추려면 무충武衝과 대로大櫓가 앞뒤에서 적을 막고 수비하여야 합니다. 그리고 길을 끊고 거리를 막으려면 재사材士와 강노强弩가 그 양 옆에 배치되어야 하고, 보루를 건설하려면 천라天羅와 무락武落·행마行馬·질려(蒺藜)가 있어야 합니다. 낮이라면 운제에 올라 멀리까지 볼 수 있도록 오색 깃발을 세워야 하며, 밤이라면 운화와 1만 개의 횃불을 피우고 뇌고雷鼓를 두드리고 비탁鼙鐸을 흔들며 명가鳴笳를 불어야 합니다. 도랑이나 참호를 건너려면 비교飛橋와 전관轉關·녹로轆轤·서어鉏鋙가 있어야 합니다. 그리고 큰 물을 건너려면 천황과 비강이 있어야 하고, 물길을 거슬러 상류로 올라가려면 부해浮海와 절강絶江 도구나 장비가 있어야 합니다. 삼군으로서 이러한 장비를 갖추었다면 임금이나 장수가 무엇을 걱정하겠습니까?"

武王問太公曰:「引兵深入諸侯之地, 遇深溪·大谷·險阻之水, 吾三軍未得畢濟, 而天暴雨, 流水大至, 後不得屬於前, 無有舟梁之備, 又無水草之資, 吾欲畢濟, 使三軍不稽留, 爲之奈何?」

太公曰:「凡帥師將衆, 慮不先設, 器械不備, 敎不素信, 士卒不習, 若此, 不可以爲王者之兵也. 凡三軍有大事, 莫不習用器械. 若攻城圍邑, 則有轒轀·臨衝; 視城中, 則有雲梯·飛樓; 三軍行止, 則有武衝·大櫓前後拒守; 絕道遮街, 則有材士·强弩, 衛其兩旁; 設營壘, 則有天羅·武落, 行馬·疾藜; 晝則登雲梯遠望, 立五色旗旌; 夜則設雲火萬炬, 擊雷鼓, 振鼙鐸, 吹鳴笳; 越溝塹, 則有飛橋·轉關·轆轤·鉏鋙; 濟大水, 則有天潢·飛江; 逆波上流, 則有浮海·絕江. 三軍用備, 主將何憂?」

【舟梁】 배다리. 배를 연이어 다리로 만듦.
【轒轀】 전투에서 공격용으로 쓰이는 수레. 수레 위에 나무로 방어시설의 누각을 만들어 그 안에서 활을 쏘아 적을 공격하며 적을 방어함.
【臨衝】 臨車와 衝車. 두 가지 모두 전투용 수레로, 臨車는 위에서 아래로 내리쏟으며 격파하는 수레이며 衝車는 적의 옆구리를 끊고 들어가는 수레라 함.
【雲梯】 구름처럼 높이 오를 수 있는 고가사다리. 적의 성이나 망루를 공격할 때 사용함.
【飛樓】 공격용 무기로 巢車의 일종. 수레에 누각을 만들어 그 안에서 적을 공격하는 시설.
【天羅】 하늘에 쳐진 그물.
【武落】 '虎落'이라고도 하며 역시 고대 무기의 일종이라 함.
【行馬】 군중에서 사람의 통로를 제한하기 위하여 설치한 말 모양의 차단목.
【蒺藜】 원래 찔레나무를 뜻하나 흔히 적이 접근하지 못하도록 철이나 나무를 예리하게 깎아 지상이나 물 속에 설치한 장애물을 뜻함.
【鉏鋙】 서로 엇물려 교착 상태를 만드는 기구. 疊韻連綿語의 物名.
【轆轤】 도르레.
【浮海】 浮囊. 木筏. 강이나 바다를 건널 때 쓰는 浮器.

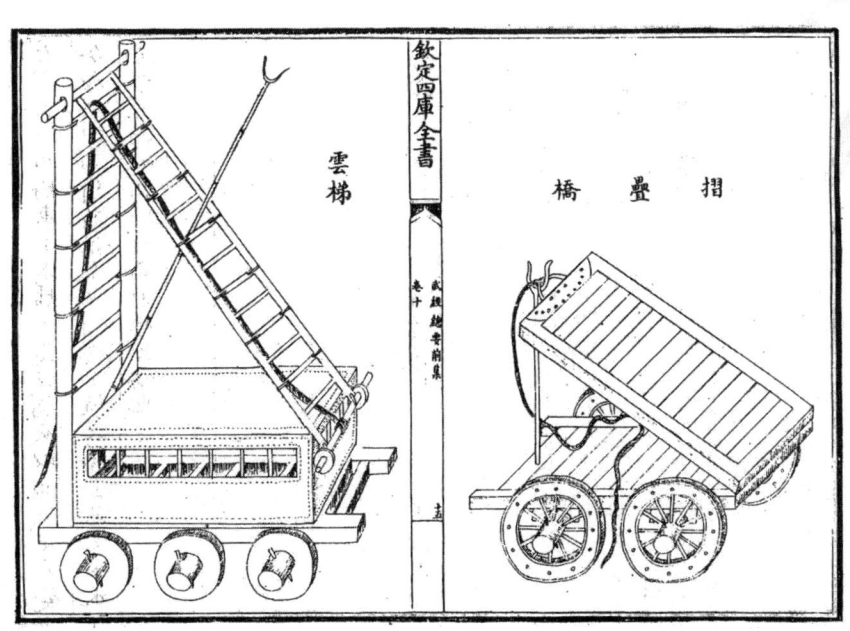

《武經總要》에 실려 있는 고대 각종 전투 장비

036 (4-6) 임경臨境

臨境은 적과 아군이 서로 대치하고 있을 때의 공격과 수비의 문제이다. 군대의 분산과 편제의 구성, 그리고 실제 작전에 있어서의 교란 전술 등에 대하여 자세히 토론하고 있다. 劉寅의 《直解》에 '臨境者, 與敵人與 境相拒也'라 하였다.

무왕이 태공에게 물었다.
"아군과 적이 경계지역에 이르러 서로 대치하면서, 상대도 가히 다가올 수 있고 아군도 가히 다가갈 수 있으나, 두 진영이 모두 견고하여 누구도 먼저 나서지는 못하고 있습니다. 내가 다가가 저들을 습격하고자 하나, 적도 가히 그렇게 할 것 같은 경우 어찌하면 되겠습니까?"
태공이 말하였다.
"군대를 세 곳으로 나누어 배치하되 아군이 먼저 앞으로 나서서 구덩이를 깊이 파고 보루를 높이 쌓고 나오지 않으며, 깃발을 줄로 세워 꽂고 비고鼙鼓를 치며 완전한 수비형태를 갖추는 것입니다. 그리고 뒤에 배치한 아군은 군량을 충분히 비치해 놓고 적이 아군의 의도를 알 수 없도록 합니다. 그리고 아군의 정예부대를 풀어 그들의 중앙을 몰래 습격하되 불의의 공격을 감행하며, 그들이 방비하지 않고 있을 때를 택합니다. 적이 아군의 사정을 알지 못하고 있었다면 그들은 그대로 멈추어 앞으로 나서지 못할 것입니다."

무왕이 말하였다.

"적이 아군의 사정을 알고 아군의 모책을 훤히 들여다보고 있어, 움직였다 하면 아군을 마음대로 할 수 있으며, 그들의 정예 병사들이 깊은 풀숲에 숨어 있고 막힌 길을 기다리고 있어, 자신들이 유리한 지형에서 아군을 공격해 온다면 어떻게 합니까?"

태공이 말하였다.

"앞에 배치한 아군으로 하여금 해가 뜨면 도전하게 하여 그들의 의도를 피곤하게 하는 것입니다. 그리고 아군 중에 노약자는 장작을 끌며 먼지를 일으키도록 하고, 북 치며 함성을 질러 왔다 갔다 하도록 하여 혹 좌측에서 나오기도 하고 혹 우측에서 나오도록 하되 적으로부터의 거리가 백 보를 넘지 않은 곳에서 그렇게 합니다. 그렇게 되면 적의 장수는 틀림없이 피로해질 것이며, 적의 병졸들은 틀림없이 놀랄 것입니다. 이와 같이 하면 적은 감히 다가오지 못합니다. 아군으로서 앞서나간 자는 그치지 않고 혹은 그 안을 습격하기도 하고 혹은 그 밖을 습격하기도 하며 삼군이 빠르게 전투를 벌이면, 적은 틀림없이 패하고 마는 것입니다."

武王問太公曰:「吾與敵人臨境相拒, 彼可以來, 我可以往, 陳皆堅固, 莫敢先擧. 我欲往而襲之, 彼亦可以來, 爲之奈何?」

太公曰:「兵分三處, 令我前軍, 深溝增壘而無出, 列旌旗, 擊鼙鼓, 完爲守備. 令我後軍, 多積糧食, 無使敵人知我意. 發我銳士潛襲其中, 擊其不意, 攻其無備, 敵人不知我情, 則止而不來矣.」

武王曰:「敵人知我之情, 通我之謀, 動則得我事, 其銳士伏於深草·要隘路, 擊我便處, 爲之奈何?」

太公曰:「令我前軍, 日出挑戰, 以勞其意: 令我老弱, 拽柴揚塵, 鼓呼而往來, 或出其左, 或出其右, 去敵無過百步, 其將必勞, 其卒必駭. 如此, 則敵人不敢來. 吾往者不止, 或襲其內, 或擊其外, 三軍疾戰, 敵人必敗」

【深溝增壘】구학과 보루를 더욱 깊고 높게 설치함.
【銳士】정예 부대.

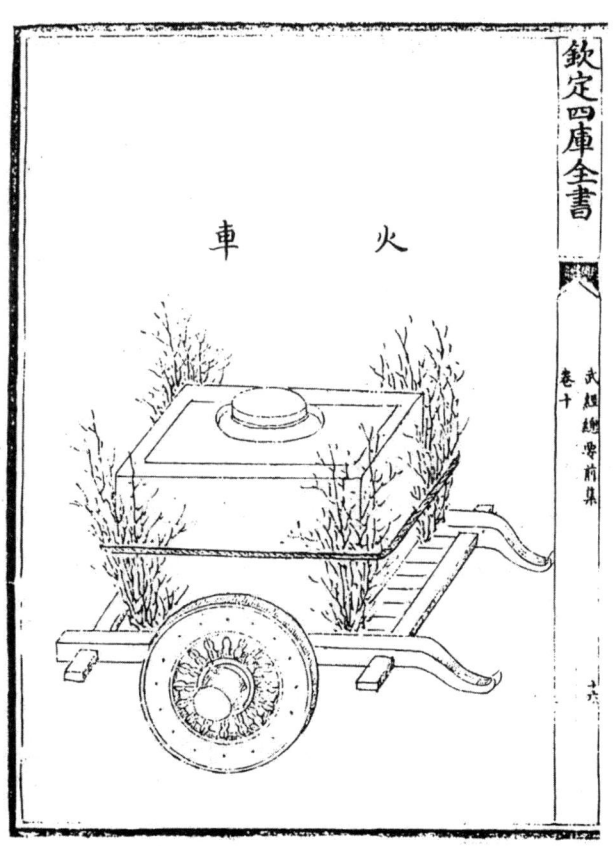

《武經總要》에 실려 있는 고대 각종 전투 장비

4. 호도 185

037 (4-7) 동정動靜

動靜은 역시 적과 아군이 대치하고 있을 때, 기병과 복병을 운용한 전술을 설명하고 있다. '靜'이란 양군의 세력이 비슷하여 교착 상태에 빠진 상황을 일컫는 말이며, '動'이란 쌍방의 교전 상태에서 민활하게 운용해야 할 계책과 유인전술 등 일체를 말한다. 劉寅의 《直解》에 '動靜者, 覘視敵人動靜, 設奇伏而勝之也'라 하였다.

무왕이 태공에게 물었다.
"병력을 이끌고 제후의 적지에 깊이 들어가 적의 군대와 서로 마주쳤는데, 두 진영은 서로 바라보기만 하며 둘 사이의 중과衆寡와 강약强弱이 서로 엇비슷하여 감히 먼저 나설 수가 없습니다. 아군이 적의 장수로 하여금 겁을 먹도록 하고, 그 사졸들은 사기를 잃도록 하고자 하며, 그들의 진영은 흔들리게 하여 적의 뒤쪽 군대는 도망가게 하고, 적의 앞쪽 군대는 자꾸 뒤돌아보게 하여 아군이 북 치고 함성을 지르며 그 틈을 노려 적으로 하여금 도망가게 하고자 합니다. 이러한 경우 어찌해야 합니까?"
태공이 말하였다.
"이와 같은 경우라면 아군의 병력을 풀어 적과 10리쯤의 거리 양 곁에 매복하게 하고, 아군의 거기車騎는 백 리쯤에서 그들의 앞뒤를 넘나들며 많은 깃발을 흔들고 금고金鼓를 더욱 시끄럽게 울리며 전투를 벌입니다. 북소리와 함성을 울리며 함께 일어서서 달려들면 적의 장수는 틀림없이 겁먹을 것이며 그 군대는 놀라 두려움에 떨 것입니다.

이렇게 되면 적은 많고 적은 수에 관계없이 서로 자신들끼리 구원해 낼 수 없을 것이며, 적은 귀천貴賤에 관계없이 서로 기다리지 못하고 반드시 패배하고 말 것입니다."

무왕이 말하였다.

"적의 지세로 보아 그 양 곁에 아군을 매복시킬 수도 없고, 아군의 거기도 그 앞을 넘나들 수 없는데, 적은 아군이 무엇을 염려하는지를 알아차리고 먼저 그 방비 시설을 구축하고 있으며, 아군의 사졸은 사기를 잃고 아군의 장수는 두려움에 떨어 전투를 해도 이길 수 없는 경우가 되었다면 이러한 경우에는 어찌해야 합니까?"

태공이 말하였다.

"미묘합니다. 왕의 질문이시여! 이와 같은 경우라면 전투를 벌이기 닷새 전에 아군의 척후병을 멀리 보내어 적의 동태를 살피게 합니다. 그들은 적을 살피면서 적을 기다리되 매복하여 기다려야 하며 반드시 퇴로가 없는 사지死地를 택하여 적과 마주치도록 합니다. 그리고 이곳의 아군은 깃발을 흔들되 아군의 행렬은 반드시 달아나는 듯이 앞으로 갔다가 적과 마주치면 싸우는 척하다가 도망옵니다. 그리고 쇳소리(신호음을 내는 금속성 기구)를 끊임없이 내면서 3리쯤 물러섰다가 다시 적에게로 달려듭니다. 그 때 매복해 있던 병사들이 일어서 혹 그들의 양쪽을 함락시키고 혹 그들의 앞뒤를 습격하며 그 때 아군의 삼군이 빠르게 전투를 벌이면 적은 틀림없이 패주하고 말 것입니다."

무왕이 말하였다.

"훌륭하오!"

武王問太公曰:「引兵深入諸侯之地, 與敵之軍相當, 兩陳相望, 衆寡强弱相等, 未敢先擧. 吾欲令敵人將帥恐懼, 士卒心傷, 行陳不固, 後陳欲走, 前陳數顧, 鼓譟而乘之, 敵人遂走, 爲之奈何?」

太公曰:「如此者, 發我兵去寇十里而伏其兩旁, 車騎百里而越其前後, 多其旌旗, 益其金鼓, 戰合, 鼓譟而俱起, 敵將必恐, 其軍驚駭, 衆寡不相救, 貴賤不相待, 敵人必敗.」

武王曰:「敵之地勢, 不可以伏其兩旁, 車騎又無以越其前後, 敵知我慮, 先施其備, 我士卒心傷, 將帥恐懼, 戰則不勝, 爲之奈何?」

太公曰:「微哉, 王之問也! 如此者, 先戰五日, 發我遠候, 往視其動靜, 審候其來, 設伏而待之; 必於死地, 與敵相避. 遠我旌旗, 疏我行陳, 必奔其前, 與敵相當, 戰合而走, 擊金無止, 三里而還, 伏兵乃起, 或陷其兩旁, 或擊其前後, 三軍疾戰, 敵人必走.」

武王曰:「善哉!」

【顧】 돌아봄. 투지가 흔들림을 뜻함.
【鼓譟】 북을 울리며 함성을 지름.
【合戰】 交戰과 같음.
【死地】 퇴로가 없는 곳. 오로지 적을 돌파할 수밖에 없는 위치를 말함. 아주 위험하여 죽음에 이를 정도의 형세. 生地에 상대되는 말.《孫子》九地에 "疾戰則存, 不疾戰則亡者, 謂死地"라 함.

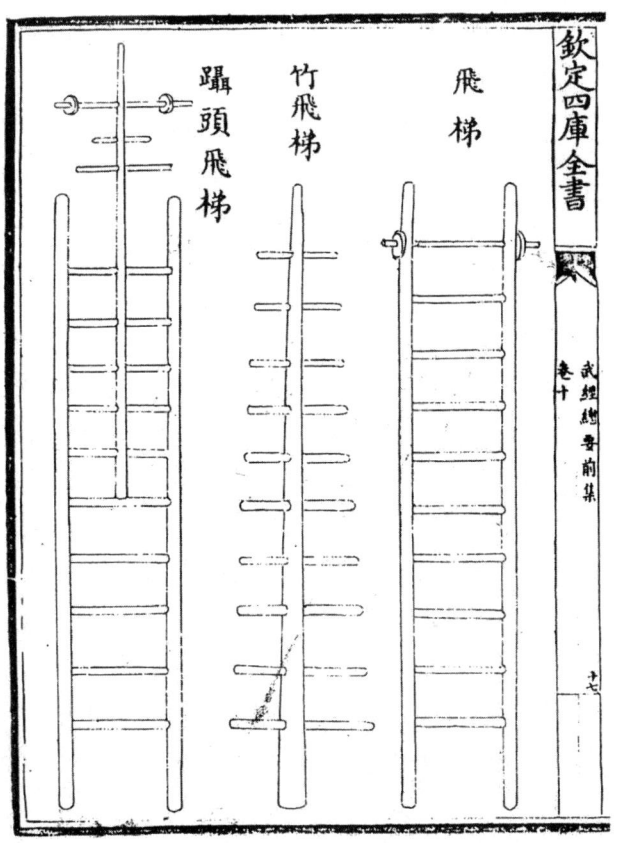

《武經總要》에 실려 있는 고대 각종 전투 장비

038 (4-8) 금고金鼓

金鼓는 군에서 사용하는 신호용 음성 기구 일체를 말한다. 본편은 오히려 적과 아군이 보루를 사이에 두고 대치하였을 때의 경비와 습격 등에 대한 내용이 주를 이루고 있다. 그러나 劉寅의 《直解》에 '金鼓者, 鼓以進之, 金以止之也. 此言隨時禦敵之道而以金鼓 名篇, 而篇內却不言金鼓者, 未審何義'라 하여 제목과 내용에 차이가 있음을 말하고 있다.

무왕이 태공에게 물었다.

"병력을 이끌고 제후의 적지 깊이 들어가서 적과 마주쳤을 때 마침 날씨가 아주 춥거나 아주 더운 경우이거나 또는 밤에 굳은 장마가 계속되어 열흘이 넘도록 그치지 않아 도랑과 보루가 모두 무너졌으며 좁은 길과 요새도 지켜낼 수 없는데 척후병은 해이하며 사졸은 경계를 소홀히 하여 적이 밤에 습격을 해 와도 아군의 삼군이 아무런 방비를 하지 않아 상하가 혼란에 빠지고 말았습니다. 이러한 경우라면 어찌해야 합니까?"

태공이 말하였다.

"무릇 삼군은 경계를 견고히 해야 하며 해이해지면 패하고 마는 것입니다. 아군으로 하여금 보루에 올라가 수하誰何 신호를 끊임없이 반복하며 깃발을 들고 안팎으로 서로 바라보며 신호와 명령을 주고받아 그 소리도 끊어지지 않도록 하여 모두가 밖으로 적에게 이 사실을 보여 주어야 합니다. 3천 명을 하나의 둔屯으로 하여 서로 지켜야 할 사항을 약속하며 각기 자신들이 처한 위치를 조심하여 지켜야 합니다. 적이 오더라도 그들은 아군의 경계가 삼엄한 것을 보고 왔다가도 반드시 되돌아갈 것이며, 그 때 그들이 힘이 다하고 사기가 해이해졌다면 바로 아군의 정예부대를 풀어 그들을 따라가며 격퇴하면 됩니다."

무왕이 말하였다.

"적이 아군이 추격한다는 것을 알고, 그들의 정예부대를 매복해 놓고 거짓으로 패주하는 척하여 그 행동을 반복하면서 그들의 매복을 지나 되돌아와 혹 아군의 앞을 치기도 하고 혹 아군의 뒤를 치기도 하며 혹 아군의 보루까지 달려들어 접근합니다. 아군의 삼군은 크게 두려워하여 소요와 혼란이 일어나 질서를 잃으며 자신들이 지켜야 할 처소를 떠난다면 이러한 경우 어찌해야 합니까?"

태공이 말하였다.

"부대를 세 개로 나누어 이들을 따라가며 추격하되 그들의 매복이 있는 곳은 넘어서지 않도록 해야 합니다. 셋으로 나누었던 부대가 모두 그곳에 이르면 혹 그들의 앞뒤를 공격하기도 하고 혹 그들의 양 곁을 함락시키되 암호와 명령을 분명히 하여 빠르게 진격하여 앞으로 나가면 적은 틀림없이 패주할 것입니다."

武王問太公曰:「引兵深入諸侯之地, 與敵相當, 而天大寒甚暑, 日夜霖雨, 旬日不止, 溝壘悉壞, 隘塞不守, 斥候懈怠, 士卒不戒, 敵人夜來, 三軍無備, 上下惑亂, 爲之奈何?」

太公曰:「凡三軍, 以戒爲固, 以怠爲敗. 令我壘上, 誰何不絕? 人執旌旗, 外內相望, 以號相命, 勿令乏音, 而皆外向, 三千人爲一屯, 戒而約之, 各愼其處. 敵人若來, 視我軍之警戒, 至而必還, 力盡氣怠, 發我銳士, 隨而擊之.」

武王曰:「敵人知我隨之, 而伏其銳士, 佯北不止, 遇伏而還, 或擊我前, 或擊我後, 或薄我壘, 吾三軍大恐, 擾亂失次, 離其處所, 爲之奈何?」

太公曰:「分爲三隊, 隨而追之, 勿越其伏, 三隊俱至, 或擊其前後, 或陷其兩旁, 明號審令, 疾擊而前, 敵人必敗.」

【誰何】 누구인가를 묻고 신호를 보냄.
【勿令乏音】《彙解》에 "金鼓之聲, 勿令斷乏, 皆外向示欲戰也"라 함.
【屯】 주둔하고 있는 부대. 부대의 편제.
【薄】 '迫'과 같음. 肉薄戰을 벌일 정도로 가까이 접근함.

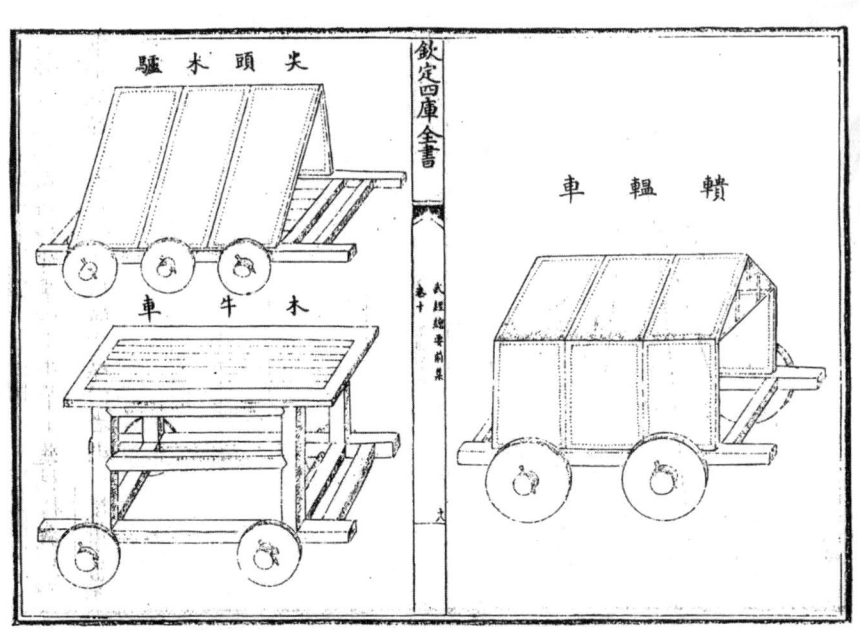

《武經總要》에 실려 있는 고대 각종 전투 장비

039 (4-9) 절도絶道

絶道는 적국 경내로 들어갔을 때 적으로 하여금 아군의 식량 보급로를 끊을 수 없도록 방비해야 함을 토론한 것으로, 그곳의 지형을 살펴 유리한 조건을 확보하도록 하라는 내용이다. 아울러 아군끼리의 긴밀한 연락을 통하여 상호 원활하게 구조활동을 펼 수 있는 상황을 만들 것을 주장하고 있다. 그러나 劉寅의 《直解》에 '絶道者, 敵人絶我糧道, 吾欲守之固而無所失也'라 하였다.

무왕이 태공에게 물었다.

"군사를 이끌고 제후의 적지로 깊이 들어가 적과 서로 마주하여 수비하고 있을 때, 적이 아군의 군량미 수송로를 끊고 게다가 아군의 앞을 넘나들고 있습니다. 아군이 싸우고자 하나 이길 수 없고 수비하고자 하나 오래 버틸 수가 없다면 이러한 경우 어찌해야 합니까?"

태공이 말하였다.

"무릇 적지 깊이 들어갔을 때라면 반드시 그곳의 지형 지세를 잘 살펴 상황을 아군에게 편리하게 만들도록 힘써야 합니다. 산림과 험한 지형, 그리고 샘과 숲의 나무를 의지하여 이를 견고한 수비로 삼고 관문과 교량을 잘 지켜야 합니다. 그리고 그곳의 성읍城邑과 구묘丘墓의 지형의 이로움을 알고 있어야 합니다. 이와 같이 하면 아군은 견고하게 되어 적은 아군의 식량 보급로를 끊을 수 없으며 또한 아군의 앞뒤를 넘나들 수 없게 됩니다."

무왕이 말하였다.

"우리의 삼군이 큰 토산과 넓은 못, 평지를 지나다가 척후병이 그만 잘못 판단하여 적과 마주쳐 갑자기 육박전肉薄戰을 벌여야 할 경우가 되었습니다. 마주 싸워도 이길 수 없고 수비하고자 하나 견뎌 낼 수가 없습니다. 적은 아군의 양쪽을 치고 들어오며, 아군의 앞뒤를 넘나들어 아군의 삼군이 크게 겁을 먹고 있습니다. 이러한 경우 어찌해야 합니까?"

태공이 말하였다.

"무릇 군대를 통솔하는 방법이란 마땅히 먼저 멀리 척후병을 보내어 잘 살펴야 하며, 적으로부터 2백 리의 거리를 두고 적의 소재를 자세히 알고 있어야 합니다. 지세가 불리하면 무충武衝으로써 보루를 삼아 앞에 배치하고, 다시 두 개의 종군踵軍을 뒤에 배치하며, 멀리는 백 리, 가까이는 오십 리의 간격을 두어 만약 급한 경우가 생기면 앞뒤가 서로 구원해 내도록 하여야 합니다. 아군의 삼군이 항상 이렇게 완전하고 견고하게 하면 절대로 허물어지거나 상해를 입는 경우가 없을 것입니다."

무왕이 말하였다.

"훌륭하오!"

武王問太公曰:「引兵深入諸侯之地, 與敵相守, 敵人絶我糧道, 又越我前後, 吾欲戰則不可勝, 欲守則不可久, 爲之奈何?」

太公曰:「凡深入敵人之地, 必察地之形勢, 務求便利. 依山林險阻·水泉林木而爲之固, 謹守關梁, 又知城邑·丘墓地形之利. 如是, 則我軍堅固, 敵人不能絶我糧道, 又不能越我前後.」

武王曰:「吾三軍過木陵·廣澤·平易之地, 吾候望失誤, 卒與敵人相薄, 以戰則不勝, 以守則不固, 敵人翼我兩旁, 越我前後, 三軍大恐, 爲之奈何?」

太公曰:「凡帥師之法, 當先發遠候, 去敵二百里, 審知敵人所在, 地勢不利, 則以武衝爲壘而前, 又置兩踵軍於後, 遠者百里, 近者五十里, 卽有警急, 前後相救. 吾三軍常完堅, 必無毁傷.」

武王曰:「善哉!」

【關梁】국경 지대의 관문과 교량.
【丘墓】언덕을 뜻함.
【翼】전투 대형에서의 양측 좌우 부대.
【武衝】折衝할 수 있는 부대.
【踵軍】殿後之軍. 후퇴할 때 가장 뒤쳐져 적을 막으며 아군을 보호하는 군대를 말함.

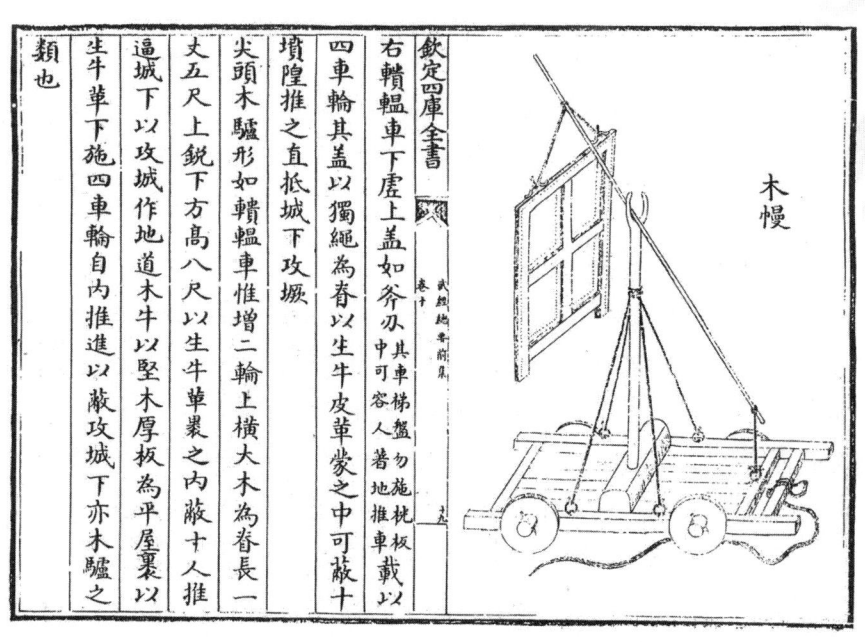

《武經總要》에 실려 있는 고대 각종 전투 장비

040 (4-10) 약지略地

略地는 적의 성을 공격하는 방법으로서, 일반적으로 적의 내외 연락을 끊고 성 안 사람들에게 식량 부족으로 결국 성 밖으로 나오도록 하며, 그 다음에는 정예부대를 투입하여 적을 섬멸하되 절대로 마구 방화약탈을 하는 일이 없이 인의로 정복하였음을 보여야 한다고 강조하고 있다. 劉寅의 《直解》에 '略地者, 戰勝深入略人之地也. 恐敵有講. 故武王以爲問而太公答之'라 하였다.

무왕이 태공에게 물었다.

"전투에 이겨 적진에 깊이 들어가 그들의 땅을 약취하였으나 큰 성은 함락시키지 못하고 있을 때, 적의 별군別軍이 험한 지형을 근거로 아군과 대치하고 있습니다. 아군이 적의 성을 공격하고 읍을 포위하고 싶지만, 그 별군이 갑자기 나타나 우리를 공격하여 안팎에서 서로 합하여 우리의 겉과 속을 함께 치고 들어오면 아군의 삼군이 크게 혼란에 빠져 상하가 두려워하고 놀랄까 두렵습니다. 이러한 경우 어찌하면 되겠습니까?"

태공이 말하였다.

"무릇 성을 공격하고 읍을 포위할 때는 거기車騎는 반드시 멀리서 아군을 둘러싸고 보위하며 경계하여 안팎으로 막아 주어야 합니다. 성 안에 갇혀 있는 적이 양식이 끊어지고 밖으로부터 수송할 수도 없게 되면, 성 안 사람들은 공포에 질려 장차 틀림없이 항복하고 말 것입니다."

무왕이 말하였다.

"적의 성 안에 갇혀 있는 사람들이 양식이 끊어지고 밖으로부터 수송할 수도 없게 되자, 몰래 약속을 하여 서로 비밀 모책을 세운 다음 밤에 궁해진 적들이 죽음을 무릅쓰고 전투를 벌여 그들의 거기와 정예부대가 혹 아군의 내부를 들이치거나 혹 아군의 밖을 습격하여 아군 사졸이 미혹에 빠지고 삼군이 패하여 혼란을 겪는다면 어찌해야 합니까?"

태공이 말하였다.

"이와 같은 경우, 마땅히 아군을 셋으로 나누어 지형을 잘 살펴 대처해야 합니다. 적의 별군의 소재와 그들의 큰 성, 그리고 따로 만들어 놓은 보루를 알아낸 다음, 그곳에 그들이 빠져 나올 길을 몰래 터놓아, 그들의 마음을 유혹하고 조심해서 수비에 실수가 없도록 합니다. 적군은 두려움 끝에 산림으로 들어가지는 못하고 곧바로 그 길로 빠져 나와 대읍大邑으로 향할 때 이와 때를 같이 하여 그 별군을 몰아내면 됩니다. 그리고 거기車騎는 멀리 있다가 그들의 앞길을 막아 하나도 빠져 나가지 못하도록 모조리 잡아내면 됩니다. 성 안에 갇혀 있는 사람들은 자신들이 알고 있는 지름길로 먼저 빠져 나가면 된다고 여겨 잘 훈련된 병사와 재사材士들이 틀림없이 그 길로 탈출해 나오고, 성 안에는 노약자만 남을 것입니다. 이 때 거기가 깊이 들어가 멀리까지 노약자를 몰아가면 적의 군대는 틀림없이 우리가 이동시킨 그곳까지 감히 따라 오지 못할 것입니다. 그 때 삼가 싸움을 벌이지는 말고 그들의 식량 보급로를 끊어 버리고 다시 포위하여 수비하고 있어야 하며, 반드시 지구전을 벌여야 합니다.

그리고 그 기간 동안 절대로 그곳에 쌓아놓은 재물이나 시설을 불태우지 말아야 하며, 남의 집이나 건물을 파괴하지 말 것이며, 무덤의 나무나 사직단의 수풀도 베지 말 것이며, 항복한 자, 포로로 잡은 자도 죽이지 말며, 인의仁義로써 대하고 있음을 보여주며 후덕함으로 베풀어야 합니다. 그리고 그 사민士民들에게 '죄는 오로지 포악하게 다스린 우리의 위정자 한 사람에게 있다'라고 알리도록 하십시오. 이와 같이 하면 천하가 모두 화평하게 복종해 올 것입니다."

무왕이 말하였다.

"훌륭하오!"

武王問太公曰:「戰勝深入略其地, 有大城不可下, 其別軍守險, 與我相拒, 我欲攻城圍邑, 恐其別軍卒至而擊我, 中外相合擊我表裡, 三軍大亂, 上下恐駭, 爲之奈何?」

太公曰:「凡攻城圍邑, 車騎必遠, 屯衛警戒, 阻其內外. 中人絕糧, 外不得輸, 城人恐怖, 其將必降.」

武王曰:「中人絕糧, 外不得輸, 陰爲約誓, 相與密謀, 夜出窮寇死戰, 其車騎銳士, 或衝我內, 或擊我外, 士卒迷惑, 三軍敗亂, 爲之奈何?」

太公曰:「如此者, 當分軍爲三軍, 謹視地形而處. 審知敵人別軍所在, 及其大城別堡, 爲之置遺缺之道, 以利其心, 謹備勿失. 敵人恐懼, 不入山林, 卽歸大邑, 走其別軍, 車騎遠要其前, 勿令遺脫. 中人以爲先出者得其徑道, 其練卒材士必出, 其老弱獨在. 車騎深入長驅, 敵人之軍必莫敢出. 愼勿與戰, 絕其糧道, 圍而守之, 必久其日. 無燔人積聚, 無毀人宮室, 塚樹社叢勿伐, 降者勿殺, 得而勿戮, 示之以仁義, 施之以厚德, 令其士民曰:'罪在一人.' 如此, 則天下和服.」

武王曰:「善哉!」

【別軍】別動隊. 주력 부대가 아닌 적의 일부 군대.
【中人】성 안에 갇혀 있는 적의 무리나 백성들. 城民과 같음.
【堡】흙으로 쌓은 작은 土城.
【徑道】오솔길. 지름길. 포위를 뚫고 나갈 수 있는 통로를 뜻함.
【練卒】잘 훈련된 군사.
【塚】冢과 같으며 무덤. 墳墓.
【社叢】사직단 근처의 숲.

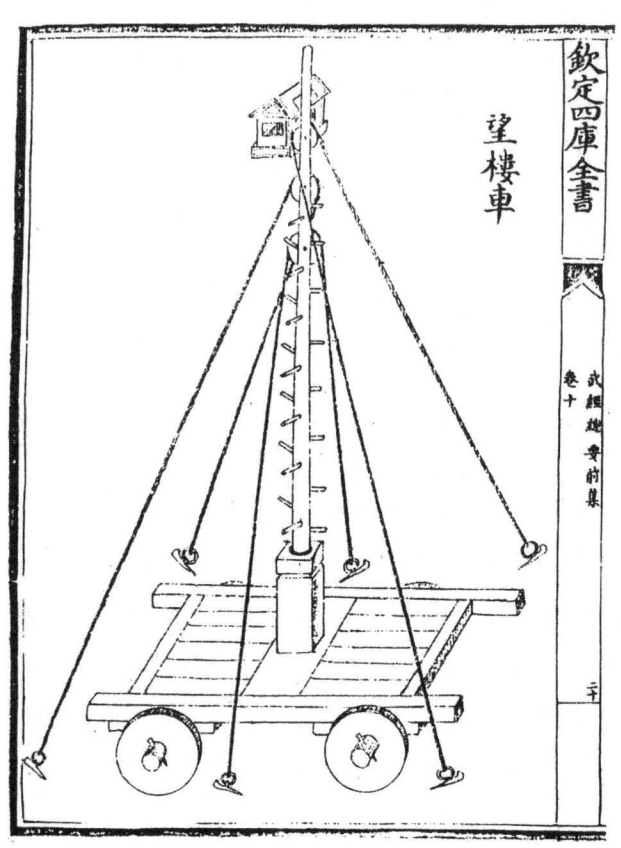

《武經總要》에 실려 있는 고대 각종 전투 장비

041 (4-11) 화전 火戰

火戰은 불을 이용한 전투를 뜻하나 《孫子》의 火攻篇과는 내용이 다르다. 여기서는 적이 화공을 감행해 올 경우 아군도 맞불을 질러 적을 저지하며 교란시키는 작전이다. 劉寅의 《直解》에 '火戰者, 彼以火攻我, 吾因火而與之戰也'라 하였다.

무왕이 태공에게 물었다.
"군사를 이끌고 제후의 적지에 깊이 들어갔는데 마침 깊은 숲과 울창한 나무가 아군의 전후좌우를 둘러싸고 있으며, 삼군이 수백 리를 행군한 터라 사람과 말이 모두 지쳐 멈추어 쉬고 있는 상태입니다. 그런데 적이 건조한 날씨와 세찬 바람을 이용하여 아군 쪽으로 부는 바람에 맞추어 불을 질렀으며, 적의 거기와 정예부대가 아군의 뒤쪽에 매복하고 있어 아군의 삼군이 공포에 떨며 마구 흩어져 달아나고 있습니다. 이러한 경우 어찌해야 합니까?"
태공이 말하였다.
"만약 이와 같은 경우라면 운제雲梯와 비루飛樓를 이용하여 멀리 좌우를 살피고 전후도 조심히 관찰하여 불이 나는 것을 보았으면 즉시 아군의 앞에도 불을 질러 그 불이 넓게 번져 나가도록 합니다. 그리고 아군의 뒤에도 불을 질러 놓습니다. 적군이 이르면 즉시 군대를 이끌고 퇴각하여 검게 타 버린 땅을 살펴 견고하게 방어준비를 합니다. 적이 다가올 때 만약 뒤쪽이라면 그들은 불이 난 것을 보고는 틀림없이 되돌아갈 것입니다. 그 때 아군은 검게 탄 곳에 주둔하면서 강노强弩와 재사材士가 아군의 좌우를 호위하고 다시 아군의 앞뒤에 불을 질러 놓습니다. 이렇게 되면 적은 능히 아군을 해칠 수 없게 됩니다."

무왕이 말하였다.

"적이 아군의 좌우에 불을 지르고 다시 아군의 앞뒤에도 불을 놓아 그 연기가 아군을 뒤덮고 있는데, 적의 대부대가 타 버린 땅을 이용하여 달려든다면 어찌해야 합니까?"

태공이 말하였다.

"이와 같은 경우라면 사방에 무충武衝을 세우고 강노强弩를 아군의 좌우에 날개로 삼아야 합니다. 그렇게 하면 승리하지는 못하나 그렇다고 패배하지도 않습니다."

武王問太公曰:「引兵深入諸侯之地, 遇深草蓊穢周吾軍前後左右, 三軍行數百里, 人馬疲倦休止. 敵人因天燥疾風之利燔吾上風, 車騎銳士堅伏吾後, 吾三軍恐怖, 散亂而走, 爲之奈何?」

太公曰:「若此者, 則以雲梯·飛樓遠望左右, 謹察前後, 見火起, 卽燔吾前而廣延之, 又燔吾後. 敵人若至, 卽引軍而卻, 按黑地而堅處. 敵人之來, 猶在吾後, 見火起, 必還走, 吾按黑地而處, 强弩材士衛吾左右, 又燔吾前後, 若此, 則敵不能害我.」

武王曰:「敵人燔吾左右, 又燔吾前後, 煙覆吾軍, 其大兵按黑地而起, 爲之奈何?」

太公曰:「若此者, 爲四武衝陳, 强弩翼吾左右. 其法無勝亦無負.」

【蓊穢】 蓊翳(옹예)와 같으며 숲이 무성하고 빽빽한 모습. 雙聲連綿語.
【黑地】 불을 놓아 이미 타 버린 지역.

042 (4-12) 누허壘虛

壘虛는 적의 진영을 관측하여 그 虛實을 알아내는 방법이다. 따라서 소리와 새들이 날아드는 동태 등을 통하여 정찰 활동을 정확히 펴야 함을 설명하고 있다. 劉寅 《直解》에 '壘虛者, 敵人以虛壘疑我, 我欲覘而 知之也'라 하였다.

무왕이 태공에게 물었다.

"어떻게 하면 적의 보루에 대한 허실虛實과 그들이 오가는 흔적을 알 수 있습니까?"

태공이 말하였다.

"장차 반드시 위로는 천도天道를 알고, 아래로는 지리地理를 알며, 가운데로는 인사人事를 알아야 합니다. 높은 곳에서 내려다보아 적의 동태를 살피면 됩니다. 그 보루를 살펴보면 그들의 허실을 알 수 있고, 그 사졸을 살펴보면 그들의 왕래하는 모습을 알 수 있습니다."

무왕이 말하였다.

"어떻게 알아낼 수 있습니까?"

태공이 말하였다.

"그 북소리를 들어보았더니 아무런 소리가 없으며 그 탁鐸도 소리가 나지 않으며, 그들 보루 위로 새들이 날아들어 모이면서도 새들이 놀라지 않으며, 그 위로 어떤 먼지나 연기도 나지 않는다면 틀림없이 적이 거짓으로 허수아비를 세워놓은 것임을 알 수 있습니다.

다음으로 적이 갑자기 멀지 않은 곳까지 갔다가, 정하지 못하고 다시 돌아온다면 저들은 사졸을 너무 피곤하도록 부리고 있는 것입니다.
그리고 너무 급히 움직이면 그들의 행진 앞뒤가 차례를 지키지 못하게 되고, 차례를 지키지 못하면 진중에 혼란이 일어나게 마련입니다. 이와 같은 경우라면 급히 출동하여 이들을 치되 아군의 적은 숫자로 적군의 많은 수를 친다 해도 틀림없이 승리를 거둘 수 있습니다."

武王問太公曰:「何以知敵壘之虛實·自來自去?」
太公曰:「將必上知天道, 下知地理, 中知人事. 登高下望, 以觀敵之變動. 望其壘, 卽知其虛實; 望其士卒, 則知其去來.」
武王曰:「何以知之?」
太公曰:「聽其鼓無音·鐸無聲, 望其壘上多飛鳥而不驚, 上無氛氣, 必知敵詐而爲偶人也.
敵人卒去不遠, 未定而復返者, 彼用其士卒太疾也;
太疾則前後不相次, 不相次則行陳必亂.
如此者, 急出兵擊之, 以少擊衆, 則必勝矣.」

【自來自去】'何來何去'와 같음.
【氛氣】먼지가 날림.《直解》에 "氛埃之氣"라 함.
【偶人】인형. 흙이나 나무로 사람 형상을 만들어 적을 속임.

아니

5. 표도豹韜

劉寅 《直解》에 '豹從七日霧中變出, 乃隱物也. 此韜中多深入藏微脫險之局. 故取名焉'이라 하였다.

043 (5-1) 임전林戰

　　林戰은 산림 지형에서의 적과 전투를 벌이는 방법으로 산림의 특징을 이용하여 부대를 배치하고, 전술을 활용하여 적을 제압하는 문제를 토론하고 있다. 劉寅《直解》에 '林戰者, 與敵相遇於林木之中而與之敵也'라 하였다.

　　무왕이 태공에게 물었다.
　　"병력을 이끌고 제후의 적지 깊이 들어가 큰 숲을 만나, 그 숲 속에 분산하여 있는 적과 마주치게 되었습니다. 내가 수비를 택하면 견고하게 할 수 있고 싸운다면 승리를 거둘 수 있습니다. 이러한 경우 어찌해야 합니까?"
　　태공이 말하였다.
　　"우리의 삼군을 나누어 충진衝陳으로 배치하고, 병사들이 편리하게 자신의 위치에서 궁노弓弩를 외부에 세우고 극순戟楯을 안에 세워 초목을 모두 베어 낸 다음 우리가 움직일 수 있는 길을 넓게 하여 전투하기에 편하도록 만들어 놓습니다. 그리고 깃발을 높이 세우고 삼군에게 규율을 단단히 일러 준 다음, 적으로 하여금 우리의 사정을 알지 못하도록 합니다. 이를 일러 임전林戰이라 합니다.
　　임전 방법은 아군의 모극矛戟을 이끌고 오대伍隊로 조직합니다. 그리고 수풀 사이에 나무를 드문드문 있도록 정리하여 기마병이 이를 인도하도록 하며, 전거戰車가 앞에 서되 시야가 넓으면 전투를 하고 잘 보이지 않으면 중지합니다. 숲 속에는 험한 장애물이 많으므로 반드시 충진衝陳의 진을 쓰되, 앞뒤를 잘 수비하여야 합니다. 이렇게 하고 삼군이 급히 나서서 싸우면, 적이 비록 많은 수라 해도 그 장수는 달아나고 말 것입니다. 싸우고 쉬기를 반복하여 각기 그 부대별로 차례를 정하면 됩니다. 이것이 임전의 기본입니다."

武王問太公曰:「引兵深入諸侯之地, 遇大林, 與敵人分林相拒. 吾欲以守則固, 以戰則勝, 爲之奈何?」

太公曰:「使吾三軍分爲衝陳, 便兵所處, 弓弩爲表, 戟楯爲裡, 斬除草木, 極廣吾道, 以便戰所, 高置旌旗, 謹敕三軍, 無使敵人知吾之情. 是謂林戰. 林戰之法: 率我矛戟, 相與爲伍, 林間木疏, 以騎爲輔, 戰車居前, 見便則戰, 不見便則止; 林多險阻, 必置衝陳, 以備前後, 三軍疾戰, 敵人雖衆, 其將可走, 更戰更息, 各按其部. 是謂林戰之紀.」

【衝陳】 '四武衝陳'의 진형을 뜻함.
【便】 편하고 유리하게 개선함.

044 (5-2) 돌전突戰

突戰은 적군이 아군의 성 아래에 이르러 포위하고 있을 때, 적이 알아차리지 못하는 특이한 전술과 계략을 써서 적을 돌파하여 깨뜨리는 작전을 말한다. 劉寅의 《直解》에 '突戰者, 突出其兵而與之戰也'라 하였다.

무왕이 태공에게 물었다.

"적이 우리 지역에 깊이 들어와 우리 땅을 노략질하며 우리의 소와 말을 몰아가면서 그들 삼군이 모두 이르러 우리의 성 아래에 육박해 들어왔습니다. 우리 병사들은 크게 두려워하고, 백성들은 그들에게 묶여 모두가 적의 포로가 되었습니다. 그러나 우리가 지키려 들면 견고히 지킬 수 있으며, 싸우겠다고 나서면 승리할 수 있습니다. 이러한 경우 어찌해야 합니까?"

태공이 말하였다.

"이와 같은 경우를 일러 돌병突兵이라 하며, 그들이 몰고 간 소나 말은 틀림없이 먹이가 모자랄 것이며, 적의 사졸들도 식량이 바닥나면 급히 돌격하여 앞으로 나올 것입니다. 이때 아군의 멀리 파견되어 있는 별군別軍에게 명하여 정예병사를 뽑아 급히 적의 뒤를 치면 됩니다. 그 날짜를 잘 맞추되 반드시 그믐밤으로 정하여야 합니다. 삼군이 이렇게 급하게 적을 치게 되면 적은 비록 군사가 많다 해도 그 장수를 사로잡을 수 있습니다."

무왕이 말하였다.

"적이 셋이나 넷으로 나뉘어 혹 전투를 하면서 우리 땅을 침략해 오고, 혹 일부는 전투를 그치고 우리의 소와 말을 거두어 가며 그들의 대군이 아직 모두 이르지 않았을 때, 그들로 하여금 우리의 성 아래에 이르러 육박하도록 하여 우리 삼군을 공포에 몰아넣고 있다면 어찌해야 합니까?"

태공이 말하였다.

"적이 아직 모두 이르지 않았음을 잘 살폈다면 수비시설을 갖추고 기다려야 합니다. 성으로부터 4리쯤 거리를 두고 보루를 쌓아 금고金鼓와 깃발을 모두 펼쳐 놓고 별대別隊를 매복시켜 놓습니다. 그리고 우리의 보루 위에 많은 강노强弩를 배치해 놓고, 백 보에 하나씩의 돌문突門을 만들어 문에는 행마行馬를 준비시키며 거기車騎를 그 밖에 배치하며 용력의 예사銳士는 몰래 매복하여 자리를 지킵니다. 적이 만약 다가온다면 아군의 경졸輕卒로 하여금 그들과 전투를 벌이되 거짓으로 패주하는 듯이 하고, 우리 성 위에는 깃발을 세우고 비고鼙鼓를 울리며 완전하게 수비하고 있도록 합니다. 적이 우리가 성을 지키고만 있다고 여겨 그들은 틀림없이 성 아래로 육박해 올 것입니다. 이 때 아군의 복병을 풀어 그들의 안으로 치고 들어가거나 혹 그들 외부를 습격합니다. 삼군이 이렇게 급하게 서둘러 그들의 앞을 치거나 혹 그들의 뒤를 치면 아무리 용감한 적이라도 감히 싸우려 들지 못할 것이며, 가벼운 자는 도망갈 시간도 없게 될 것입니다. 이를 일러 돌전突戰이라 하며 적이 비록 많은 수의 군사라 해도 그 장수는 틀림없이 도망가고 말 것입니다."

무왕이 말하였다.

"훌륭하오!"

武王問太公曰:「敵人深入長驅, 侵掠我地, 驅我牛馬, 其三軍大至, 薄我城下, 吾士卒大恐, 人民係累, 爲敵所虜. 吾欲以守則固, 以戰則勝, 爲之奈何?」

太公曰:「如此者, 謂之突兵, 其牛馬必不得食, 士卒絕糧, 暴擊而前, 令我遠邑別軍, 選其銳士, 疾擊其後, 審其期日, 必會於晦, 三軍疾戰, 敵人雖衆, 其將可虜.」

武王曰:「敵人分爲三四, 或戰而侵掠我地, 或止而收我牛馬, 其大軍未盡至, 而使寇薄我城下, 致吾三軍恐懼, 爲之奈何?」

太公曰:「謹候敵人未盡至, 則設備以待之. 去城四里而爲壘, 金鼓旌旗皆列而張, 別隊爲伏兵. 令我壘上多積強弩, 百步一突門, 門有行馬, 車騎居外, 勇力銳士隱伏而處. 敵人若至, 使我輕卒合戰而佯走, 令吾城上立旌旗, 擊鼙鼓, 完爲守備. 敵人以我爲守城, 必薄我城下, 發吾伏兵, 以衝其內, 或擊其外. 三軍疾戰, 或擊其前, 或擊其后, 勇者不得鬪, 輕者不及走, 名曰突戰. 敵人雖衆, 其將必走.」

武王曰:「善哉!」

【係累】꽁꽁 묶여 구속을 당함.
【晦】어두운 밤.
【突門】闇門. 적이 알지 못하도록 설치한 문. 돌격하여 나갈 수 있도록 비밀리에 만들어 놓은 문.
【行馬】군중에서 사람의 통로를 제한하기 위하여 설치한 말 모양의 차단목.

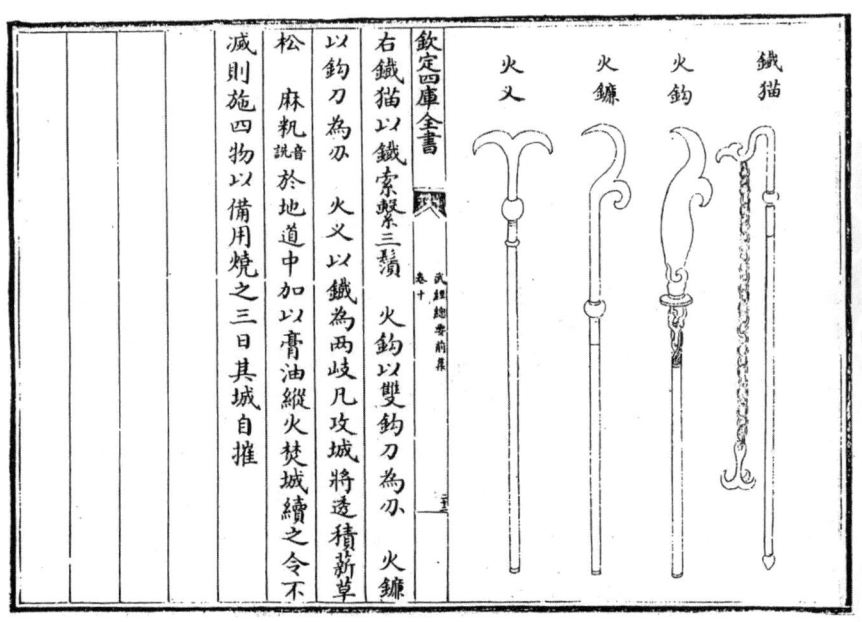

《武經總要》에 실려 있는 고대 각종 전투 장비

045 (5-3) 적강敵强

敵强은 밤에 갑자기 습격해 오는 강한 적을 말한다. 그들은 숫자도 많고 강하여 당해 내기 어려운 상대이다. 이러한 경우 어떻게 대처할 것인가의 문제를 다루고 있다. 劉寅의 《直解》에 '敵强者, 遇敵兵之强而出奇與之戰也'라 하였다.

무왕이 태공에게 물었다.

"병력을 이끌고 제후의 적지 깊이 들어갔는데 적의 충군衝軍과 마주쳤습니다. 적은 수가 많고 아군은 적으며, 적은 강하고 아군은 약합니다. 적이 밤에 다가와 아군의 오른쪽을 치기도 하고 왼쪽을 치기도 하여, 아군의 삼군이 모두 진동하여 두려움에 떨고 있습니다. 이 경우 싸우면 이기고, 수비하면 견고하게 버틸 수 있도록 하고 싶습니다. 어떻게 하면 되겠습니까?"

태공이 말하였다.

"이와 같이 달려들어오는 적군을 일러 진구震寇라 하며, 나가 싸우는 것이 유리하지 수비하는 것은 안 됩니다. 아군 중 재사材士와 강노强弩를 선발하고 거기車騎를 좌우에 배치하여 급히 그들의 앞을 치며, 역시 급히 그들의 뒤를 치면서 혹은 그들 외부를 치기도 하고 혹은 그들 내부를 치기도 하면, 그들의 병졸은 혼란이 일어날 것이며, 그 장수는 틀림없이 놀라 겁을 먹을 것입니다."

무왕이 말하였다.

"적이 멀리서 아군의 앞을 가로막고는 급히 아군의 후미를 공격하여 아군의 정예 병사를 끊었으며, 아군의 재사材士를 절단해 버렸습니다. 그리하여 아군의 안팎이 서로 연락을 취할 수 없으며, 삼군이 요란擾亂하여 모두가 흩어져 도망가고, 사졸은 투지를 잃었으며, 장리將吏는 지킬 의지를 잃고 말았습니다. 이러한 경우라면 어떻게 합니까?"

태공이 말하였다.

"명확합니다. 임금의 질문이시여! 이러한 경우라면 신호와 명령을 명확하고 분명하게 정해 놓고, 아군의 용감한 정예 병사로서 적의 장수까지도 목을 베어 오겠다는 병사를 내어, 그들에게 각각 횃불을 들고 두 사람이 함께 북을 울리며 나서도록 합니다. 그러나 적이 있는 곳을 분명히 알고 있어야 하며, 혹 그들의 외부를 치기도 하고 혹 그들의 내부까지 치고 들어가야 합니다. 비밀리에 정한 암호를 서로 알려 불을 끄고는 북소리도 그치고 안과 밖에서 합세하여 응하되 그 정한 약속에 맞추어 삼군이 모두 급히 몰아치면 적은 틀림없이 패망하고 말 것입니다."

무왕이 말하였다.

"훌륭합니다!"

武王問太公曰:「引兵深入諸侯之地, 與敵人衝軍相當, 敵衆我寡, 敵强我弱, 敵人夜來, 或攻吾左, 或攻吾右, 三軍震動. 吾欲以戰則勝, 以守則固, 爲之奈何?」

太公曰:「如此者, 謂之震寇. 利以出戰, 不可以守. 選吾材士强弩, 車騎爲左右, 疾擊其前, 急攻其後, 或擊其表, 或擊其裡, 其卒必亂, 其將必駭.」

武王曰:「敵人遠遮我前, 急攻我後, 斷我銳兵, 絶我材士, 吾內外不得相聞, 三軍擾亂, 皆散而走, 士卒無鬪志, 將吏無守心, 爲之奈何?」

太公曰:「明哉, 王之問也! 當明號審令, 出我勇銳冒將之士, 人操炬火, 二人同鼓. 必知敵人所在, 或擊其表, 或擊其裡, 微號相知, 令之滅火, 鼓音皆止, 中外相應, 期約皆當, 三軍疾戰, 敵必敗亡.」

武王曰:「善哉!」

【衝軍】돌파부대. 돌격대. 折衝部隊.
【震寇】적을 놀라게 하여 사기를 꺾어 버림.
【冒將】적의 장수를 향해 죽음을 두려워하지 않고 달려드는 군사. 특수부대.
【微號】몰래 명령을 전달함.

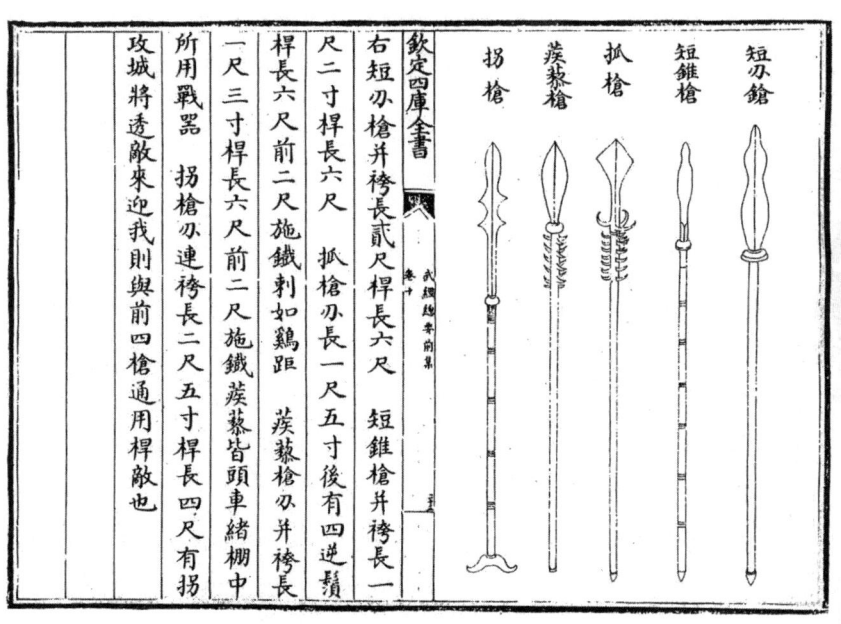

《武經總要》에 실려 있는 고대 각종 전투 장비

046 (5-4) 적무敵武

敵武는 아군보다 전투력도 강하고 무장도 훨씬 뛰어난 적을 맞닥뜨렸을 때의 전투 방법이다. 劉寅의 《直解》에 '敵武者, 敵人武勇, 卒與相遇, 欲設計而與之戰也'라 하였다.

무왕이 태공에게 물었다.
"병력을 이끌고 제후의 적지 깊숙이 들어갔다가 갑자기 적과 만났는데 적은 무리가 많고 게다가 무력도 뛰어납니다. 그들의 무거武車와 효기驍騎가 우리의 좌우를 둘러싸고 있어, 아군의 삼군이 모두 진동하여 이들이 도망하여 막을 수가 없습니다. 이러한 경우 어찌해야 합니까?"
태공이 말하였다.
"이러한 경우를 일러 패병敗兵이라 합니다. 뛰어난 자는 이를 승리의 기회로 삼지만 그렇지 못한 자는 패망하고 맙니다."
무왕이 말하였다.
"어떻게 하기에 그렇습니까?"
태공이 말하였다.
"아군의 재사材士와 강노强弩를 매복시켜 놓고 무거武車와 효기驍騎로 좌우를 삼아 항상 앞뒤로 3리의 거리를 유지합니다. 그리고 적이 아군을 쫓아오면 아군의 거기를 발동시켜 그들 좌우를 절충해 들어가도록 합니다. 이와 같이 하면 적은 소요와 혼란을 일으키게 되고, 아군 중에 패주하던 자들은 저절로 멈추게 될 것입니다."

무왕이 말하였다.

"적이 아군의 거기와 마주쳤는데 그들은 수가 많고 아군은 적으며 적은 강하고 아군은 약합니다. 적은 질서가 정연한 정예 병사들이어서 아군의 진영은 이를 감당해 낼 수가 없습니다. 이러한 경우 어찌해야 합니까?"

태공이 말하였다.

"아군 중에 재사와 강노를 선발하여 좌우에 매복시켜 놓고 거기와 견고한 진지를 구축하여 기다리고 있습니다. 적이 아군의 매복 지점을 지날 때 연발의 강노로 그 좌우에서 쏘고 거기와 정예 병사들이 그들을 치되 혹 그 앞을 치기도 하고 혹 그 뒤를 치기도 하면 적은 비록 많은 수라 해도 그 장수는 틀림없이 도망가고 말 것입니다."

무왕이 말하였다.

"훌륭합니다!"

武王問太公曰:「引兵深入諸侯之地, 卒遇敵人, 甚衆且武, 武車驍騎, 繞我左右, 吾三軍皆震, 走不可止, 爲之奈何?」

太公曰:「如此者, 謂之敗兵. 善者以勝, 不善者以亡.」

武王曰:「用之奈何?」

太公曰:「伏我材士强弩, 武車驍騎爲之左右, 常去前後三里. 敵人逐我, 發我車騎, 衝其左右. 如此, 則敵人擾亂, 吾走者自止.」

武王曰:「敵人與我車騎相當, 敵衆我少, 敵强我弱, 其來整治精銳, 吾陳不敢當, 爲之奈何?」

太公曰:「選我材士强弩, 伏於左右, 車騎堅陳而處. 敵人過我伏兵, 積弩射其左右, 車騎銳兵疾擊其軍, 或擊其前, 或擊其後. 敵人雖衆, 其將必走.」

武王曰:「善哉!」

【整治】엄정하고 똑 바르게 관리하고 정리함.
【積弩】연속 발사가 가능한 弩機. 큰 활. '連弩'라고도 함.

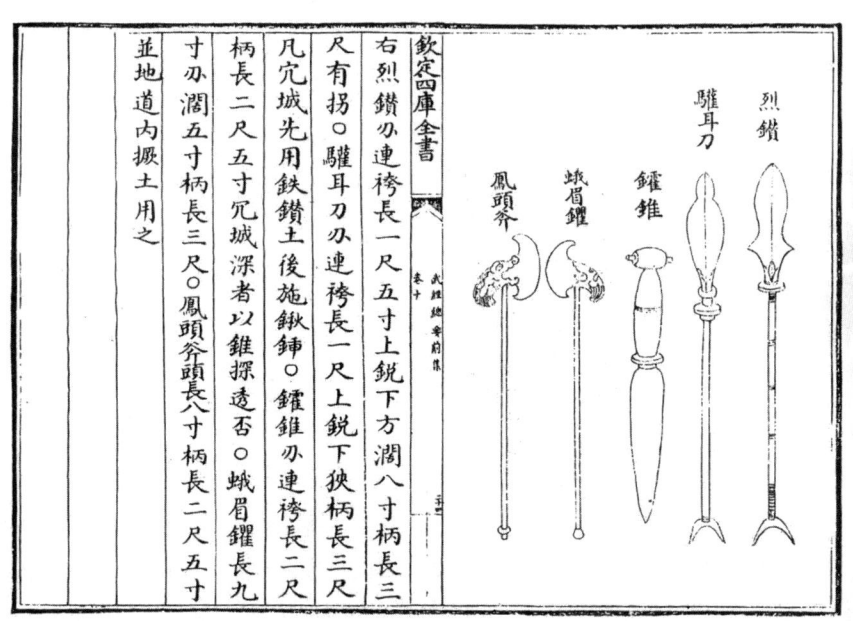

《武經總要》에 실려 있는 고대 각종 전투 장비

047
(5-5) 조운산병 鳥雲山兵

鳥雲山兵은 '鳥雲陳으로 산악전을 수행함'을 뜻하며, 특히 아군이 산악에 갇혀 사방이 막혀 있고 활동이 여의치 못할 때는 반드시 조운진으로 대처하되 四武衝陳과 배합하여 기동작전을 펴야 한다는 내용이다.

한편 조운진은 구체적으로는 알 수 없으나 다음 절(鳥雲澤兵)에 '所謂鳥雲者, 鳥散而雲合, 變化無窮也'라 하여 각개 전투와 연합 전투를 배합하여 영활하게 작전을 수행함을 말한다. 〈世昌本〉에는 '鳥雲山兵'으로 잘못 판각되어 있다. 한편 劉寅《直解》에 '鳥雲山兵者, 遇高山盤石, 與敵相拒, 必結爲鳥雲之陣, 而取勝也'라 하였다.

무왕이 태공에게 물었다.

"병력을 이끌고 제후의 적지로 깊이 들어갔는데 높은 산과 큰 반석을 만났습니다. 그 위는 높이 솟아 초목도 없으며 사방에 적을 만나 아군이 두려움에 떨며 사졸들은 어찌할 바를 모르게 되었습니다. 아군이 이를 지켜내면 견고하게 할 수 있고 싸우면 승리를 거두도록 하고 싶습니다. 이러한 경우 어찌해야 합니까?"

태공이 말하였다.

"무릇 삼군이 산의 꼭대기에 처하고 있다면 적에게 둘러쌓여 겨우 생존해 있는 셈이며, 산 아래에 처하고 있다면 적에게 죄수처럼 묶여 있는 셈입니다. 그리고 이미 산에 둘러쌓여 있다면 반드시 조운鳥雲의 진형을 만들어야 합니다. 조운의 진을 쳤을 때는 산의 음지와 양지를 모두 경비하여, 혹 음지에 주둔하기도 하고 혹 양지에 주둔하기도

해야 합니다. 산의 양지에 처할 때는 산의 음지를 경비해야 하며, 산의 음지에 처하였다면 산의 양지를 경비해야 합니다. 그리고 산의 왼쪽에 처하였다면 산의 오른쪽을 경비해야 하며, 산의 오른쪽에 처하였다면 산의 왼쪽을 경비해야 합니다. 그 산은 적이 능히 타고 넘을 수 있는 것으로 병사들은 그들의 모습에 드러나게 수비를 하며 구도衢道를 만들어 골짜기로 통할 수 있도록 만들어 두되 무거武車로써 그 길을 끊어 둡니다. 그리고 깃발을 높이 세우고 삼군을 잘 정돈시켜 적이 아군의 사정을 알 수 없도록 하여야 합니다. 이를 일러 산성山城이라 합니다. 행렬이 이미 정해지고 사졸이 포진되었으며 법령이 이미 실행되고, 기정奇正이 이미 준비되어 각기 충진衝陳을 산의 드러나는 곳에 배치하고 싸우기 편한 위치에 처하도록 하였다면, 이에 거기를 나누어 조운의 진형을 만들어야 합니다. 그리고 나서 삼군이 급히 내달아 치고 나가면 적은 비록 수가 많다 해도 그 장수를 사로잡을 수 있습니다."

武王問太公曰:「引兵深入諸侯之地, 遇高山磐石, 其上亭亭, 無有草木, 四面受敵, 吾三軍恐懼, 士卒迷惑. 吾欲以守則固, 以戰則勝, 爲之奈何?」

太公曰:「凡三軍處山之高, 則爲敵所棲; 處山之下, 則爲敵所囚. 旣以被山以處, 必爲鳥雲之陳. 鳥雲之陳, 陰陽皆備, 或屯其陰, 或屯其陽. 處山之陽, 備山之陰; 處山之陰, 備山之陽. 處山之左, 備山之右; 處山之右, 備山之左. 敵所能陵者, 兵備其表, 衢道通谷, 絶以武車; 高置旌旗, 謹敕三軍, 無使敵人知我之情, 是謂山城. 行列已定, 士卒已陳, 法令已行, 奇正已設, 各置衝陳於山之表, 便兵所處, 乃分車騎爲鳥雲之陳, 三軍疾戰, 敵人雖衆, 其將可擒.」

【爲敵所棲】《直解》에 "如棲集於危巢之上而不得下也"라 함.
【陰陽】산의 음지와 양지. 산의 남쪽(양)과 북쪽(음).
【左右】좌는 동쪽, 우는 서쪽을 가리킴.
【衢道】갈림길.
【山城】산을 의지하여 구축한 성.
【奇正】고대 병법 중에 가장 중요하며 자주 거론되는 상대적 대립 개념으로 모략과 전법 등에 널리 쓰이는 용어. 즉 일반적이며 상식적인 것을 일러 '正'이라 하며, 특수하고 기이한 방법, 의외의 작전 등을 '奇'라 함. 《孫臏兵法》 奇正篇에 "奇發而爲正, 其未爲發者, 奇也"라 하였으며, 《唐太宗李衛公問對》에는 "太宗曰: 吾之正, 使敵視以爲奇; 吾之奇, 使敵視以爲正, 斯所謂形人者歟? 以奇爲正, 以正爲奇, 變化莫測, 斯所謂無形者歟?"라 함.
【衝陳】折衝하여 달려나갈 군사들.

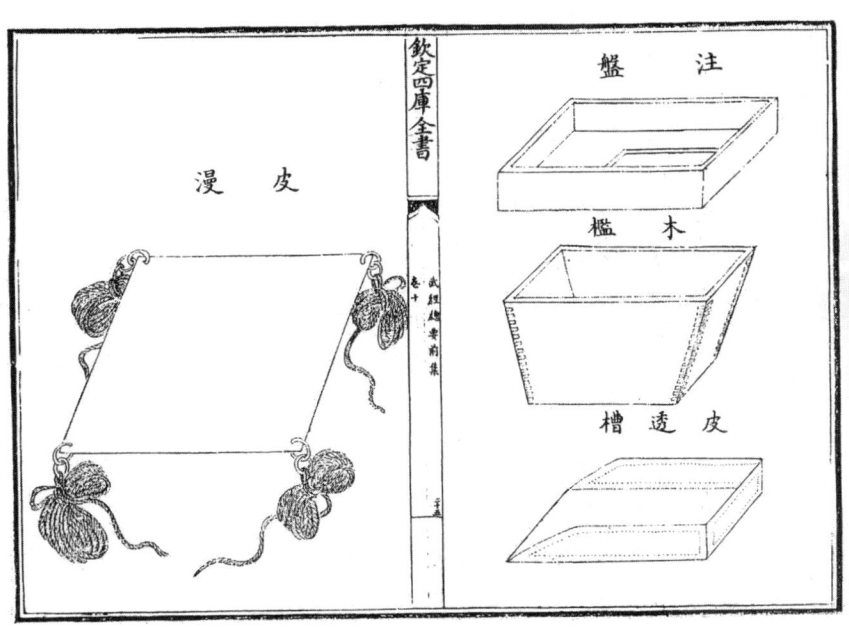

《武經總要》에 실려 있는 고대 각종 전투 장비

048 (5-6) 조운택병 鳥雲澤兵

鳥雲澤兵은 강이나 소택지에서의 작전 방법으로 역시 조운진을 쳐서 적과 대처하여 자신의 열악한 조건을 능동적으로 개선하여 승리를 이끌어 내는 전투이다. 우선 수비를 완벽히 갖추고 적을 먼 길로 유인하여 탈출하거나 소부대를 파견하여 교두보를 확보하는 등 기병의 일종을 구사할 것을 주문하고 있다. 역시 〈世昌本〉에는 '鳥雲澤兵'으로 되어 있으며 劉寅《直解》에 '鳥雲澤兵者, 遇斥鹵之地, 與敵相拒, 必結鳥雲地陣, 以之取勝也'라 하였다.

무왕이 태공에게 물었다.

"병력을 이끌고 제후의 적지에 깊이 들어갔는데 적과 물을 사이에 두고 서로 대치하게 되었습니다. 적은 물자도 풍부하고 병력도 많으며 아군은 물자도 빈약하고 수도 적습니다. 물을 건너 적을 치면서 능히 앞으로 나갈 수도 없고, 장기간의 지구전을 벌이고자 하나 식량도 모자랍니다. 아군은 척로斥鹵의 땅이며 사방에는 마을이나 읍도 없으며 초목도 없어 아군이 약탈해 올 수도 없고 소와 말은 먹일 꼴도 없습니다. 이러한 경우 어떻게 해야 합니까?"

태공이 말하였다.

"삼군에게 준비된 것도 없으며 사졸에게는 식량도 없다면, 이러한 경우 적을 속일 방법을 찾아 급히 그 자리를 빠져 나오고 그 뒤에는 복병을 매복시켜 두어야 합니다."

무왕이 말하였다.

"적을 속일 방법도 없으며 아군의 사졸은 혼미한 상태에 빠졌는데 적은 우리의 앞뒤를 넘나들고 있으며, 아군의 삼군은 패하여 혼란 속에 도망가고 있다면 이러한 경우 어찌해야 합니까?"

태공이 말하였다.

"이러한 경우 길을 찾는 방법은 금과 옥을 위주로 해야 합니다. 반드시 적의 사절을 이용하되 치밀한 계획을 세우는 것이 가장 중요합니다."

무왕이 말하였다.

"적이 아군의 복병을 알아차리고 대군이 물을 건너오려 하지 않고 대신 별장別將이 부대를 나누어 물을 건너옵니다. 이리하여 아군의 삼군이 크게 두려워한다면 어찌해야 합니까?"

태공이 말하였다.

"이와 같은 경우 충진衝陳을 나누고 나머지 병사들은 그 자리를 지키고 있다가 잠시 뒤 모두가 함께 나섭니다. 그리고 아군의 복병을 발동시켜 빠르게 적의 후미를 치며 강노强弩가 양 곁에서 그들의 좌우를 사격합니다. 그리고 거기車騎는 나누어 조운鳥雲의 진을 형성한 다음 그 앞뒤를 경비하며 삼군은 급히 전투를 벌입니다. 적의 아군이 전투를 벌이려 달려드는 것을 보면 적의 대군이 틀림없이 물을 건너 다가올 것입니다. 그 때 아군의 복병을 발동시켜 그 후미를 급히 치고 거기는 그 좌우를 절충하면 적은 비록 많은 수라 해도 그 장수를 패주시킬 수 있습니다.

무릇 용병의 대요란 적을 만나 전투에 임하면서 반드시 충진을 설치하여 각기 자신의 위치에 유리하게 처하고 있은 연후에 거기를 나누어 조운의 진을 만드는 것이니 이것이 용병의 기奇입니다.

소위 조운이란 새가 흩어지고 구름이 다시 모이듯 변화가 무궁한 것을 말합니다."

무왕이 말하였다.

"훌륭하오!"

武王問太公曰:「引兵深入諸侯之地, 與敵人臨水相拒, 敵富而衆, 我貧而寡, 踰水擊之, 則不能前, 欲久其日, 則糧食少. 吾居斥鹵之地, 四旁無邑, 又無草木, 三軍無所掠取, 牛馬無所芻牧, 爲之奈何?」

太公曰:「三軍無備, 牛馬無食, 士卒無糧, 如此者, 索便詐敵而亟去之, 設伏兵於後.」

武王曰:「敵不可得而詐, 吾士卒迷惑, 敵人越我前後, 吾三軍敗而走, 爲之奈何?」

太公曰:「求途之道, 金玉爲主. 必因敵使, 精微爲寶.」

武王曰:「敵人知我伏兵, 大軍不肯濟, 別將分隊以踰於水, 吾三軍大恐, 爲之奈何?」

太公曰:「如此者, 分爲衝陳, 便兵所處, 須其畢出, 發我伏兵, 疾擊其後, 强弩兩旁, 射其左右. 車騎分爲鳥雲之陳, 備其前後, 三軍疾戰. 敵人見我戰合, 其大軍必濟水而來. 發我伏兵, 疾擊其後, 車騎衝其左右, 敵人雖衆, 其將可走.

凡用兵之大要, 當敵臨戰, 必置衝陳, 便兵所處, 然後以車騎分爲鳥雲之陳, 此用兵之奇也. 所謂鳥雲者, 鳥散而雲合, 變化無窮者也.」

武王曰:「善哉!」

【斥鹵之地】소금기가 있는 척박한 땅. 개펄이나 늪지대.
【芻牧】말에게 먹일 꼴을 구하고 말을 풀어놓아 풀을 뜯게 할 수 있는 땅.
【金玉爲主】적의 사신에게 뇌물을 주어 모책을 성공시킴을 뜻함.
【別將】별도로 조직한 부대의 장수. 일부 병력만을 따로 조직하여 물을 건너옴을 말함.
【須】'기다리다'의 뜻.

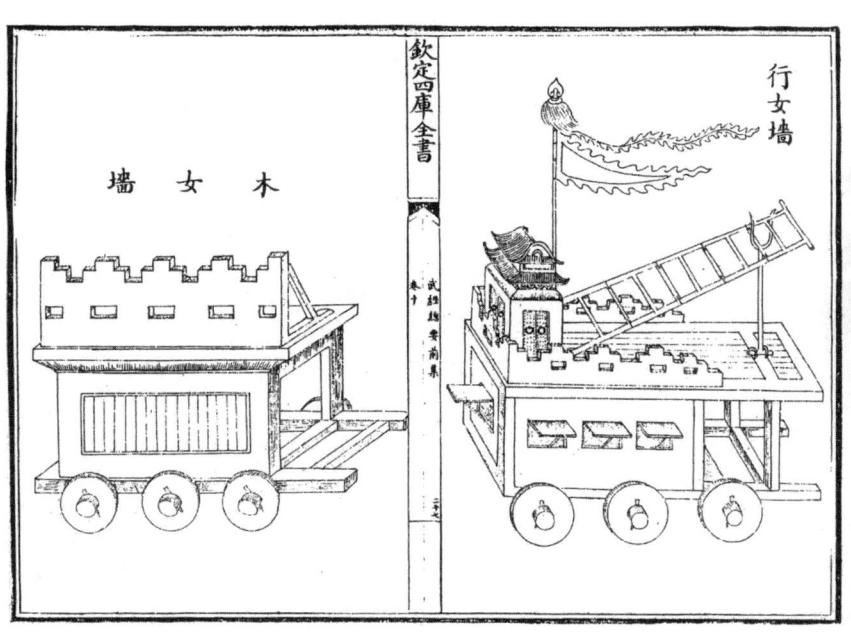

《武經總要》에 실려 있는 고대 각종 전투 장비

049 (5-7) 소중少衆

　　少衆은 '以少擊衆'의 줄인 말로 아군의 수가 모자랄 때 많은 수의 적을 상대하여 승리를 이끌어 내는 방법이다. 이 때에는 어쩔 수 없이 기병奇兵의 전술을 쓸 수밖에 없으며 적장을 유인하는 것이 우선이며 원대하게는 대국과의 외교 관계 확보, 이웃 나라의 도움 등을 사전에 충분히 구축해 놓아야 함을 밝히고 있다. 劉寅《直解》에 '少衆者, 以吾兵之少, 遇敵兵之多, 欲設奇而取勝也' 라 하였다.

　무왕이 태공에게 물었다.
"나는 적은 수로 많은 무리를 치고 약한 군대로 강한 자를 치고 싶습니다. 어떻게 하면 되겠습니까?"
　태공이 말하였다.
"적은 수로 많은 무리를 치는 것은 반드시 날이 저물어 깊은 풀 속에 매복해 있다가 좁은 길목을 지키고 있을 때여야 합니다. 그리고 약한 아군으로 강한 상대를 치려면 반드시 대국과의 외교관계가 있어야 하고 이웃 나라의 도움이 있어야 합니다."
　무왕이 말하였다.
"아군에게 깊은 풀숲도 없고 게다가 좁은 요로도 없는데 적이 이미 이르렀으며 날도 아직 저물지 않았습니다. 그리고 대국과의 외교관계도 없고 이웃 나라의 도움도 없다면 어떻게 합니까?"

태공이 말하였다.

"사술과 유혹을 베풀어 적의 장수를 형혹熒惑하여야 합니다. 그리고 길을 멀리 돌아 깊은 풀숲을 찾아내어 통과하도록 하며, 그 길을 멀리 돌아 날이 저물 때에 맞추어야 하며 앞선 행렬이 아직 물을 건너지 않았고 뒤따르는 행렬이 막사에 아직 도착하지 않았을 때 아군의 복병을 발동시켜 급히 그들 좌우를 치고 거기가 그들의 앞뒤를 교란시키면 적군이 비록 많은 수라 해도 그 장수를 패주시킬 수 있습니다.

대국의 임금을 잘 모시고 이웃 나라의 선비에게 공손히 낮추어 후한 예물을 주고 말을 겸손히 하여야 합니다. 이와 같이 하면 대국과의 외교관계를 맺을 수 있고 이웃 나라의 도움을 얻을 수 있습니다."

무왕이 말하였다.

"훌륭하오!"

武王問太公曰:「吾欲以少擊衆, 以弱勝彊, 爲之奈何?」

太公曰:「以少擊衆者, 必以日之暮, 伏於深草, 要之隘路. 以弱擊彊者, 必得大國之與·隣國之助.」

武王曰:「我無深草, 又無隘路, 敵人已至, 不適日暮; 我無大國之與, 又無隣國之助, 爲之奈何?」

太公曰:「妄張詐誘, 以熒惑其將; 迂其途, 令過深草; 遠其路, 令會日暮; 前行未渡水, 後行未及舍, 發我伏兵, 疾擊其左右, 車騎擾亂其前後, 敵人雖衆, 其將可走.

事大國之君, 下隣國之士, 厚其幣, 卑其辭, 與此, 則得大國之與·隣國之助矣.」

武王曰:「善哉!」

【大國之與】與는 외교관계를 맺어 도움을 요청할 수 있는 나라. '與國'이라고도 함.
【熒惑】원래는 별 이름으로 혜성의 일종. 여기서는 미혹하게 됨을 뜻함.

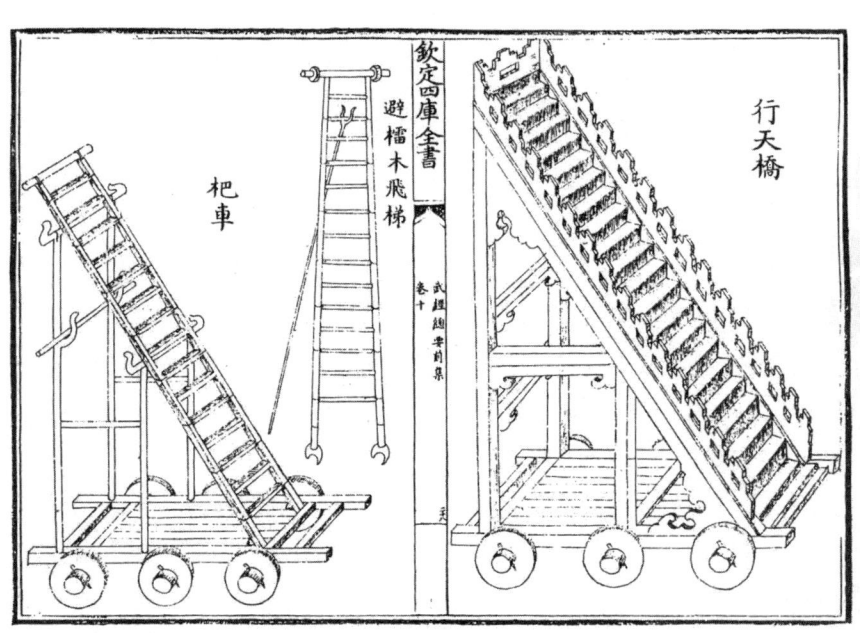

《武經總要》에 실려 있는 고대 각종 전투 장비

050 (5-8) 분험分險

分險은 험한 지형에서의 전투 방법으로 수비와 заявил격의 두 가지 경우를 설정하여 설명하고 있다. 우선 엄밀한 수비를 통하여 현재 위치에서의 안위 문제를 확보하고 나아가 전차를 호위로 삼고 사무충진四武衝陳의 진법을 구사하여 적을 물리쳐야 함을 강조하고 있다. 劉寅 《直解》에 '分險者, 遇險阻之地, 與敵人, 分守相非也' 라 하였다.

무왕이 태공에게 물었다.
"병력을 이끌고 제후의 적지에 깊이 들어가서 적과 험한 지형에서 마주쳤습니다. 우리의 왼쪽은 산이요 오른쪽은 물이며, 적은 오른쪽이 산이고 왼쪽이 물로서 적과 아군이 그 험한 지형을 서로 마주하고 있습니다. 아군은 수비하면 견고히 하고 전투를 벌이면 이기는 상황을 만들고 싶습니다. 어떻게 하면 됩니까?"
태공이 말하였다.
"산의 왼쪽에 처하였다면 급히 산의 오른쪽을 경비하여야 하고, 산의 오른쪽에 처하였다면 급히 산의 왼쪽을 경계하여야 합니다. 험한 큰 물인데 배나 노가 없다면 천황天潢으로써 우리 삼군을 건너게 해야 합니다. 이미 물을 건넌 자는 서둘러 우리의 길을 넓혀 아군이 싸우기 편한 위치를 만들어 주어야 합니다. 무충武衝을 앞뒤에 배치하고 강노를 줄 세워 움직이는 진형을 모두 견고하게 만든 다음, 구도衢道를 골짜기 입구까지 만들고 무충으로 하여금 그 길을 끊고 깃발은 세우도록 합니다. 이를 일러 거성車城이라 합니다.

무릇 험한 지역에서 전투하는 방법은, 무충을 앞에 배치하고 대로大櫓를 호위로 삼으며, 재사材士와 강노强弩를 아군의 좌우 양 날개로 삼아야 합니다. 3천 명을 하나의 둔屯으로 하여 반드시 충진衝陳을 배치하여 활동하기 편한 장소를 만들어야 합니다. 왼쪽 군대는 왼쪽을, 오른쪽 군대는 오른쪽을, 그리고 가운데 군대는 가운데를 함께 공격하여 앞으로 나갑니다. 이미 전투를 치른 자는 둔소屯所로 돌아오고 다시 다음 부대가 전투에 나갔다가 다시 차례로 쉬는 것입니다. 이렇게 하면 반드시 이기고야 끝을 볼 수 있습니다."

무왕이 말하였다.

"훌륭하오!"

武王問太公曰:「引兵深入諸侯之地, 與敵人相遇於險阨之中, 吾左山而右水, 敵右山而左水, 與我分險相拒, 吾欲以守則固, 以戰則勝, 爲之奈何?」

太公曰:「處山之左, 急備山之右; 處山之右, 急備山之左. 險有大水無舟楫者, 以天潢濟吾三軍. 已濟者亟廣吾道, 以便戰所. 以武衝爲前後, 列其强弩, 令行陳皆固. 衢道谷口, 以武衝絶之, 高置旌旗, 是謂車城. 凡險戰之法, 以武衝爲前, 大櫓爲衛, 材士强弩翼吾左右; 三千人爲一屯, 必置衝陳, 便兵所處; 左軍以左, 右軍以右, 中軍以中, 幷攻而前; 已戰者, 還歸屯所; 更戰更息, 必勝乃已.」

武王曰:「善哉!」

【車城】전차로 막아 이루어 놓은 성벽. 방어가 견고함을 뜻함.
【屯】주둔한 군대의 단위.

양반

6. 견도 犬韜

劉寅《直解》에 '犬以善馳走識趍避. 今此韜中皆言奮擊馳走之事而亦善趍避. 故取名焉'이라 하였다.

051 (6-1) 분합分合

分合은 군대가 평상시에는 각기 진영에서 나누어 수비를 담당하지만, 일단 전시로 바뀌면 함께 모여 작전을 수행해야 함을 설명한 것이다. 우선 정확한 시간과 장소, 그리고 통지문의 전달에 대한 문제를 해결하고, 이를 실행한 다음 그 결과에 대한 상벌을 엄격히 하여 군의 기강을 세워야 함을 강조하고 있다. 劉寅《直解》에 '分合者, 吾三軍散爲數處, 令欲聚爲一陣, 幷力而合戰'이라 하였다.

무왕이 태공에게 물었다.

"왕자王者가 군사를 거느리며 삼군이 나뉘어 여러 곳에 분산하여 장차 날짜를 기약하여 함께 모여 전투를 벌이며 상벌을 분명히 약속하고자 한다면 어떻게 해야 합니까?"

태공이 말하였다.

"무릇 용병의 법칙은 삼군의 무리는 반드시 분합分合의 변화가 있어야 합니다. 그 대장은 먼저 전투할 장소와 날짜를 정하고 그런 연후에 격서檄書를 여러 장수와 군리軍吏들에게 나누어 주고 성을 공격하고 읍을 포위할 것을 기약하여 각기 그 장소에 모입니다. 전투 날짜를 정확하게 고하고 구체적인 시간도 때를 정하여야 합니다. 대장군은 지휘소를 설치하고 진을 치며 원문轅門에 표表를 세우고 길을 청소하고 기다립니다. 여러 장수와 군리가 이르면 그 선후를 따져 보고 먼저 도착한 자에게 상을 주고 나중에 도착한 자는 참수하여 벌을 내립니다. 이와 같이 하면 원근의 모든 이들이 달려와서 모일 것이며, 삼군이 모두 이른 다음에는 힘을 합해 전투를 치릅니다."

武王問太公曰:「王者帥師, 三軍分爲數處, 將欲期會合戰, 約誓賞罰, 爲之奈何?」

太公曰:「凡用兵之法, 三軍之衆, 必有分合之變. 其大將先定戰地·戰日, 然後移檄書與諸將吏, 期攻城爲邑, 各會其所; 明告戰日, 漏刻有時. 大將設營而陳, 立表轅門, 清道而待. 諸將吏至者, 校其先後, 先期至者賞, 後期至者斬. 如此, 則遠近奔集, 三軍俱至, 幷力合戰.」

【王者】 패자에 상대되는 말로 왕도정치를 펴는 것을 뜻함.
【檄書】 사발통문. 군대를 소집하거나 적을 성토하기 위해 전달하여 붙이는 문장이나 문서.
【漏刻】 漏는 漏壺. 물시계의 일종. 刻은 나무에 시간을 판 것으로 해 그림자를 보고 시간을 측량하는 기구.
【表】 해시계. 表竿.
【淸道】 길을 청소하여 사람의 왕래를 금지함을 말함.

052 (6-2) 무봉武鋒

武鋒은 '무예에 뛰어난 선봉자를 뽑아 작전을 수행함'을 말한다. 이에 따라 십사변十四變의 요목을 들어 설명하고 있다. 劉寅의 《直解》에 '武鋒者, 選吾武勇鋒銳之士, 伺其便則出而破敵也'라 하였다.

무왕이 태공에게 물었다.
"무릇 용병의 요체는 반드시 무거武車와 효기驍騎가 있어야 하며, 달려가 진지를 구축할 선봉대先鋒隊를 뽑아 공격이 가하다고 판단되면 쳐야 합니다. 어떤 경우가 가히 칠만한 것입니까?"
태공이 말하였다.
"무릇 공격하고자 한다면 반드시 적의 열네 가지 변화를 잘 살펴보고 그 변화가 드러나면 치면 됩니다. 그렇게 하면 적은 틀림없이 패할 것입니다."
무왕이 말하였다.
"열네 가지 변화에 대하여 들려 줄 수 있습니까?"
태공이 말하였다.
"적이 새롭게 모여들었다면 이를 칠 수 있으며, 사람과 말이 아직 먹기 전이라면 칠 수 있으며, 천시가 불순할 때 칠 수 있으며, 지형이 그들에게 유리하지 않다면 칠 수 있으며, 적이 달아나고 있다면 칠 수 있으며, 적이 아무런 경계를 하고 있지 않다면 칠 수 있으며, 적이 피로에 지쳐 있다면 칠 수 있으며, 적의 장수가 사졸들로부터 떠나 있다면 칠 수 있으며, 먼 길을 건너온 적이라면 칠 수 있으며, 물을 건너고 있다면 칠 수 있으며, 한가한 틈이 없다면 칠 수 있으며, 좁은 통로에 막혀 오도가도 못하는 적이라면 칠 수 있으며, 그 움직임이 혼란스럽다면 칠 수 있으며 적이 공포를 느끼고 있다면 칠 수 있습니다."

　武王問太公曰:「凡用兵之要, 必有武車驍騎, 弛陳選鋒, 見可則擊之, 如何而可擊?」
　太公曰:「夫欲擊者, 當審察敵人十四變, 變見則擊之, 敵人必敗.」
　武王曰:「十四變可得聞乎?」
　太公曰:「敵人新集加擊, 人馬未食可擊, 天時不順可擊, 地形未得可擊, 奔走可擊, 不戒可擊, 疲勞可擊, 將離士卒可擊, 涉張路可擊, 濟水可擊, 不暇可擊, 阻難狹路可擊, 亂行可擊, 心怖可擊.」

【選鋒】 사졸 중에 정예 병정을 선발하여 조직한 부대. 돌격대. 선봉부대.
【不暇】 한가할 겨를이 없음. 업무나 일이 과중하여 쉽게 지치는 상태를 말함.

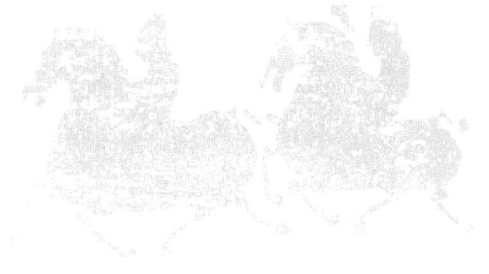

053 (6-3) 연사練士

練士는 '병사를 簡練함'의 뜻이다. 병사의 기질과 신체조건, 출신 성분과 사회적 지위, 특기와 장점 등을 감안하여 사졸을 뽑아 편성하는 방법을 소개한 것이다. 이를 통해 실전에서 활용할 뿐만 아니라 사졸들로 하여금 자신의 장점을 마음놓고 발휘할 수 있는 조건을 만들어 주어야 한다는 것이다. 劉寅의 《直解》에는 '練士者, 簡練材勇之士, 各以類聚, 非操練也'라 하였다.

무왕이 태공에게 물었다.
"병사를 단련시키는 방법은 어떠합니까?"
태공이 말하였다.
"군중에 대용大勇·감사敢死·낙상樂傷의 인물을 모아 하나의 졸卒로 편성하며 이를 모인지사冒刃之士라 이름을 붙입니다.
그리고 예기銳氣·장용壯勇·강포彊暴한 자를 모아 하나의 졸로 편성하며 이를 함진지사陷陳之士라 이름을 붙입니다.
기표奇表하여 장검을 잘 다루는 자와 발걸음이 빨라 행렬에 흐트러짐이 없는 자를 모아 하나의 졸로 편성하며 이를 용예지사勇銳之士라 이름합니다.
높이뛰기를 잘하고 굽은 쇠를 펼 수 있는 힘을 가지고 있으며, 혹 강량彊梁하고 힘이 대단하며 적의 금고金鼓를 부수고 적의 깃발을 끊어 찢을 수 있는 자를 모아 하나의 졸로 하며 이를 용력지사勇力之士라 부릅니다.
높은 지형을 뛰어넘고 먼길을 달려가며 가벼운 걸음으로 능히 잘 달리는 자를 모아 하나의 졸로 편성하며 이를 구병지사寇兵之士라 부릅니다.

왕이나 신하가 위세를 잃었을 때 다시 공을 세우기를 바라는 자를 모아 하나의 졸로 편성하며 이를 사투지사死鬪之士라 부릅니다.

죽음을 당한 장수의 자제로서 그 어버이의 원수를 갚고자 하는 자를 모아 하나의 졸로 편성하며 이를 감사지사敢死之士라 부릅니다.

췌서贅婿의 신분이나 남의 포로가 된 자로서 그 과거를 지워 버리고 이름을 날리고자 하는 자를 모아 하나의 졸로 편성하며 이를 여둔지사勵鈍之士라 부릅니다.

빈궁하여 분노에 차 있어 그 마음에 신나는 일을 저지르고 싶어하는 자가 있다면 이들을 모아 하나의 졸로 하며 이를 필사지사必死之士라 부릅니다.

서미胥靡나 형벌을 면제받은 자로서 그 치욕을 숨기려 도망 다니는 자가 있다면 이들을 모아 하나의 졸로 편성하며 이를 행용지사倖用之士라 부릅니다.

재주와 특기가 남보다 뛰어난 자로서 능히 무거운 임무를 지고 먼 길도 마다하지 아니하는 자가 있다면 이들을 모아 하나의 졸로 편성하며 이를 대명지사待命之士라 부릅니다.

이것이 군대에서 병사를 단련시키는 방법으로 자세히 살피지 아니할 수 없습니다."

武王問太公曰:「練士之道奈何?」
太公曰:「軍中有大勇力·敢死·樂傷者, 聚爲一卒, 名曰冒刃之士.
有銳氣·壯勇·彊暴者, 聚爲一卒, 名曰陷陳之士.
有奇表長劍·接武齊列者, 聚爲一卒, 名曰勇銳之士.
有拔距伸鉤·彊梁多力·潰破金鼓·絶滅旌旗者, 聚爲一卒, 名曰勇力之士.
有踰高絶遠·輕足善走者, 聚爲一卒, 名曰冠(寇)兵之士.
有王臣失勢·復欲見功者, 聚爲一卒, 名曰死鬪之士.

有死將之人子弟欲與其將報仇者, 聚爲一卒, 名曰敢死之士.
有贅婿人虜, 欲掩跡揚名者, 聚爲一卒, 名曰勵鈍之士.
有貧窮憤怒, 欲快其心者, 聚爲一卒, 名曰必死之士.
有胥靡免罪之人, 欲逃其恥者, 聚爲一卒, 名曰倖用之士.
有材技兼人, 能負重致遠者, 聚爲一卒, 名曰待命之士.
此軍之練士(服習), 不可不察也.」

【大勇, 敢死, 樂傷】용감하며 죽기를 무릅쓰고 상처를 입어도 자신감을 보일 수 있는 병사를 말함.
【卒】고대 군대의 편제로 100명을 '一卒'로 조직하였음.
【銳氣, 壯勇, 彊暴】날카로운 기세를 가지고 있으며 장대하고 용감하며 강하고 포악한 성격을 가진 병사.
【奇表】외모가 특이하게 생긴 사람.
【接武】보폭이 빨라 행진에서 뒤 처지지 아니하고 잘 걷는 것을 말함.
【拔距】고대 무술 훈련의 한 가지로 높이 뛰기, 혹 멀리 뛰기의 일종이라 함.
【伸鉤】굽은 쇠를 펼 수 있을 정도의 힘을 가진 자.
【彊梁】'强梁'과 같으며 뻣뻣하여 절대로 굽힘이 없는 것을 표현하는 疊韻連綿語.
【敢死之士】다른 판본에는 '死憤之士'로 되어 있음.
【贅婿】남자로서 여자에게 가서 장가드는 것으로 스스로 수치로 여겼음.
【胥靡】徒役으로 형을 치르는 죄수.
【兼人】능력이 뛰어난 사람을 말함.
【練士】〈三民本〉에는 '服習'으로 되어 있으며 자연스럽게 습관이 됨을 말함.

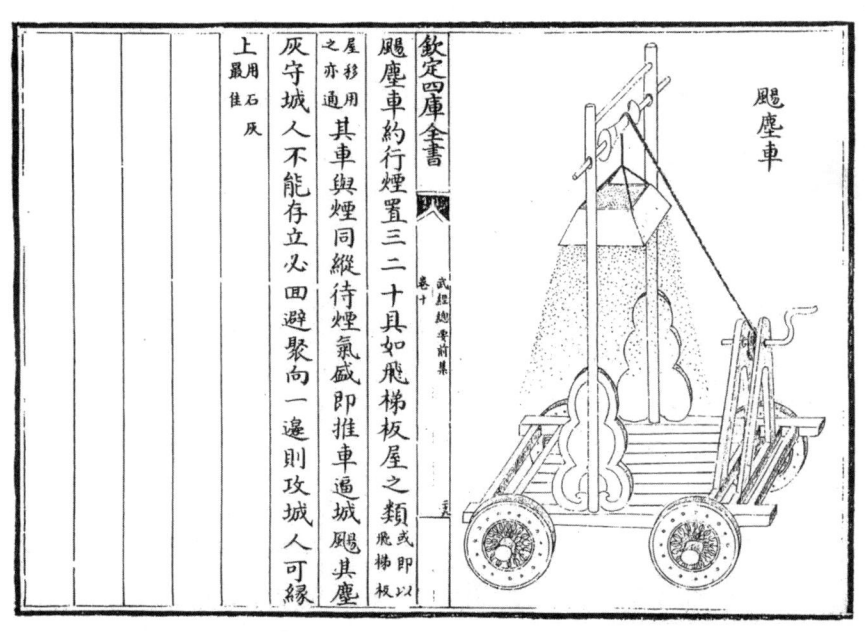

《武經總要》에 실려 있는 고대 각종 전투 장비

054 (6-4) 교전敎戰

敎戰은 군사를 어떻게 교련시켜 작전에 활용할 것인가의 문제이다. 내용상 병사들로 하여금 지휘에 절대 복종하며, 그들이 깃발의 신호와 뜻을 정확히 알아야 하며, 무기의 사용과 편제의 분합分合 등에 대하여 숙지하고 이를 전군에 넓혀 지휘 계통이 분명한 군대로 조직해야 함을 강조하고 있다. 劉寅의 《直解》에는 '敎戰者, 敎之坐作進退·分合解決之法也'라 하였다.

무왕이 태공에게 물었다.
"삼군의 무리를 모아 사졸을 훈련시키고 전투를 가르치려 한다면 어떻게 해야 합니까?"
태공이 말하였다.
"무릇 삼군을 거느림에는 반드시 금고金鼓의 절도가 있어야 병사들을 흐트러짐이 없도록 할 수 있습니다. 장수는 반드시 먼저 군리軍吏와 병사들에게 명확히 그 신호를 알려 주고 세 번 네 번 당부하여 무기를 다루는 법과 평소의 생활, 그리고 깃발을 달리하여 지휘할 때의 변화 방법 등을 가르쳐야 합니다. 그러므로 군리와 병사를 가르치되 한 사람에게 전투법을 가르쳐 익히고 나면, 이를 열 사람을 합하여 가르치고, 열 사람에게 전투법을 가르쳐 익히고 나면 이를 백 사람을 모아 그 백 사람에게 전투법을 가르치며, 이를 익히고 나서는 다시 천 사람을 모아 그 천 사람에게 전투법을 가르치며, 이를 익히고 나면 다시 만 명을 모아 그 만 명에게 전투법을 가르쳐 이를 완성하고 나면, 삼군의 무리를 다 모아 대전大戰 법을 가르쳐 이를 백만 대군을 모아 가르칩니다.

그러므로 능히 그 많은 대병력을 완성하여 그 위엄을 천하에 세우게 되는 것입니다."

무왕이 말하였다.

"훌륭하오!"

武王問太公曰:「合三軍之衆, 欲令士卒服習(練士), 敎戰之道奈何?」

太公曰:「凡領三軍, 必有金鼓之節, 所以整齊士衆者也. 將必先明告吏士, 申之以三令, 以敎操兵起居·旌旗指麾之變法. 故敎吏士, 使一人學戰, 敎成, 合之十人; 十人學戰, 敎成, 合之百人; 百人學戰, 敎成, 合之千人; 千人學戰, 敎成, 合之萬人; 萬人敎戰, 敎成, 合之三軍之衆; 大戰之法, 敎成, 合之百萬之衆. 故能成其大兵, 立威於天下.」

武王曰:「善哉!」

【申之以三令】거듭 여러 번 신신당부하면서 가르침.

【起居】평상시 생활. 혹은 전투 중에 앉고 서고 분리하며 합하고 해산하며 다시 결집하는 여러 가지 동작.

【使一人學戰~合之百萬之衆】《尉繚子》勒卒令에 "百人而敎戰, 敎成, 合之千人. 千人敎成, 合之萬人. 萬人敎成, 合之三軍. 三軍之衆, 有分有合, 爲大戰之法, 敎成, 試之以閱"라 하여 훈련 방법이 같았음을 알 수 있음.

055 (6-5) 균병均兵

均兵은 적군과 아군의 거병車兵·기병騎兵·보병步兵이 서로 다른 부대를 만나 전혀 지형이 다른 곳에서 전투를 수행할 때 어떤 숫자로 대응하여야 하는가의 문제를 다루고 있다. 劉寅《直解》에는 '均兵者, 車, 騎, 步三者, 視地之險易, 相參而使其勢力均也'라 하였다.

무왕이 태공에게 물었다.

"전차와 보병이 전투를 벌인다면 전차 한 대가 몇 명의 보졸에 상당합니까? 몇 명의 보졸을 적의 전차 한 대에 맞서게 합니까? 그리고 기병과 보졸이 전투를 벌인다면 기병 하나가 몇 명의 보졸을 상대합니까? 몇 명의 보졸을 적의 기병 하나에 맞서게 합니까? 그리고 다시 전차와 기병이 전투를 벌인다면 아군의 전차 하나가 몇 명의 상대 기병을 담당합니까? 몇 명의 아군 기병이 적의 전차 한 대를 담당합니까?"

태공이 말하였다.

"전차는 군의 날개입니다. 따라서 적의 견고한 진지를 무너뜨리고 강적을 맞아치고 그들의 패주를 막는 것입니다. 그리고 기병이란 군의 사후伺候입니다. 따라서 패주하는 적의 발자취를 따라 그들의 보급로를 끊으며 적의 영활한 군대를 공격합니다. 그러므로 전차와 기병이 같은 전차와 기병의 싸움이 아닐 경우라면 하나의 기병이 보졸 한 사람을 당해 낼 수 없습니다.

쌍방의 삼군 모두가 진형을 이루고 병력도 서로 비슷하다면 평지에서의 전투 방법으로 계산하는 법이 있습니다.

즉 아군 전차 한 대가 적의 보졸 80명을 상대하며, 적의 80명이 아군 전차 한 대를 맞서게 합니다.

아군 기병 하나에 보졸 8명을 상대하며, 아군 여덟 병사가 적의 기병 하나를 맞서게 합니다.

전차 한 대에 적의 기병 10기를 상대하며, 아군 10기가 적의 전차 하나를 상대합니다.

지형이 험한 곳의 전투일 경우 계산하는 방법은 수레 한 대에 보졸 40명을 상대하게 하며, 아군 40명이 적의 수레 한 대를 상대합니다.

아군 기병 하나에 보졸은 4명으로 하며, 아군 4명이 적의 기병 하나를 상대하게 합니다. 그리고 전차 한 대에 6기의 기병이 담당하며, 아군 6기가 적의 전차 한 대를 담당합니다.

무릇 전차와 기병이란 군대에의 무병武兵입니다. 10승乘이 적의 천 명을 패배시키며, 백 승이면 적의 만 명을 패배시킵니다. 10기騎가 적 백 명을 패주시키며, 백 기면 적 천 명을 패주시킵니다. 이것이 대체적인 숫자입니다."

무왕이 말하였다.

"전차와 기병의 군리軍吏의 숫자와 진법陳法은 어떻게 합니까?"

태공이 말하였다.

"전차에 배치하는 군리의 숫자는 5수레에 장長 1명, 10대에 리吏 1명, 50대의 수레에 솔率 1명, 1백 대의 수레에 장將 1명으로 합니다.

평지에서의 전투일 경우 계산법은, 다섯 수레를 열지어 그 서로의 거리가 40보가 되도록 하며 좌우는 10보의 간격으로 하고 부대 사이는 60보로 합니다.

험한 지형에서의 계산법은, 수레가 반드시 순서대로 길을 따라야 하며 10대의 전차가 하나의 취聚가 되고, 20대이면 하나의 둔屯이 되며, 전후 사이의 거리는 20보로 하며, 좌우 간격은 6보, 부대 사이의 간격은 36보로 합니다. 다섯 수레에 장長이 하나이며 종횡으로 그 간격을 2리로 하여 각기 자신들이 갔던 길로 되돌아옵니다.

기병에서 관리를 배치하는 숫자는 5기騎에 장長 1명, 10기에 리吏 1명, 1백 기에 솔率 1명, 2백 기에 장將 1명을 둡니다.

평지 전투에서의 계산법은, 5기를 한 줄로 하여 앞뒤 사이를 20보로 하고 좌우를 4보, 부대 간 거리를 50보로 합니다.

험한 지형에서의 전투에서는 앞뒤 거리를 10보, 좌우는 2보, 부대 간 거리는 25보로 합니다. 30기를 하나의 둔으로 하고, 60기를 하나의 배輩로 하며, 10기마다 리吏 하나씩으로 하여 종횡으로 그 간격이 1백 보가 되도록 하며, 한 바퀴를 돌고 각기 자신의 옛 지키던 곳으로 복귀합니다."

무왕이 말하였다.

"훌륭하오!"

武王問太公曰:「以車與步卒戰, 一車當幾步卒? 幾步卒當一車? 以騎與步卒戰, 一騎當幾步卒? 幾步卒當一騎? 以車與騎戰, 一車當幾騎? 幾騎當一車?」

太公曰:「車者, 軍之羽翼也, 所以陷堅陳, 要彊敵, 遮走北也.

騎者, 軍之伺候也, 所以踵敗軍, 絶糧道, 擊便寇也.

故車騎不敵戰, 則一騎不能當步卒一人.

三軍之衆, 成陳而相當, 則易戰之法:

一車當步卒八十人, 八十人當一車;

一騎當步卒八人, 八人當一騎;

一車當十騎, 十騎當一車.

險戰之法:

一車當步卒四十人, 四十人當一車;

一騎當步卒四人, 四人當一騎;

一車當六騎, 六騎當一車.

夫車騎者, 軍之武兵也, 十乘敗千人, 百乘敗萬人, 十騎走百人, 百騎走千人.

此其大數也.」

武王曰:「車騎之吏數, 陳法奈何?」

太公曰:「置車之吏數, 五車一長, 十車一吏, 五十車一率, 百車一將.

易戰之法: 五車爲列, 相去四十步, 左右十步, 隊間六十步.

險戰之法: 車必循道, 十車爲聚, 二十車爲屯; 前後相去二十步, 左右六步, 隊間三十六步, 五車一長, 縱橫相去二里, 各返故道.

置騎之吏數: 五騎一長, 十騎一吏, 百騎一率, 二百騎一將.

易戰之法: 五騎爲列, 前後相去二十步, 左右四步, 隊間五十步.

險戰者: 前後相去十步, 左右二步, 隊間二十五步; 三十騎爲一屯, 六十騎爲一輩, 十騎一吏, 縱橫相去百步, 周環各復故處.」

武王曰:「善哉!」

【伺候】 정찰하고 관찰함.
【便寇】 아주 영활하고 활동이 뛰어난 적군.
【不敵戰】《直解》에 "車騎不相敵而與人戰"이라 하였으며 적과 대비하여 맞설 수 없는 경우.
【周環】 한 바퀴 순환하여 전투를 벌임. '周旋'과 같으며 여기서는 追擊하여 교전함을 뜻함.

056 (6-6) 무차사武車士

武車士는 일종의 전차전戰車戰으로서 武車士를 선발하는 표준과 나이, 신체 조건, 용력勇力 및 재능 등을 감안하여야 하며 전차전에서의 이들의 중요성을 강조하고 있다. 劉寅의 《直解》에는 '武車士者, 選擇材技之人, 用車以戰, 謂之武車士'라 하였다.

무왕이 태공에게 물었다.
"거사車士를 선발하는 방법은 어떠합니까?"
태공이 말하였다.
"거사를 선발하는 방법은 나이 마흔 이하이며 키가 7척 5촌 이상인 자로서 능히 뛰는 말을 따라가 이를 잡아타고 오를 정도여야 합니다. 그리고 말 위에서 전후·좌우·상하로 매달리며 들 수 있어야 하고, 능히 깃발을 묶을 수 있어야 하며, 힘은 8섬石 무게의 노弩를 팽팽하게 당길 수 있어야 하며, 전후·좌우로 활을 쏘고 싶은 대로 쏠 수 있도록 연습이 된 자여야 합니다. 이러한 자를 무거지사武車之士라 하며 후하게 대우해 주지 않으면 안 됩니다."

武王問太公曰:「選車士奈何?」
太公曰:「選車士之法, 取年四十已下, 長七尺五寸已上, 走能逐奔馬, 及馳而乘之, 前後左右, 上下周旋, 能縛束旌旗, 力能彀八石弩, 射前後左右皆便習者, 名曰武車之士, 不可不厚也.」

【車士】 전차를 타고 작전을 수행하는 병사.
【彀】 활 시위를 잔뜩 당긴 상태.
【八石弩】 석은 섬(석)을 뜻하며 여덟 섬의 무게를 견뎌낼 정도의 큰 활.
【便習】 아주 숙련됨을 말함.

057 (6-7) 무기사武騎士

武騎士는 일종의 騎兵戰으로서 정예의 병사를 선발하는 문제를 다루고 있으며 역시 나이와 신체 조건·용력·재능 등을 감안하여야 하며 이들의 말 다루는 기술, 마상에서의 무예 능력 등을 중시하고 있다. 劉寅의《直解》에는 '武騎士者, 選擇材技之人, 乘騎以戰, 謂之武騎士'라 하였다.

무왕이 태공에게 물었다.
"기사騎士를 선발하는 방법은 어떠합니까?"
태공이 말하였다.
"기사를 선발하는 방법은 나이 마흔 이하이어야 하며, 키가 7척 5촌 이상으로 건장하고 달리기가 보통 사람을 훨씬 뛰어넘을 정도여야 합니다. 능히 말을 타고 활을 당겨 전후·좌우로 빙글빙글 돌며 전진과 후퇴를 마음대로 하며, 도랑이나 참호를 뛰어넘고 구름을 오르며 험한 장애물도 무릅쓰고 큰 못을 가로질러 건너며 강한 적에게 달려들어 그들 많은 무리를 휘저을 수 있는 자여야 합니다. 이러한 자를 무기지사武騎之士라 하며 후하게 대우해 주지 않으면 안 됩니다."

武王問太公曰:「選騎士奈何?」
太公曰:「選騎士之法, 取年四十已下, 長七尺五寸已上, 壯健捷疾, 超絶倫等, 能馳騎彀射, 前後左右, 周旋進退, 越溝塹, 登丘陵, 冒險阻, 絶大澤, 馳强敵, 亂大衆者, 名曰武騎之士, 不可不厚也.」

【倫等】 같은 무리. 보통 사람들.
【溝塹】 적의 방어시설인 도랑과 참호.

058 (6-8) 전차戰車

戰車는 전차를 이용한 전투 방법으로 지형에 의지하되 유리한 고지를 차지하였을 때는 과감하게 공격하며 불리한 지형에서는 상대로 하여금 陷地에 빠지도록 유도해야 한다고 하였다. 구체적으로 十死之地와 八勝之地를 들어 설명하고 있으며, 劉寅의 《直解》에는 '戰車者, 以車與敵戰, 務知其地形之便·不便也'라 하였다.

무왕이 태공에게 물었다.
"전차전은 어떻게 합니까?"
태공이 말하였다.
"보병은 적의 변동을 빨리 알아차리는 것이 중요하며 전차는 지형을 잘 알아내는 것이 중요하며 기마병은 따로 지름길이 있는지 기이한 통로가 있는지 아는 것이 중요합니다. 이렇게 삼군三軍은 같은 임무이기는 하나 그 쓰임은 다릅니다. 무릇 전차전에서 사지死地에 빠지는 경우가 열 가지이며 승지勝地를 확보할 수 있는 경우가 여덟 가지입니다."
무왕이 말하였다.
"열 가지 사지란 어떤 것입니까?"
태공이 말하였다.
"다가갔으나 돌아올 수 없는 경우라면, 전차전의 사지死地입니다.
험한 지형을 넘어 끊으며 적이 도망가는 형세를 타고 멀리까지 추격하는 것이 전차전의 갈지竭地입니다.
앞쪽은 평탄하나 뒤쪽은 험준한 경우, 이는 전차로서의 곤지困地입니다.

험한 지형에 빠져 탈출하기 어려운 경우, 이는 전차로서의 절지絶地입니다.

진흙으로 만든 다리가 무너져 점점 못으로 젖어들고 있으며 검은 흙이 끈적거리는 곳이라면, 이는 전차로서의 노지勞地입니다.

왼쪽은 험하고 오른 쪽은 평탄하며 위로는 구릉이 있어 쳐다보고 올라야 하는 고개 언덕이라면, 이는 전차로서의 역지逆地입니다.

무성한 풀과 가로놓인 농토가 있으며 못을 자꾸 지나야 하는 곳이라면, 이는 전차로서의 불지拂地입니다.

수레가 작고 땅은 평탄하여 보병과도 대적하기 어려운 경우라면, 이는 전차로서의 패지敗地입니다.

뒤에는 도랑과 큰 물이 있고 왼쪽에는 깊은 물이 있으며 오른쪽에는 높은 고개 언덕이 있다면, 이는 전차로서의 괴지壞地입니다.

밤에 궂은 장마가 내리고 열흘이 넘도록 그치지 않아 도로가 무너져 파여 앞으로 나갈 수도 없고 뒤로 물러설 수도 없는 경우라면, 이는 전차로서의 함지陷地입니다.

이상 열 가지 경우는 전차로서의 사지입니다. 그러므로 졸장拙將은 적에게 사로잡히고 명장明將은 능히 피해 나올 수 있습니다.”

무왕이 말하였다.

“여덟 가지 승리의 경우란 어떤 것입니까?”

태공이 말하였다.

“적의 앞뒤에 행진行陳이 아직 정해지지 않았다면, 바로 함락시킬 수 있습니다.

정기가 질서 없이 흔들리고 사람과 말이 자주 움직인다면, 즉시 함락시킬 수 있습니다.

사졸이 앞으로 나서기도 하고 뒤로 물러서기도 하며 왼쪽·오른쪽으로 질서 없이 우왕좌왕한다면, 즉시 함락시키면 됩니다.

진지가 견고하지 못하고 사졸이 서로 바라보기만 한다면, 즉시 함락시킬 수 있습니다.

적이 앞으로 나섰다가 의심을 하고 뒤로 물러섰다가 겁을 먹으면, 즉시 함락시킬 수 있습니다.

적의 삼군이 갑자기 놀라 모두가 급박하게 일어서면, 즉시 함락시킬 수 있습니다.

평탄한 지형에서 싸움을 벌이다가 저녁이 되어도 해산할 수 없는 적이라면, 즉시 함락시킬 수 있습니다.

먼 길을 행진하여 저녁때가 되어서야 막사에 들어가고는 삼군이 두려움에 떨고 있다면, 즉시 이를 쳐서 함락시켜야 합니다.

이상 여덟 가지는 전차로서의 승지勝地입니다.

장수로서 열 가지 해로움과 여덟 가지 승리의 경우에 밝다면 적이 비록 주위를 포위하고 있으며 천승만기가 우리의 앞으로 달려들고 우리의 곁을 몰아온다 해도 만 번 싸워 모두 승리를 거둘 수 있습니다."

무왕이 말하였다.

"훌륭합니다!"

武王問太公曰:「戰車奈何?」

太公曰:「步貴知變動, 車貴知地形, 騎貴知別徑奇道; 三軍同名而異用也. 凡車之死地有十, 其勝地有八.」

武王曰:「十死之地奈何?」

太公曰:「往而無以還者, 車之死地也;

超絶險阻, 乘敵遠行者, 車之竭地也.

前易後險者, 車之困地也.

陷之險阻而難出者, 車之絶地也.

圯下漸澤, 黑土黏埴者, 車之勞地也.

左險右易, 上陵仰阪者, 車之逆地也.

殷草橫畝, 犯歷浚澤者, 車之拂地也.

車小地易, 與步不敵者, 車之敗地也.

後有溝瀆, 左有深水, 右有峻阪者, 車之壞地也.
日夜霖雨, 旬日不止, 道路潰陷, 前不能進, 後不能解者, 車之陷地也.
此十者, 車之死地也. 故拙將之所以見擒, 明將之所以能避也.」
武王曰:「八勝之地奈何?」
太公曰:「敵之前後, 行陳未定, 卽陷之;
旌旗擾亂, 人馬數動, 卽陷之;
士卒或前或後, 或左或右, 卽陷之;
陳不堅固, 士卒前後相顧, 卽陷之;
前往而疑, 後往而怯, 卽陷之;
三軍卒驚, 皆薄而起, 卽陷之;
戰於易地. 暮不能解, 卽陷之;
遠行而暮舍, 三軍恐懼, 卽陷之.
此八者, 車之勝地也.
將明於十害・八勝, 敵雖圍周, 千乘萬騎, 前馳旁驅, 萬戰必勝.」
武王曰:「善哉!」

【三軍】여기서는 步兵・騎兵・戰車兵을 뜻함.
【勝地】승리를 이끌어 낼 수 있는 유리한 조건이나 지형.
【圯】흙으로 만든 다리.
【犯歷】건너 뛰어 넘음.
【陷地】움푹 패여 탈출하기 어려운 지형.

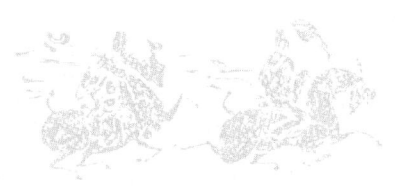

059 (6-9) 전기戰騎

戰騎는 기마병의 전투로서 지형과 시기時機를 잘 선택하여 작전을 수행할 것을 강조하였으며, 구체적으로 십승十勝과 구패九敗의 경우를 들어 설명하고 있다. 劉寅의 《直解》에는 '戰騎者, 以騎與敵戰而欲取勝也'라 하였다.

무왕이 태공에게 물었다.
"기마병으로 전투를 할 때는 어떻게 합니까?"
태공이 말하였다.
"기마병으로 벌이는 전투에는 열 가지 승리와 아홉 가지 패배의 경우가 있습니다."
무왕이 말하였다.
"열 가지 승리란 어떤 것입니까?"
태공이 말하였다.
"적이 처음 다가와서 진지를 아직 정하지 못하였으며 그 행렬이 연결되지 못하여 끊어졌을 때, 그들 맨 앞 기병을 함몰시키고 그 좌우를 치면, 적은 틀림없이 패주하고 말 것입니다.
적의 행진行陳이 질서정연하고 견고하며 사졸들의 전투심이 앙양되어 있으면, 아군의 기병은 그 양 옆을 지키되 떠나지 말고 혹 내달아 달려갔다가 혹 내달아 되돌아오며 그 빠르기를 마치 바람처럼 하고 그 갑작스럽기를 우레같이 하여 먼지를 일으켜 대낮을 어두운 밤처럼 되도록 하며 자주 깃발을 바꾸고 복장을 바꾸면, 그 적은 가히 이길 수 있습니다.

적의 행진이 견고하지 못하며 사졸이 전투심이 갖추어져 있지 않다면 그 앞뒤에 육박해 들어가고 그들 좌우를 습격해 들어가며 양쪽 날개를 쳐버리면, 적은 틀림없이 겁을 먹을 것입니다.

적이 저녁이 되어 막사로 돌아가고자 할 때 삼군이 모두 공포에 떤다면 그들 양쪽에 에워싸고 그 후미를 급히 공략하며 그들 보루의 입구로 육박하여 적이 되돌아 들어갈 수 없도록 막아 버립니다. 이렇게 하면 적은 틀림없이 패주할 것입니다.

적이 험한 지형이나 견고한 보위가 없다면 아군이 그들을 멀리 몰아 깊이 들어간 다음 그들의 보급로를 끊어 버리면, 적은 틀림없이 굶주리게 될 것입니다.

적이 평평한 평지이면서 사방이 드러난 지역에 처하고 있어 아군이 전차와 기병을 풀어 그들을 치게 되면, 적은 틀림없이 혼란이 일어날 것입니다.

적이 도망가고 사졸이 흩어져 어지럽게 혼란을 일으킨다면 혹 그들 양 날개를 치고 혹 그들 앞뒤를 막아 버리면, 적의 장수를 사로잡을 수 있습니다.

적이 저녁이 되어 막사로 돌아가면 그 병사들이 매우 많다면 그 행진은 틀림없이 혼란스러울 것입니다. 이 때 아군의 기사騎士 열 명을 조직하여 대隊로 만들고, 백 명을 묶어 둔屯을 만들며, 수레 다섯 대를 묶어 취聚로 하고, 열 대를 묶어 군群으로 조직하여 많은 깃발을 세운 다음, 강노强弩를 발사하여 적을 죽이고 혹 그 양 곁을 치며 혹 그 앞뒤를 끊으면 적의 장수를 사로잡을 수 있습니다. 이것이 기병의 전투에서 이길 수 있는 열 가지 경우입니다."

무왕이 말하였다.

"아홉 가지 패배란 무엇입니까?"

태공이 말하였다.

"무릇 기병으로 적을 함락시키되 상대의 진을 파괴하지는 못하면 적은 거짓으로 패주하는 척하다가 거기車騎로써 아군의 후미를 반격할 것이니, 이것이 기병의 전투에서 패지敗地가 되고 마는 것입니다.

도망가는 적을 뒤쫓아 험한 지형을 넘어 끝없이 몰아가기를 그치지 않았다가는 적이 우리의 양 곁에 매복하였다가 다시 우리의 후미를 끊어 버릴 것이니, 이것이 기병에서의 위지圍地가 되는 것입니다.

적에게 다가가서는 되돌아 올 수 없고 들어가서는 빠져 나올 수 없다면 이를 일러 천정天井에 빠지고 지혈地穴에 둔절하였다 하는 것으로, 이것이 기병에서의 사지死地가 되는 것입니다.

들어갈 수 있는 길은 막혔고 빠져 나올 수 있는 길은 먼데 적은 약한 병력으로 아군의 강한 병력을 칠 수 있는 상황이며 적은 적은 병력인데 아군의 많은 무리를 칠 수 있는 경우라면, 이는 기병에서의 몰지沒地가 되는 것입니다.

큰 골짜기에 깊은 계곡으로 어두운 숲이 막혀 있다면, 이는 기병에서의 갈지竭地가 되고 맙니다.

좌우에 물이 있고 앞에는 큰 언덕이 있으며 뒤에는 높은 산이 있어 삼군이 그 두 산의 가운데에서 전투를 하고 있는데 적이 그 겉과 속을 차지하고 있다면, 이는 기병으로서의 간지艱地입니다.

적이 아군의 보급로를 끊어 나갔다가 되돌아올 수 없게 된다면, 이는 기병으로서 곤지困地가 되고 맙니다.

질퍽거리는 더러운 늪이나 못이 있어 진퇴가 모두 진흙에 빠져드는 경우라면, 이는 기병으로써 환지患地가 되고 마는 것입니다.

왼쪽에 깊은 도랑이 있고 오른쪽에 구덩이가 있는 언덕이 있으나 그 높낮이를 마치 평지처럼 보여 진퇴에 적을 유혹할 수 있는 곳이라면, 이는 기병으로서 함지陷地가 되고 맙니다.

이상의 아홉 가지는 기병으로서의 사지死地입니다. 명석한 장수라면 멀리 피하지만 어리석은 장수는 그에 빠져 패하고 마는 것입니다."

武王問太公曰:「戰騎奈何?」

太公曰:「騎有十勝・九敗.」

武王曰:「十勝奈何?」

太公曰:「敵人始至, 行陳未定, 前後不屬, 陷其前騎, 擊其左右, 敵人必走;

敵人行陳整齊堅固, 士卒欲鬪, 吾騎翼而勿去, 或馳而往, 或馳而來, 其疾如風, 其暴如雷, 白晝如昏, 數更旌旗, 變易衣服, 其軍可克;

敵人行陳不固, 士卒不鬪, 薄其前後, 獵其左右, 翼而擊之, 敵人必懼;

敵人暮欲歸舍, 三軍恐駭, 翼其兩旁, 疾擊其後, 薄其壘口, 使無得入, 敵人必敗;

敵人無險阻保固, 深入長驅, 絕其糧路, 敵人必饑;

地平而易, 四面見敵, 車騎陷之, 敵人必亂;

敵人奔走, 士卒散亂, 或翼其兩旁, 或掩其前後, 其將可擒;

敵人暮返, 其兵甚眾, 其行陳必亂. 令我騎士十而爲隊, 百而爲屯, 車五而爲聚, 十而爲群, 多設旌旗, 殺以強弩, 或擊其兩旁, 或絕其前後, 敵將可擄.

此騎之十勝也.」

武王曰:「九敗奈何?」

太公曰:「凡以騎陷敵, 而不能破陳, 敵人佯走, 以車騎返擊我後, 此騎之敗地也;

追北踰險, 長驅不止, 敵人伏我兩旁, 又絕我後, 此騎之圍地也;

往而無以返, 入而無以出, 是謂陷於天井, 頓於地穴, 此騎之死地也;

所從入者隘, 所從出者遠, 彼弱可以擊我強, 彼寡可以擊我眾, 此騎之沒地也;

大澗深谷, 翳薉林木, 此騎之竭地也;

左右有水, 前有大阜, 後有高山, 三軍戰於兩山之間, 敵居表裏, 此騎之艱地也;

敵人絕我糧道, 往而無以返, 此騎之困地也;

汙下沮澤, 進退漸洳, 此騎之患地也;

左有深溝, 右有坑阜, 高下如平地, 進退誘敵, 此騎之陷地也.
此九者, 騎之死地也, 明將之所以遠避, 暗將之所以陷敗也.」

【十勝】 실제 여덟 종류밖에 되지 않으며 이에 대하여 《直解》에는 "按十勝而止有八, 恐脫簡耳"라 함.
【行陳】 진지를 구축하고 혹 진영의 대열을 갖추어 전투에 대비하는 일체의 행동이나 동태.
【天井】 사변이 험한 지형으로 가운데에 웅덩이가 있는 땅.
【翳薉】 초목이 무성하여 어두운 곳. 雙聲連綿語.
【竭地】 더 이상 나가기 어려운 지형.

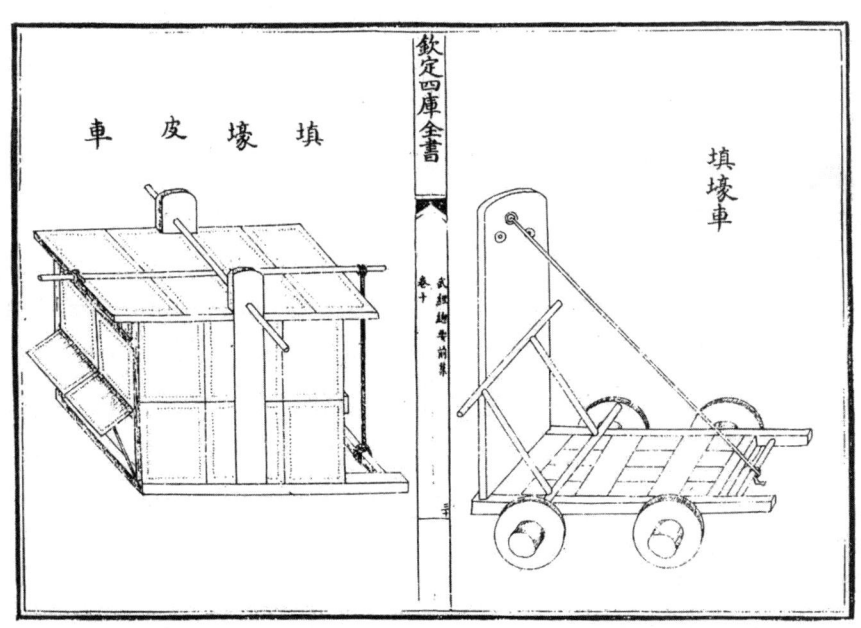

《武經總要》에 실려 있는 고대 각종 전투 장비

060 (6-10) 전보戰步

戰步는 보병이 적의 기마병이나 전차병과 만나 수행하는 전투를 말한다. 전체적으로 자신의 유리한 지형과 장점, 무기를 최대한 이용하여 적의 약점과 불리한 조건을 틈타 승리를 이끌어내야 함을 강조하고 있다. 劉寅의 《直解》 에는 '戰步者, 以步兵與車騎戰而欲取勝也'라 하였다.

무왕이 태공에게 물었다.
"보병과 거기車騎로 하는 전투는 어떻게 합니까?"
태공이 말하였다.
"보병과 거기로 하는 전투는 반드시 구릉과 험한 지형을 의지하되 길이가 긴 무기와 강노強弩를 앞에 배치하고 길이가 짧은 무기와 약노弱弩는 뒤에 배치하며 서로 번갈아 발사하고 그치고 해야 합니다. 적의 거기가 비록 많은 수로 다가온다 해도 아군은 오직 견고한 진지를 바탕으로 급한 전투를 벌이며 재사材士와 강노는 아군의 후미를 경비하면 됩니다."
무왕이 말하였다.
"아군에게 구릉지대가 없고 아울러 험한 지형도 없는데 적이 다가와 이미 그 수는 많고 무력도 뛰어나며 그들의 거기가 아군의 양 곁을 에워싸고 아군의 앞뒤를 공격하고 있습니다. 우리의 삼군은 공포에 떨며 혼란이 일어나 패주하고 있다면 어찌해야 합니까?"
태공이 말하였다.
"아군의 사졸들로 하여금 행마行馬와 나무 질려(木蒺藜)를 만들도록 하고 소와 말로 대오隊伍를 만들어 배치하여 사무충진四武衝陣의 진을 쳐야 합니다. 적의 거기가 다가오는 것을 지켜보았다가 그 앞에 질려蒺藜를 펴놓고 땅을 파고 되돌아옵니다. 그 땅의 너비와 깊이는 5척은 되어야 하며 이를 일러 '명롱命籠'이라 합니다. 사람이 행마를 조종하여 앞으로 나갔다가 물러서고 수레로 막아 이를 보루로 삼으며 앞으로 밀었다가 물러섰다가 반복하다가 즉시 이를 하나의 둔屯으로 만들어 지킵니다. 재사와 강노는 아군의 좌우를 경비하며 그런 연후에 아군의 삼군에게 명하여 급히 나가 싸우되 틈을 주지 않도록 하면 됩니다."

무왕이 말하였다.

"훌륭하오!"

武王問太公曰:「步兵與車騎戰, 奈何?」

太公曰:「步兵與車騎戰者, 必依丘陵險阻, 長兵強弩居前, 短兵弱弩居後, 更發更止. 敵之車騎, 雖衆而至, 吾惟堅陣疾戰, 材士強弩, 以備我後.」

武王曰:「吾無丘陵, 又無險阻, 敵人之至, 旣衆且武, 車騎翼我兩旁, 獵我前後, 吾三軍恐怖, 亂敗而走, 爲之奈何?」

太公曰:「令我士卒爲行馬·木蒺藜, 置牛馬隊伍, 爲四武衝陣. 望敵車騎將來, 均置蒺藜, 掘地匝後, 廣深五尺, 名曰'命籠'. 人操行馬, 進步, 攔車以爲壘, 推而前後, 立而爲屯; 材士強弩, 備我左右, 然後令我三軍, 皆疾戰而不解.」

武王曰:「善哉!」

【行馬】군중에서 사람의 통로를 제한하기 위하여 설치한 말 모양의 차단목.
【蒺藜】원래 찔레나무를 뜻하나 흔히 적이 접근하지 못하도록 철이나 나무를 예리하게 깎아 지상이나 물 속에 설치한 장애물을 뜻함.
【匝】되돌아 옴. '잡'으로 읽음.
【命籠】《彙解》에 "言爲三軍之命運所繫也"라 함.
【解】'懈'와 같음. 나태함. 해이함. 경계를 소홀히 함. 적에게 틈을 주어 허술함을 뜻함.

양반전

부 록

I. 《六韜直解》序
II. 《六韜》佚文

I.《六韜直解》序

懸吐武經《六韜直解》(世昌書館, 1970, 서울)에 의함

六韜者, 文武龍虎豹犬, 凡六十篇, 韜之謂言, 藏也. 按《漢書》藝文志云:「周史六弢六篇, 卽今之六韜也.」舊稱太公所著, 而張子房得之於圯上老人者. 但中間設爲武王與太公問答, 辭多鄙俚, 中引避正殿, 乃戰國後事, 晁說之謂爲兵家權謀之書, 陳植謂爲後世依託. 惟葉適謂自龍韜以後四十篇, 條畫變故, 預設禁禦, 皆爲兵者所當講習.

Ⅱ.《六韜》佚文

淸 孫同元(輯佚)

⟨1⟩《禮記・曲禮上》正義에 인용된 것

◉ 器滿則傾, 志滿則覆.

⟨2⟩《史記・越世家》索隱에 인용된 것

◉ 軍處山之高者, 則曰棲.

⟨3⟩《舊唐書》禮儀志에 인용된 것

◉ 武王伐紂, 雲深丈餘, 五車二馬, 行無轍跡, 詣營求謁, 武王怪而問焉. 太公對曰:「此必五方之神來受事耳.」遂以其名召人, 各以其職命焉. 旣而克殷, 風調雨順.

⟨4⟩《意林》에 인용된 것

◉ 聖人恭天, 靜地, 和人, 敬鬼.

⟨5⟩《群書治要》에 인용된 것

◉ 文王問於太公曰:「賢君治國何如?」
對曰:「賢君之治國, 其政平, 吏不苛, 其賦斂節, 其自奉薄, 不以私善害公法, 賞賜不加於無功, 刑罰不施於無罪, 不因喜以賞, 不因怒以誅, 害民者有罪,進賢者有賞, 後宮不荒, 女謁不聽, 上無淫慝, 下無陰害, 不供宮室以費財, 不多遊觀臺池以罷民, 不雕文刻鏤以逞耳目, 官無腐蠹之藏, 國無流餓之民也.」

文王曰:「善哉!」(〈文韜〉)

◎ 文王問太公曰:「願聞治國之所貴.」

太公曰:「貴法令之必行. 必行則治道通, 通則民太利, 太利則君德彰矣. 君不法天地, 而隨世俗之所善以爲法, 古今出必亂. 亂則復更爲法, 是以法令數變則羣邪成俗; 而君沈於世, 是以國不免爲亡矣.」(〈文韜〉)

◎ 文王問太公曰:「人主動作舉事, 善惡有福殃之應. 免神之福無?」

太公曰:「有之. 主動作舉事, 惡則天應之以刑, 善則地應之以德, 逆則人備之以力, 順則神授之以職. 故人主好重賦斂, 大宮室, 多遊臺, 則民多病溫, 霜露殺五穀, 絲麻不成; 人主好田獵罼弋, 不避時禁, 則歲多大風, 禾穀不實; 人主好破壞名山, 雍塞大川, 決通名水, 則歲多大水傷民, 五穀不滋, 人主好武事, 兵革不息, 則日月薄蝕, 太白失行. 故人主動作舉事, 善則天應之以德, 惡則人備之力. 神奪之以職, 如響之應聲, 如影之隨形.」

文王曰:「善哉!」(〈文韜〉)

◎ 武王問太公曰:「桀紂之時, 獨無忠臣良士乎?」

太公曰:「忠臣良士天之所生, 何爲無有?」

武王曰:「爲人臣而令其主殘虐, 爲後世笑, 可謂忠臣良士乎?」

太公曰:「是諫者不必聽, 賢者不必用.」

武王曰:「諫不聽是不忠, 賢而不用是不賢也.」

太公曰:「不然. 諫有六不聽, 強諫有四必亡, 賢者有七不用.」

武王曰:「願聞六不聽・四必亡・七不用.」

太公曰:「主好作宮室臺池, 諫者不聽; 主好忿怒, 妄誅殺人, 諫者不聽; 主好所愛, 無功德而富貴者, 諫者不聽; 主好財利, 巧奪萬民, 諫者不聽; 主好珠玉・奇怪異物, 諫者不聽. 是謂六不聽. 四必亡: 一曰強諫不可止, 必亡; 二曰強諫知而不肯用, 必亡; 三曰以寡正強・正衆邪, 必亡; 四曰以寡直强·正衆曲, 必亡. 七不用: 一曰主弱親强, 賢者不用; 二曰主不明, 正者少, 邪者衆, 賢者不用; 三曰賊臣在外, 姦臣在內, 賢者不用; 四曰法政阿宗族, 賢者不用; 五曰以斯爲忠, 賢者不用; 六曰忠諫者死, 賢者不用; 七曰貨財上流, 賢者不用.(〈文韜〉)

◎ 文王在岐周, 召太公曰:「爭權於天下者, 何先?」

太公曰:「先人. 人與地稱, 則萬物備矣. 今君之位尊矣, 待天下之賢士勿臣而友之, 則君以得天下矣.」

文王曰:「吾地小而民寡, 將何以得之?」

太公曰:「可! 天下有地, 賢者得之; 天下有粟, 賢者食之; 天下有民, 賢者收之. 天下者非一人之天下也, 莫常有之, 唯賢者取之. 夫以賢而爲人下, 何人不與? 以貴從人曲直, 何人不得? 屈一人之下則申萬人之上者, 唯聖人而後能爲之.」

文王曰:「善! 請著之金版.」

於是文王就而見者六人, 所求而見者七十人, 所呼而友者千人.(〈武韜〉)

◎ 武王曰:「士高下豈有差乎?」

太公曰:「有九差.」

武王曰:「願聞之.」

太公曰:「人才參差, 大小猶斗, 不以盛石, 滿則棄矣. 非其人而使之, 安得不殆? 多言多語, 惡口惡舌, 終日言惡, 寢臥不絶, 爲衆所憎, 爲人所疾, 此可使要問閭里, 察姦伺猾, 權數好事; 夜臥早起, 雖邊不悔, 此妻子將也; 先語察事實, 長(實)希言, 賦物平均, 此十人之將也; 切切截截, 不用諫言, 數行刑戮, 不避親戚, 此百人之將也; 訟辨好勝, 疾賊侵陵, 斥人以刑, 欲正一衆, 此千人之將也; 外貌咋咋, 言語切切, 知人饑飽, 習人劇易, 此萬人之將也; 戰戰慄慄, 日愼一日, 近賢進謀, 使人以節, 言語不慢, 忠心誠必, 此十萬之將也; 溫良實長, 用心無兩, 見賢進之, 行法不枉, 此百萬之將也; 動動紛紛, 鄰國皆聞, 出入居處, 百姓所親, 誠信綏大, 明於領世, 能教成事, 又能救敗, 上知天文, 下知地理, 四海之內, 皆如妻子, 此英雄之率, 乃天下之主也..」(〈龍韜〉)

◎ 夫殺一人而三軍不聞, 殺一人而萬民不知, 殺一人而千萬人不恐, 雖多殺之, 其將不重; 封一人而三軍不悅, 爵一人而萬人不勸, 賞一人而萬人不欣, 是謂賞無功·貴無能也. 若此則三軍不爲使, 是失衆之紀也.(〈龍韜〉)

◎ 武王問太公曰:「凡用兵之極, 天道·地利·人事三者孰先?」
太公曰:「天道難見, 地利·人事易得. 天道在上, 地道在下, 人事以飢飽·勞逸·文武也. 故順天道不必有吉, 違之不必有害; 失地之利則士卒迷惑, 人事不和則不可以戰矣. 故戰不必天道, 飢飽·勞逸·文武最急, 地利爲實.」
王曰:「天道鬼神, 順之者存, 逆之者亡, 何以獨不貴天道?」
太公曰:「此聖人之所生也. 欲以止後世, 故作爲譎書而寄勝於天道. 無益於兵勝, 而衆將所拘者九.」
王曰:「敢問九者奈何?」
太公曰:「法令不行, 而任侵誅; 無德厚, 而用日月之數; 不順敵之強弱, 幸於天道; 無智慮, 而候氛氣; 少勇力, 而望天福; 不知地形, 而歸過敵人; 怯弗敢擊, 而待龜筮; 士卒不募, 而法鬼神; 設伏不巧, 而任背向之道. 凡天道鬼神, 視之不見, 聽之不聞, 索之不得, 不可以治勝敗, 不能制死生, 故明將不法也.」(〈龍韜〉)

◎ 太公曰:「天下有粟, 聖人食之; 天下有民, 聖人收之; 天下有物, 聖人裁之. 利天下者取天下, 安天下者有天下, 愛天下者久天下, 仁天下者化天下.」(〈龍韜〉)

◎ 武王勝殷, 召太公問曰:「今殷民不安其處, 奈何使天下安乎?」
太公曰:「夫民之所利, 譬之如冬日之陽·夏日之陰. 冬日之從陽, 夏日之從陰, 不召自來. 故生民之道, 先定其所利而民自至. 民有三幾, 不可數動, 動之有凶. 明賞則不足, 不足則民怨生; 明罰則民懾畏, 民懾畏則變故出; 明察則民擾, 民擾則不安其處, 易以成變. 故明王之民, 不知所好, 不知所惡, 不知所從, 不知所去; 使民各安其所生, 而天下靜矣. 樂哉! 聖人與天下之人皆安樂也!」

武王曰:「爲之奈何?」

太公曰:「聖人守無窮之府, 用無窮之財, 而天下仰之; 天下仰之, 而天下治矣. 神農之禁: 春夏之所生, 不傷不害. 謹脩地利以成萬物, 無奪民之所利, 而農順其時矣. 任賢使能而官有財, 而賢者歸之矣. 故賞在於成民之生, 罰在於使人無罪, 是以賞罰施民而天下化矣.」(〈龍韜〉)

◎ 武王至殷, 將戰, 紂之卒握炭流湯者十八人, 以牛爲禮以朝者三千人, 舉百石重沙者二十四人, 趍追行五百里而矯矛殺百步之外者五千人, 介士億有八萬人. 武王懼曰:「夫天下以紂爲大, 以周爲細; 以紂爲衆, 以周爲寡; 以周爲弱, 以紂爲強; 以周爲危, 以紂爲安; 以周爲諸侯, 以紂爲天子. 今日之事, 以諸侯擊天子, 以細擊大, 以少擊多, 以弱擊強, 以危擊安, 以此五短擊此五長, 其可以濟功成事乎?」

太公曰:「審天子不可擊, 審大不可擊, 審衆不可擊, 審強不可擊, 審安不可擊.」

王大恐以懼.

太公曰:「王無恐且懼! 所謂大者, 盡得天下之民; 所謂衆者, 盡得天下之衆; 所謂強者, 盡用天下之力; 所謂安者, 能得天下之所欲; 所謂天子者, 天下相愛如父子, 此之謂天子. 今日之事, 爲天下際殘去賊也; 周雖細, 曾殘賊一人之不當乎?」

王大喜, 曰:「何謂殘賊?」

太公曰:「所謂殘者, 收天下珠玉美女, 金錢綵帛・狗馬穀粟, 藏之不休, 此謂殘也; 所謂賊者, 收暴虐之吏, 殺天下之民, 無貴無賤, 非以法度, 此謂賊也..」(〈犬韜〉)

◎ 武王問太公曰:「欲與兵深謀, 進必斬敵, 退必克全, 其略云何?」

太公曰:「主以禮使將, 將以忠受命. 國有難, 君召將而詔曰:'見其虛則進, 見其實則避. 勿以三軍爲貴而輕敵, 勿以授命爲重而苟進. 勿以貴而賤人, 勿以獨見而違衆, 勿以辯士爲必然. 勿以謀簡於人, 勿以謀後於人. 士未坐勿坐, 士未食勿食, 寒暑必同, 敵可勝也.'」(〈犬韜〉)

⟨6⟩ 《藝文類聚》에 인용된 것

◎ 文王問散宜生:「卜伐殷, 吉乎?」
曰:「不吉. 鑽龜, 龜不兆; 數蓍, 蓍不交而如折; 將行之日, 雨; 輜(重)車至軫, 行之日, 幟折爲三.」
散宜生曰:「此凶, 四不祥, 不可擧事.」
太公進曰:「是非子之所知也. 祖行之日雨, 輜(重)車至軫, 是洗濯甲兵也.」(卷2)

◎ 武王入殷, 散鹿臺之金錢以與殷民.(卷68)

◎ 武王伐殷, 先出於河. 呂尙爲後將, 以四十七艘船濟於河.(卷71)

◎ 商王拘西伯昌於羑里, 太公謂散宜生:「求珍物以免君之罪.」九江得大貝百馮.(卷84)

◎ 夏殷桀紂之時, 婦人錦繡文綺之坐席·衣以綾紈常三百人.(卷85)

◎ 冬氷可折, 夏桀可結.(卷88)

◎ 武王登夏臺以臨殷民, 周公旦曰:「臣聞之: 愛其人者, 愛其屋上烏; 憎其人者, 憎其餘胥.」(卷92)

◎ 商王拘周伯昌於羑里, 太公與散宜生以金千鎰, 求天下珍物以免君之罪. 於是得犬戎氏文馬, 豪毛朱鬣目如黃金, 名雞斯之乘, 以獻商王.(卷93)

◎ 文王囚羑里, 散宜生得黃熊而獻之於紂.(卷95)

〈7〉《北堂書鈔》에 인용된 것

◉ 殺一夫而利天下.(卷13)

◉ 世子爲政.(卷21)

◉ 二十七夫者, 爲筋脈之臣.(卷56)

◉ 昔煩厚氏用兵無已, 誅戰不休, 至於涿鹿之野, 諸侯叛之, 煩厚氏之亡也.(卷113)

◉ 太公曰:「夫紂無道, 流毒諸侯, 欺侮羣臣, 失百姓之心. 秉明德以誅之, 誰曰弗克!」(卷114)

〈8〉《初學記》에 인용된 것

◉ 夫聖人者, 與天下之人皆安樂.(卷17)

◉ 太公對文王曰:「禮者, 天理之粉澤.」(卷21)

〈9〉《通典》에 인용된 것

◉ 周初, 太公曰:「教戰之法, 必明告吏士, 申三伍之令, 教其操兵·起居進止·旌旗指麾, 陳而方之, 左而起之, 行而止之, 左而右之, 列而合之, 絶而解之. 無犯進止之節, 無失飮食之宜, 無絶人馬之力. 令吏士一人學戰, 教成十人; 十人學戰, 教成百人; 百人學戰, 教成千人; 千人學戰, 教成萬人; 萬人學戰, 教成三軍之衆, 大戰之法, 百萬之師, 故能成大功也..」(卷149)

◎ 又覆軍誡法曰:「諸軍出行, 將令百官士卒曰: '某日出某門, 吏士不得刈稼穡, 伐樹木, 殺六畜, 掠取財物, 姦犯人婦女, 違令者斬.'」(卷149)

◎ 又曰:「凡行軍, 吏士有死亡者, 給其喪具, 使歸而葬, 此堅軍全國之道也. 軍人被瘡, 卽給醫藥, 使謹視之; 醫不卽治視, 鞭之. 軍夜驚, 吏士堅坐陳, 將持兵, 無讙譁動搖. 有起離陳者, 斬軍門. 當交戰, 謹出入者; 若近敵, 當譏呵出入者.」(卷149)

◎ 周初, 武王問太公曰:「敵人先至, 已據便地, 形勢又强, 則如之何?」
對曰:「當示怯弱, 設伏佯走, 自投死地, 敵見之, 必疾速而赴. 擾亂失次, 必離故所, 入我伏兵齊起, 急擊前後, 衝其兩旁.」(卷153)

◎ 周武王將伐紂, 問太公曰:「今引兵深入其地, 與敵行陣相守, 被敵絶我糧道, 又越我前後, 吾欲與戰則不敢, 以守則不固, 而爲之奈何?」
太公曰:「夫入敵地, 必案地形勢勝便處之, 必依山陵・險阻・水草爲固, 謹守關梁隘塞. 敵若卒去不遠, 未定而復反, 彼用其士卒若太疾則後不至, 後不則行亂而未及陣, 急擊之 以少剋衆.」(卷157)

◎ 太公曰:「夫出軍征戰, 安營陣, 以六爲法, 亦可方六百步, 亦可六十步. 量人地之(宜)〈置〉表十二辰, 將軍自居九天之上, 竟一旬, 復徙開牙門, 常背建而破太歲太陰太陽大將軍. 凡三軍不欲飲死水, 不欲居死地, 不居地柱, 不居地獄.」(卷157)

◎ 太公曰:「以步與車馬戰者, 必依丘墓險阻, 强弩長兵處前, 短兵弱弩居後, 更發更止, 敵人軍馬雖衆而至, 堅陣疾鬥, 材士强弩以備前後.」
武王曰:「我無丘陵, 又無險阻, 敵人之至旣衆, 以車騎翼我兩旁, 獵我前後, 吾三軍恐怖, 亂敗以走, 爲之奈何?」
太公曰:「令我士卒十行布鐵蒺藜. 遙見敵車騎將來, 均置蒺藜, 掘地迎廣以深五尺, 名曰'命籠'. 人持行馬進退, 闌車以爲壘, 推而前後, 直而爲屯,

以強弩備我左右. 然則命我三軍皆疾戰, 而必勝也..」(卷157)

◎ 周書,《陰符》太公曰:「步貴知變動, 車貴知地形, 騎貴知別徑奇道, 故三軍同名異用. 可往而無以還者, 車之死地; 越險絕阻, 乘敵遠行者, 車之竭地; 前易後險, 車之困地; 容車貫阻, 出而無返者, 車之患地; 左險右易, 上陵仰坂, 車之逆地; 深塹黏土, 車之勞地; 隱帶橫畝, 犯歷深澤者, 車之壞地; 日夜霖雨, 旬月不止, 泥淖難前, 車之陷地. 凡騎以陷敵而不能破敵, 敵人走, 以步騎反擊我後, 此騎之敗地也; 追背踰限, 長驅不止, 敵伏我兩旁, 又絕我後, 此騎之困地也; 往無以返, 入無以出, 陷於天井, 填於地牢, 此騎之死地也; 所由入者隘, 所由去者遠, 彼弱可以擊我強, 少可以擊我眾, 此騎之沒地; 大澗深谷, 蓊穢林草, 此騎之竭地. 左右有水, 前有大阜, 後有高山, 戰於兩水之間; 乘敵過邑, 是謂表裡相合; 左有深溝, 右有峭坑, 高下與地平, 覩之廣易, 進退相敵: 此並騎之陷地. 汗下沮澤, 進退漸洳者, 騎之患地. 拙將之所以見擒, 明將之所以無避也..」(卷157)

◎ 昔武王將伐紂, 問太公曰:「若今敵人為我, 斷後絕糧, 吾欲徐以為陳, 以敗為勝, 奈何?」

太公曰:「不可. 此天下之困兵也, 暴用之則勝, 徐用之則敗. 為四衝陳, 以驍騎驚其君親. 左軍疾, 右軍迭, 前迭後往. 敵之空, 吾軍疾擊, 鼓呼而當.」(卷159)

◎ 又問曰:「敵疏其陳, 又遠其後, 挑我流矢, 以弱我弓弩, 勞我士卒, 為之奈何?」

太公曰:「發我銳士, 先擊其前, 車騎獵其左右, 引而分隊以隨其後, 三軍疾戰. 凡以少擊眾, 避之於易, 要之於險; 避之於晝, 取之於夜, 故曰: 以一數十, 莫善於阨; 以十擊百, 莫善於險; 以千擊萬, 莫善於阻. 用眾者務易, 用少者務阨也..」(卷159)

◉ 周武王伐紂, 師至氾水, 牛頭山, 風甚雷疾, 鼓旗毀折, 王之驂乘惶震而死. 太公曰:「用兵者, 順天之道未必吉, 逆之不必凶, 若失人事, 則三軍敗亡. 且天道鬼神, 視之不見, 聽之不聞, 智將不怯, 而愚將拘之. 吾乃好賢而能用, 舉事而得時, 則不看時日而事利, 不假卜筮而事吉, 不禱祀而福從.」遂命驅之前進.

周公曰:「今時迎太歲, 龜灼吉凶, 卜筮不吉, 星變爲災, 請還師.」

太公怒曰:「今紂刳比干, 囚箕子, 以飛廉爲政, 伐之有何不可? 枯草朽骨, 安可知乎!」乃焚龜折蓍, 援枹而鼓, 率衆先涉河. 武王從之, 遂滅紂.(卷162)

〈10〉《文選》注에 인용된 것

◉ 紂作瓊室鹿臺, 飾以美玉.(권2.〈西京賦〉注)

◉ 太公曰:「桀紂王天下之時, 積糟爲阜, 以酒爲池, 脯肉爲山林.」(권10.〈西征賦〉注)

◉ 爲將者受命忘家, 當敵忘身.(권2.〈西征賦〉注)

◉ 堯與有苗戰於丹水之浦.(권20.〈應詔樂遊苑餞呂僧珍詩〉注)

◉ 太公謂武王曰:「夫人皆有性, 趨舍不同, 喜怒不等.」(권25.〈盧子諒贈劉琨詩〉注)

◉ 賞如高山, 罰如深溪.(권27.〈王仲宣從軍詩〉注)

◉ 武王伐紂, 得二大夫而問之曰:「殷國將有妖乎?」
對曰:「有, 殷軍陳玉杯象箸. 玉杯象箸不盛菽藿之羹, 必將熊蹯豹胎.」(권43.〈七發〉注)

◉ 太公謂武王曰:「聖人興兵, 爲天下除患去賊, 非利之也. 故役不再籍,

一擧而得.」(권43.〈孫子荊爲石仲容與孫晧書〉注)

⊛ 先塗民耳目.(권48.〈劇秦美新〉注)

⊛ 利害相臻, 猶循環之無端.(권49.〈晉紀總論〉注)

⊛ 紂患刑輕, 乃更爲銅柱, 以膏塗之, 加於然炭之上, 使有罪者緣焉, 滑跌墮火中, 紂與妲己笑以爲樂, 名曰「炮烙之刑」.(권56.〈石闕銘〉注)

〈11〉《太平御覽》에 인용된 것

⊛ 武王伐紂, 紂蒙寶衣投火而死.(卷889)

⊛ 天之爲天遠矣, 地之爲地久矣, 萬物在其閒各自利, 何世莫之有乎? 乃若溟涬鴻濛之時, 故莫之能有. 七十六聖發, 其趣使世俗皆能順其有, 所繫天下, 豈一日哉!(卷1)

⊛ 武王伐紂, 雨甚雷疾, 武王之乘雷震而死, 周公曰:「天不祐周矣!」太公曰:「君秉德而受之, 不可如何也.」(卷13)

⊛ 昔柏皇氏·栗陸氏·驪連氏·軒轅氏·赫胥氏·尊盧氏·祝融氏, 此古之王者也. 未使民, 民化, 未賞民, 民勸, 此皆古之善爲政者也. 至於伏羲氏·神農氏敎化而不誅, 黃帝·堯·舜誅而不怒, 古之不變者. 有苗有之, 堯化而取之; 堯德衰, 舜化而受之; 舜德衰, 禹化而取之.(卷67)

⊛ 桀時有瞿山之地, 桀鑿山陵通之於河, 民有諫, 故曰:「冬鑿之穿山, 是發天之陰, 泄山之氣, 天子後必敗.」桀而妖言殺之.(卷82)

⊛ 友之友, 謂之朋; 朋之朋, 謂之黨; 黨之黨, 謂之羣.(卷157)

◉ 大人之兵, 如狼如虎, 如雨如風, 如雷如電. 天下盡驚, 然後乃成.(卷271)

◉ 兵入殷郊, 見太公, 曰:「是吾新軍也.」而商容曰:「非也. 其人虎據而鷹峙, 威怒自副, 見利欲發, 進不顧前.」後見武王, 曰:「是新軍也, 見敵不怒.」(卷276)

◉ 武王問曰:「引兵入諸侯之地, 高山盤石, 其避無草木, 四面受敵, 士卒感迷, 爲之奈何?」

太公曰:「當爲雲象之陣.」(卷301)

◉ 武王平殷還, 問太公曰:「今民吏未安, 賢者未定, 何以安之?」

太公曰:「無如天如地.」(卷327)

◉ 從孤擊虛, 高人無餘, 一女子當百夫. 風鳴氣者, 賊存在十里, 鳴條百里, 搖枝四百里. 雨霑衣裳者, 謂潤兵; 不霑者, 謂泣兵. 金器自鳴及焦氣者, 軍疲也.(卷328)

◉ 武王伐紂, 諸侯已至, 未知士民何如. 太公曰:「天道無親, 今海內陸沈於殷久矣. 百姓可與樂成, 難與慮始.」

伯夷・叔齊曰:「殺一人而有天下, 聖人不爲.」

太公曰:「師渡孟津, 六馬仰流, 赤烏・白魚外入, 此豈非天命也? 師到坶野, 天暴風電, 前後不相見, 車益發越, 轅衝摧折, 旌旆三折. 旗幟飛揚者, 精銳盛天也. 雨以洗吾兵, 雷電應天也.」(卷329)

◉ 紂爲無道, 武王於是東伐紂, 至於河上, 雨甚雷疾, (正)〈震〉之, 乘橫振而死, 旗旌折, 揚侯波. 周公進曰:「天不祐周矣! 意者君德行未盡, 而百姓疾惡, 故天降吾禍.」於是太公援罪人而戮之於河, 三鼓之, 率衆而先, 以造於殷, 天下從. 甲子之日, 至於牧野, 擧師而討之. 紂城備設而不守, 親擒紂, 懸其首於白旗.(卷329)

◎ 春以長矛在前, 夏以大戟在前, 秋以弓弩在前, 冬以刀楯在前, 此四時應天之法也.(卷335・339)

◎ 武王寢疾十日, 太公負王, 乃駕鶩冥之車, 周且爲御, 至於孟津. 大黃參連弩, 大才扶胥車, 飛梟・電影・方頭鐵槌, 大柯斧, 行馬, 渡溝飛橋, 天船, 鷹爪方凶鐵杷・天陣・地陣・人陣; 積楢臨衝, 雲梯・飛樓, 武衝大櫓. 雲火萬炬, 吹鳴箛.(卷336)

◎ 車騎之將, 軍馬不具, 鞍勒不備者誅.(卷358)

◎ 紂囚文王於羑里, 散宜生受命而行宛懷・條塗之山, 有玉女三人, 宜生得之, 因費仲而獻之於紂, 以免文王.(卷381)

◎ 文王祖父壽百二十而沒, 王季百年而沒, 文王壽九十七而沒.(卷383)

◎ 文王聞殺崇侯虎, 歸至酆, 令具湯沐.(卷389)

◎ 以死取人謂之勇.(卷437)

◎ 文王拘羑里, 求天下珍怪而獻之. 紂大喜, 殺牛而賜之.(卷467)

◎ 文王問:「守土奈何?」
對曰:「人君必從事於富, 弗富不足爲, 人弗與以合親. 疏其親則因失其衆, 則散矣.」(卷472)

◎ 武王伐殷, 乘舟濟河, 兵車出, 壞船於河中. 太公曰:「太子爲父報仇, 今死無生, 所過津梁皆悉燒之.」(卷472)

◎ 武王問太公曰:「貧富豈有命乎?」

부록 283

太公曰:「爲之不密. 密而不富者, 盜在其室.」
武王曰:「何謂盜也?」
太公曰:「計之不熟, 一盜也; 收種不時, 二盜也; 取婦無能, 三盜也; 養女太多, 四盜也; 棄事就酒, 五盜也; 衣服過度, 六盜也; 封藏不謹, 七盜也; 井竈不利, 八盜也; 擧息就禮, 九盜也; 無事然鐙. 十盜也. 取之安得富哉?」
武王曰:「善!」(卷485)

◉ 天下攘攘, 皆爲利往; 天下熙熙, 皆爲利來.(卷496)

◉ 文王旣出羑里, 召周公旦築爲靈臺.(卷534)

◉ 文王問太公曰:「願聞爲國之大失.」
太公曰:「爲國之大失者, 爲上作事不法, 君不覺悟, 是大失也.」
文王曰:「願聞不法.」
太公曰:「不法則令不行, 令不行則威傷; 不法則邪不正, 邪不正則禍亂起; 不法則刑妄行, 刑妄行則賞無功; 不法則國昏亂, 國昏亂則臣爲變. 君不悟則兵革起, 兵革起則失天下.
文王曰:「誠哉!」(卷638)

◉ 文王(聞)〈問〉太公曰:「願聞治國之所貴.」
太公曰:「貴法令必行. 法令必行則治國道通, 則民大利. 民大利則君德彰矣.」
文王曰:「法令必行, 大利人民奈何?」
太公曰:「法令之必行則民利天下, 是法令利之必行, 大利人民也.」(卷638)

◉ 崇侯虎曰:「今周伯昌懷仁而善謀, 冠雖弊, 禮加於首, 履雖親, 法以踐地, 可及其未成而圖之.」(卷697)

◉ 武王伐殷, 丁侯不朝, 太公乃畫丁侯於策, 三箭射之, 丁侯病困. 卜者占云: 「祟在周.」恐懼, 乃請舉國爲臣. 太公使人甲乙日拔丁侯著頭箭, 丙丁日拔著口箭, 戊己日拔著腹箭, 丁侯病稍愈. 四夷聞, 各以來貢.(卷737)

◉ 欲伐大國, 行且有期, 王寢疾, 十日不行, 太公負之而起之, 曰:「行已有期, 君不發, 天子聞之, 國亡身死, 胡不勉之?」王允言, 如(有)〈無〉病者.(卷739)

◉ 武王伐殷, 得二大夫而問之曰:「殷國之將亡, 亦有妖災?」
其一人對曰:「有. 殷國嘗有(兩)〈雨〉石, 大者如甕, 小者如箕; 常六月而雪, 深尺餘.」
其一人對曰:「是非殷國之大妖也. 殷國之大妖四十七章: 殷君喜殺人; 喜以人飴虎; 喜割人心; 喜殺孕婦; 喜殺人之父, 孤人之子; 喜刑禍; 喜以信爲欺, 欺者爲忠, 忠諫者不實; 以君子爲下, 小人爲上; 以便佞爲相, 政苛令暴, 萬民愁苦; 好田獵罼弋, 走狗飾爲; 喜修池臺; 宮七十有三所, 大宮百里; 喜爲酒池糟丘, 而牛飮者三千人; 喜聽讒用譽, 無功者賞; 無尺丈, 無錙銖, 無秤衡, 無功賞, 無罪誅. 此殷國之大妖也..」(卷874)

〈12〉宋載埴《鼠璞》에 인용된 것

武王問周公曰:「諸侯攻天子, 勝之有道乎?」
公曰:「攻禮爲賊, 攻義爲殘. 失民爲匹夫, 王攻失民者也, 何天子乎?」

임동석(茁浦 林東錫)

慶北 榮州 上茁에서 출생. 忠北 丹陽 德尙골에서 성장. 丹陽初中 졸업. 京東高 서울 教大 國際大 建國大 대학원 졸업. 雨田 辛鎬烈 선생에게 漢學 배움. 臺灣 國立臺灣師 範大學 國文研究所(大學院) 博士班 졸업. 中華民國 國家文學博士(1983). 建國大學校 教授. 文科大學長 역임. 成均館大 延世大 高麗大 外國語大 서울대 등 大學院 강의. 韓國中國言語學會 中國語文學研究會 韓國中語中文學會 會長 역임. 저서에《朝鮮譯 學考》(中文)《中國學術槪論》《中韓對比語文論》. 편역서에《수레를 밀기 위해 내린 사람들》《栗谷先生詩文選》. 역서에《漢語音韻學講義》《廣開土王碑研究》《東北民族 源流》《龍鳳文化源流》《論語心得》〈漢語雙聲疊韻研究〉 등 학술 논문 50여 편.

임동석중국사상100

육도 六韜

姜太公(呂望) 撰 / 林東錫 譯註

1판 1쇄 발행/2009년 12월 12일
2쇄 발행/2013년 10월 1일
발행인 고정일
발행처 동서문화사
창업 1956. 12. 12. 등록 16-3799
서울강남구신사동563-10 ☎546-0331~6 (FAX)545-0331
www.dongsuhbook.com
잘못 만들어진 책은 바꾸어 드립니다.

*

이 책의 출판권은 동서문화사가 소유합니다.
의장권 제호권 편집권은 저작권 법에 의해 보호를 받는 출판물이므로 무단전재와 무단복제를 금합니다.
이 책의 일부 또는 전부 이용하려면 저자와 출판사의 서면허락을 받아야 합니다.

*

사업자등록번호 211-87-75330
ISBN 978-89-497-0610-8 04080
ISBN 978-89-497-0542-2 (세트)